W0467552

Stefano Mayorca

LA LUNA

INFLUSSI, POTERI, LEGGENDE

De Vecchi

Dedico questo libro alla persona che lungo la strada della vita mi ha teso la mano, tutte le volte che sono caduto

Ringrazio di cuore il mio amico giornalista Stefano Pacifici per il suo splendido contributo introduttivo ricco di contenuti e di emozioni profonde. Un ringraziamento speciale a Patrizia Petaccia per il suo prezioso lavoro di ricerca e di revisione. Senza il suo supporto non sarebbe stato possibile creare questo libro, con la speranza che il lettore lo trovi interessante. Grazie!

Referenze iconografiche
Tutte le illustrazioni sono dell'Archivio Giunti

L'editore si dichiara disponibile a regolare eventuali spettanze per quelle immagini di cui non sia stato possibile reperire la fonte.

Per informazioni e segnalazioni:
info.devecchi@giunti.it

www.giunti.it

© 2018 Giunti Editore S.p.A.
Via Bolognese 165 - 50139 Firenze - Italia
Piazza Virgilio 4 - 20123 Milano - Italia
Prima edizione: novembre 2013

MISTO
Carta da fonti gestite in maniera responsabile
FSC® C107127
FSC www.fsc.org

Stampato presso Puntoweb Srl – Ariccia (Rm)

Presentazione

Perché Stefano Mayorca ha scritto questo libro sulla Luna? Bella domanda. Perché me la doveva restituire. Anche se non me l'aveva rubata. Bella risposta.

"Mamma, cos'è quel puntino nero?". Dove, tesoro? "Lassù, sulla Luna". Quale puntino, amore? "Quello là, in mezzo al bianco... vedi, lo vedi adesso? Sembra una barca con papà sopra, che pesca in mezzo al mare".
✳ **Mare della Tranquillità**. Nove anni. Eravamo tranquilli, a nove anni. Albertosi, Burgnich, Facchetti, Bertini, Rosato, Cera, Domenghini, Mazzola, Boninsegna, De Sisti, Riva. E un maestro col cappello e il vestito grigio a righine chiare, che all'inizio di lezione scandiva la preghiera e intonava Mameli. Tranquilli, e pieni di figurine e macchinette da nascondere sotto i nuovi banchi di formica verde. Faccia al muro (poca roba), dietro la lavagna (roba grave), nota sul diario (roba gravissima), a casa (cataclisma). Finché... Finché d'estate una sera americana, di quelle in bianco e nero, non cademmo tutti in mare. Nel Mare. Nel Mare della Tranquillità. Giocavamo coi razzi, sì, e non da poco. E sapevamo tutti cos'era il Saturno V. Che di noi ranocchietti, per arrivare in cima ai suoi centoundici metri, ne servivano a dozzine impilati uno sull'altro. Era bello e bianco, e i suoi cinque scappamenti a cono sembravano altrettanti sputafuoco d'acciaio, e a guardarli arrostire l'erba facevano male gli occhi, e quando si staccava da terra, quel mostro fascinoso, accartocciava sempre tutto quel po' po' di meccano-viti-bulloni che lo sosteneva come una mamma il figlio. Che

poi, quell'ammasso di ferraglia intrecciata, dove finisse non s'è mai saputo, capito, veduto, chiarito. Beh, quella notte americana, alle 03:17 ora di Houston, s'operò il furto. Qualcuno ci spiegò che l'aquila stava scendendo, qualcuno ci raccontò, un altro ancora s'emozionò. Ma l'impronta storica stava lì, immobile, le scanalature di pietra, testimone eterna di una camminata di un paio d'ore su un suolo intonso. Zero anime, zero vento, zero vita. "...io aspetto tutto il dì la sera che l' sol si parta e dia luogo a la Luna". Benedetto Petrarca, è inutile che t'affanni, e adesso riposa pure in santissima pace! La Luna, quella sera, fu rubata dallo scrigno sacro dei sogni.

✳ **Lago di Chiusi**. Molte, moltissime figurine dopo me la ripresi. Ero come il Saturno V, ci giravo, ci giravo intorno da tanto. Fin quando un'alba di quelle salmastre, dense di vapore e d'umidità, pagaiando, mi lasciò ebete, pescatore pescato. L'omino si muoveva lento, a prua del legno, e la poppa avanzava sciacquettando. Dietro di lui, sullo sfondo, l'arancio e l'azzurro pallido, e una falcetta bianca e lattiginosa sospesa nel cielo, come uno spicchio di cipolla. L'avevo incrociata mille altre volte, quella falcetta, e in una di quelle tante albe m'ero ripromesso di tornare appositamente per lei, per fissarla su una striscia di celluloide. Solo che non sapevo quando sarebbe avvenuto. Capitò per caso, come tutte le cose, perché una manina invisibile picchiò sulla mia spalla una sera d'estate, in cima ai monti della Val Pusteria. "Che ci fai qui?", chiese frettolosa. "Il lago t'aspetta, domattina presto, più presto che puoi, prima che il sole salga". E presto, molto più presto che la volontà potesse, mi trovai all'appuntamento. Come se qualcuno sapesse, come se la striscia di celluloide non stesse aspettando altro che quel momento, come se in quell'alba nessun gallo avesse cantato, nessuna mucca muggito, nessun'anima si fosse alzata. Nessuno. Tranne l'omino. Lui era già lì, la falcetta anche. E io, sdraiato sul molo infradiciato di quella stessa umidità delle mille altre volte passate, la catturai.

✳ **Cometa**. La lunga scia fece due giri, forse tre, attorno alla Terra. Poi sibilò, passando bassa e bruciando i prati, le case e le gole degli uomini. Da toglier l'aria dai polmoni. S'abbassò ancora, nell'ultimo giro, fino a sfiorare la Francia, strisciò sull'Italia, puntò sulla Grecia. Le isole, poi il Partenone, e poi Eubea, e poi giù, s'inabissò tra le colonne di pietra e i tronchi di fico, affondando la chioma nei budelli dell'acqua e nelle viscere di Nostradamus. Lui dettagliò preciso biascicando futuro che lo sconquasso sarebbe stato tremendo, e la catastrofe totale e indicibile. Che la polvere avrebbe cancellato l'acqua, il cibo sarebbe stato un sogno, il biscotto non sarebbe arrivato da Genova, e i turchi e Maometto e gli arabi destrieri avrebbero puntato la spada del profeta sulla Spagna e la Francia, l'Italia e la Grecia. Sciocchezze. Forse. Bah. Però, effettivamente, in quella Befana a cavallo tra il 2004 e il 2005 una sfavillata di luce s'accese. Bella, potente, al momento giusto, e illuminò le strade e le facce degli uomini. Che un qualche terrore se lo videro stampigliato sulle mascelle irrigidite e forgiato nel vitreo degli occhi. Tuttavia, ogni cosa subito dopo sbietolò, riammosciandosi nelle quartine. E lo sguardo tornò sulla Luna.

❊ **Chand, Wi**. Ma la Terra non può essere Lilith, non può essere un nome, non può essere un chiaro di Terra. Non la troverai sui graffiti della preistoria al fianco dei mammut, comunque non come la Luna che accompagnava quei tratti di pietra, né il coyote la degnerà di uno sguardo, seppure obliquo e disincantato, e la neve di notte nel buio d'un bosco non abbaglierà mai, così fluorescente e impalpabile tanto da metter paura. Spettrale, quasi. Onirica. Ectoplasmatica. No, la Terra non sarà mai coperta da quelle nubi velate che trasformano gli uomini in lupi e le donne in faine, e chissà se, e quando, può darsi, il mosto si tramuterà pavoneggiandosi in vino. Dunque passeggerai di sera, tra le montagne e le valli, e sarai preso da un certo qual senso d'angoscia, di stupore e bellezza, e d'impotenza. Il piccolo uomo, la Grande Terra. Immutabile e azzurra.

❊ **Per esempio**. Per esempio: la Luna che scandisce, coi falò della festa, la stagione dell'estate. Lei passa, si gonfia, s'affievolisce e scompare su una terra dove lavorare stanca e l'essere si scontra col mito. Dove tutto cambia, per nulla cambiare. Dove la scintilla allegra di uno ieri è il fuoco assassino dell'oggi. A volte brucia la paglia, a volte i ricordi. Che disastro, Anguilla, che disastro non averlo capito. Che sciagura aver bruciato radici e sogni, in quei falò sotto la Luna, prima ancora di scoprirlo da grandi.

Per esempio: "C'è la Luna che batte sul pavimento, vedo quella sagoma nera per terra. Comincio ad urlare, dopo non ricordo più nulla. Quel raggio di Luna continua a tormentarmi, di notte, mentre sono solo, nella mia stanza nei centri di assistenza psichiatrica".

❊ **Moonrise**. E poi, per esempio: Moonrise. La falcetta nasce, la falcetta

cresce, la falcetta muore. Eppure no, lei è sempre uguale a se stessa, ed è storia (solo storia) di luce, una volta di qua e una di là, una si cresce e l'altra si muore. Ma lei resta là, piena e bianca, piantata tra le cime incatenate delle montagne innevate "over Hernandez", nel New Mexico, che occhieggia al minuscolo cimitero con le lapidi illuminate dal sole che se ne va, che si fa largo nel buio tra fasci di nubi bianche e allungate, che ascende su quelle quattro casupole dove la gente forse cena o forse addirittura già dorme, ignara di ogni cosa e di ciò che si sta consumando in quell'autunno del 1941. Un capolavoro. Di luce e basta.
E ancora: il lato oscuro. Nella notte della Luna la Luna non c'era, eppure l'astronomo raccontò: quella faccia nascosta, lì dietro, la vedete (la vediamo?) è avara di crateri. Mamma Terra la difende da asteroidi e pietre volanti e polveri stellari e saette spaziali. Mamma la difende, gladiatrice che allontana il leone. L'astronomo spiegava i percome della scienza, sicuro, ma a me mulinavano in mente la spada e lo scudo, il petto e la ferita, la poesia. "E se anche la tua testa esplode con oscuri presagi, ci vedremo sul lato oscuro della Luna". Ma a pensarci un po' su, "a dire il vero non esiste un lato oscuro della Luna. In realtà è tutta scura". Chissà.
Ma ora capisci perché, Stefano, hai dovuto scrivere questo libro? Missione: andava fatto, e nient'altro. Come un quadro. Poi, solo poi, parleranno e scriveranno anche gli altri. Ma da capire, allora, ci sarà ben poco. Magari sì, magari "ci vedremo sul lato oscuro della Luna".
✳ **E domani.** Un giorno sì, magari lontano. Ma un giorno ci torneremo. Così, ci riprenderemo la Luna. E danzeremo ululando, di notte, su una spiaggia deserta e silenziosa, ascoltando lo sciabordio delle onde, e il mutismo degli scogli, e il soffio leggero e impalpabile della brezza, e la carezza sinuosa della sabbia tra le dita, e lo zampettare veloce dei granchi nella luce di latte, che tutto smembra e confonde.

"Mamma, che bello stasera, è tutto così blu. Ma si vede poco cielo, e le stelle sono così lontane. Non riesco a mangiare, e ho un po' paura".
"Mamma, come è grande, stasera, la Terra. Da qui".

Stefano Pacifici

Introduzione

Che fai, tu Luna, in ciel?
Dimmi, che fai, silenziosa Luna?
Giacomo Leopardi

✳ Germe Lunare, seme e fecondazione delle energie Isiache

Pallida Signora, ancestrale presenza, muliebre e cangiante, la Luna ci osserva dall'alto con sublime distacco. Eterna ragione e misteriosa presenza, ci incanta con la sua arcana fascinazione, con le argentee radianze che da essa si sprigionano silenti. Non finirà mai di stupirci, poetica armonia dalle forme sembianti. Luce riflessa e speculare dell'ardente Helios, il sole datore di vita, il fecondatore che dispensa l'energia vitale. Sposa eterea e isiaca Madre, Grande Sacerdotessa dei "Misteri" che menano alla trascendenza, alla integrazione dell'uomo evoluto con le sue radici cosmiche e divine. Simbolo delle acque sacrali del Nilo imperituro, fonte di rinascenza e di forza, il disco argentato racchiude valenze ermetiche indiscutibili. Nella pratica alchimica o Grande Opera, (Magistero Lunare), per esempio, la presenza della matrice femminea-lunare è determinante per penetrare nel tessuto celato, rappresentato dalle differenti fasi selenitiche (calendario luni-alchimico), che sottendono alla realizzazione della Luna elementata. Si tratta della Materia Prima riconducibile al Grande Magistero (detto anche Natura metallica). Tutta la magia naturale, in poche parole, si svolge sotto l'egida della Luna. Parte della magia solare, egualmente, principia dalla Regina della notte. Nel contesto misterico dei Culti Eleusini (Grandi e Piccoli Misteri), il ruolo della figura femminea-lunare è prevalente, incarnando le spoglie divine della sacra Demetra e della triade lunare ad essa correlata: Demetra, Era e Persefone, simbolicamente raffiguranti moglie, madre e figlia. Nella simbolica connessa con le correnti lunari-femminine si incardina anche la sapienza dei Rosacroce, nel cui contesto sono presenti elementi ancestrali che designano il complesso *iter* sapienziale, concernente il cammino dei Cavalieri della Pietra d'Oro e degli aspetti arcani che ne decretano la matrice iniziatica secretata. Tra questi la Rosa, simbolo lunare alludente alla Dottrina Segreta, incarnazione della Sapienza, la Sophia. Questo fiore, rappresentazione del *corpus* rosicruciano, sboccia al centro della croce alludendo alla trasmutazione dei due principi bipolari e ai bracci della croce, uno orizzontale e l'altro verticale. La rosa a cinque petali inscritta nella croce greca, composta da cinque quadrati, è l'espressione del quinario che in maniera duplice riconduce all'unità soggettiva o quaternario dell'oggettività. Di qui l'idea della Quintessenza, base delle cose intelligibili. Ermeticamente è possibile rinvenire il simbolo della rosa nella celebre Porta Ermetica (situata a piazza Vittorio, a Roma), dove è presente il "*Ad Rosam per Crucem*". La Rosa (o Fiore), dunque, si raccorda nella sua veste simbolica con altre tradizioni esoteriche ed è contenuta nei testi (tecnici) d'alchimia. Non a caso, nell'*Asinus Aureus* (*L'Asino d'Oro o Le Metamorfosi*) di Lucio Apuleio, la rosa viene indicata come il mezzo necessario a restituire sembianze umane a coloro che erano stati trasformati in animali. Nell'ambito della dottrina cristiana e delle sue analogie celate, che nascondono elementi alchimici – di cui si è persa la chiave operativa – Maria (Janua Coeli) è chiamata Rosa Mistica. Non a caso, tra le pagine di un poema medievale, Il Fiore. Il linguaggio segreto di Dante e dei fedeli d'Amore, viene menzionato un bacio alla Rosa dato con le braccia aperte formanti una croce. La Rosa, quindi, esterna diverse valenze e nel mondo classico era il simbolo di Venere. Nel *Cantico dei Cantici*, opera contenuta nella Bibbia, l'espressione Rosa di Sharon, utilizzata per definire una fanciulla, esprime connotazioni erotiche. La mistica Rosa è connessa con la Coppa o vulva e con il Rosone delle grandi cattedrali gotiche. Tra l'altro, la rosa va posta in relazione all'energia femminea. Nella mitologia greca era associata ad Afrodite, dea dell'amore e a Iside, per mezzo della quale il femminile emanato dalla Rosa si spiritualizza. Ciò si sostanzia attraverso la forza sprigionata dal culto Isiaco. L'iniziato ai Misteri della Dea lunare, dopo avere vissuto le esperienze che lo assoggettavano alla materia e alla donna carnea, sublimava gli istinti (alchimia trasmutante) e, mangiando delle rose, dava inizio alla sua rigenerazione interiore. Tradizionalmente i fiori ricordano la coppa per via della loro forma a calice e simboleggiano, come già spiegato, l'organo sessuale femminile, passivo, sostanza plastica universale o Prakriti, che si contrappone a Purusha (colei che sboccia e sprigiona il soave profumo, la Rosa olezzante). Essa fiorisce nell'Albero Sephirotico o Albero della Vita: rossa, è l'emblema di Hod (Gloria od Onore); bianca, di Netzach (la Vittoria); bianca e rossa, di Malkuth (il Regno). L'aspetto iniziatico della Rosa traspare chiaramente ed è presente nell'ambito della letteratura medievale e post-medievale. Basti pensare al poema dantesco nel quale tali referenti di ordine iniziatico sono velati con sapiente maestria. È conosciuta anche come Vergine Theokotos (Madre di Dio) e identificabile pure con la forza mistica o ente fluidico (doppio eterico). In un suo disegno, Francesco da Barberino (1264-1348), uno dei fondatori della cerchia dei Fedeli d'Amore, autore della nota *Documenti d'Amore*, illustra le fasi che conducono allo stato di androginia. Nella raffigurazione sono presenti dei personaggi (coppie di uomini e donne), che raffigurano i sette gradi che menano alla ricostituzione dell'Essere Androginico. I primi appaiono trafitti da alcuni dardi, gli ultimi, al contrario, stringono tra le mani delle rose. Vicino alla figura dell'Androgine viene raffigurato anche "Amore", che spicca il volo e reca con sé delle rose. Il Graal, come spiegato, è l'oggetto più prezioso, fulcro elettivo delle imprese cavalleresche. In esso è racchiuso il senso riposto di una ricerca interna e iniziatica, che deve conferire l'ascenso ermetico a coloro che riusciranno a carpirne l'intima natura e a decifrare il messaggio di cui è latore. Il prescelto, Perceval (o Parsival) andrà alla ricerca della mitica coppa, ossia alla ricerca di sé stesso, delle sue radici divine. La sacra coppa, che conteneva acqua e sangue, simboleggianti la duplice natura del Cristo (Kristos), allude alla somma concentrazione del potere cristico e ne custodisce lo Spirito. La sua veste simbolica è legata anche all'organo sessuale femminile, al liquido amniotico, alle acque dell'astrale, alla sostanza primordiale da cui nasce la vita. La sua essenza più nascosta è l'emblema della Shekinah, la Gloria del Signore, accomunabile alla Shakti dell'Induismo tantrico, la forza femminea che nel suo aspetto visibile appariva come una nube luminosa intorno al Tabernacolo. Il fondo del calice, che appare buio, allude alla gestazione misteriosa e occulta. Il nero che presenzia alla Fase al Nero (Nigredo), infatti, rappresenta la pietra grezza e tutto ciò che non è ancora manifesto, non fecondato. Il nero è il colore dell'iniziazione che precede la fase di chiaritudine, relativa alle forze solari che devono sorgere internamente. Parlando ancora di Nigredo, l'allusione all'archetipo femmineo connesso con la Vergine Nera è palese e nel contesto operativo della Grande Opera essa è la personificazione della Materia Prima alchimica che racchiude il simbolo della fertilità. In poche parole, essa è la Grande Madre dei culti misterici dell'antichità precristiana ed è riconducibile alla Vergine dei Filosofi. Dal buio scaturisce la luce, l'oro nasce nelle cavità della Terra, l'utero primordiale che pone in gestazione quanto, in un secondo tempo deve essere partorito, dato alla luce. Le componenti alchimiche presenti nel mito Graal sono palesi e sottendono alla trasmutazione ermetica-alchimica. La leggenda del Graal, tra l'altro, ha delle connotazioni storiche connesse con quella corrente letteraria denominata trovarodica, in particolar modo essa si raccorda con il circolo iniziatico dei Fedeli d'Amore. Gli scritti trovadorici, conosciuti come la *Leys d'Amors*, furono rinvenuti, secondo il mito, da un cavaliere bretone su un ramo di quercia tutto d'oro (Albero sacro ai Celti), dove si era posato il falco di re Artù. Il mito appena menzionato è similare a un altro, quello dell'anello d'oro che il trovatore riceveva dalla sua donna nel momento in cui giurava alla fanciulla eterna fedeltà. Di qui l'elemento legato alla Donna della Mente o Madonna Intelligenza relativa ai Fedeli d'Amore. Non a caso, l'amore che Dante nutre per Beatrice, come vedremo in uno dei capitoli, si rivela nella realtà l'amore per la "Sapienza Santa". Graal incarna pienamente questo archetipo femmineo. Del resto, come all'interno del ciclo connesso con il sacro Calice egualmente nell'ambito dei Fedeli d'Amore rinveniamo la figura della "Vedova", elemento simbolico che allude alle *Veve Dame* (la madre di Parsifal). A livello leggendario diviene essa stessa la portatrice del Graal. Il suo nome rafforza questa concezione: Pilhosophine, e più esattamente Madonna Intelligenza, la donna salvifica dei Fedeli D'amore. Il Graal, nell'ambito della simbolica dalle valenze alchimiche, rappresenta la regalità primordiale, "la pietra", che attende il potere "divino" (Solfo = fallo-generatore), per potersi manifestare (Oro = Pietra Filosofale o Farmaco

Universale). Si tratta del *Lapis Elixir*, riconducibile etimologicamente al *Lapsit exillis*, (Pietra Celeste dell'ermetismo o Elixir rigenerante). Tale materia o Luce primordiale è l'agente creatore la cui irradiazione si diparte contemporaneamente da ogni luogo. Questa emana da un centro che non è possibile localizzare a livello fisico, ma che ogni essere cela in sé. Viene chiamata anche *Aqua vitae*, *alcaold* o *alkaest*. Si tratta di una materia sottile, attiva e pura: è il Mercurio alchimico. In ciascun essere, a qualsiasi regno naturale appartenga, la Luce universale si manifesta come focolare d'energia espansiva, come un fuoco che arde dentro, un fuoco interno alimentato dallo Zolfo menzionato in precedenza. Questo Fuoco vitale, insito in ogni cellula organica così come negli atomi minerali, propaga indefinitamente il suo irraggiamento, tanto che da tutti gli esseri dotati di individualità promana una radiazione luminosa che si diffonde all'esterno, attraverso lo spazio. Si può definire stato di purità primigenia o stato di reintegrazione del potere interiore che è alla base del percorso alchimico ed ermetico. In tale contesto viene espresso il simbolismo legato alla visione salvifica del Cristo, archetipo alchimico per eccellenza. Le qualità dell'Azoth proteico, simboleggiato dall'immagine del Rebis alchimico (da *Res-Bina* = cosa doppia), alludente allo stato di androginia dal quale scaturisce il *Solve et Coagula*, è riconducibile al simbolo dell'Uovo filosofico. Questo corrisponde nelle sue due parti al Cielo e alla Terra, che incarnano il principio maschile e quello femminile della manifestazione. Il Rebis diviene così l'Uomo Cosmico, l'Adam Kadmon Cabalistico, il Demiurgo, il ponte, colui che è riuscito a equilibrare gli opposti mascolino e femminino del suo unico e indivisibile Essere, posto simbolicamente al centro della croce cosmica. Si ricollega in tal modo con il suo Sé e di conseguenza al cosmo intero, divenendo elemento equilibratore in sintonia con il ritmo universale della vita che si rigenera costantemente. L'immagine complessiva celata nel Rebis allude all'opera alchimica e ai numerosi enigmi che essa cela, rinvenibili nel drago che dalle sue fauci sputa il fuoco anagogico e colpisce la figura dell'androgino, depositario del Sapere perduto. In questo contesto si colloca l'Antimonio, elemento alchimico di notevole valore, ideograficamente rappresentato da un semplice globo sormontato da una croce. La Luna, magica compagna delle notti stellate, ci strega con i suoi arcani influssi, ci lega al regno delle ombre fantasmagoriche, alle visioni dell'incantamento interiore. Ci parla con voce suadente e attraverso il sogno rapisce il nostro cuore: "Un sognatore è uno che può solo trovare la sua strada al chiaro di luna, e la sua punizione è che scorge l'alba prima del resto del mondo". Oscar Wilde, *Il critico come artista.*

S.M.

C'era una volta la Luna: miti e simboli

✳ Le origini

L'intimo desiderio dell'uomo di comunicare con il divino ha accompagnato il cammino delle antiche civiltà, dando origine a culti e riti basati su misteriose nozioni astronomiche e astrologiche. Si comprende in tal modo perché da sempre il Sole e la Luna, i due corpi celesti più appariscenti, hanno rivestito un ruolo fondamentale nella formazione dei miti, nel contesto magico ed esoterico, nell'alchimia ermetica di stampo iniziatico e nell'ambito delle grandi religioni del passato.
È interessante notare a riguardo che anticamente la Luna è stata considerata più importante del Sole, anche se le sue valenze di ordine simbolico racchiudono tuttora aspetti poco armonici. La Luna, insomma, reca in sé un valore indiscutibile; intanto perché rischiara la notte, come testimonia l'etimologia a essa legata; infatti, il termine "Luna" deriva da Lucsna, la lucente, che in greco diviene Selene, la dea lunare della quale ci occuperemo in seguito.
Oltre a ciò, dobbiamo tenere presente che, rispetto al Sole, l'argenteo disco lunare si presta in maniera elettiva alla misurazione del tempo attraverso le sue fasi. Non stupirà sapere che in altre lingue la parola corrispondente, volta a indicare l'astro notturno, proviene dall'etimo *men*, *mens*, che significa misurare. Lo stesso si può dire per le lingue germaniche che esprimono l'identico significato *mond*, *moon* o slave, *mesic*.
Un altro aspetto da non trascurare è costituito dal fatto che la Luna, a volte, è visibile anche di giorno accanto al Sole; circostanza questa che

conferiva al corpo celeste maggiore potenza, come attestano le credenze risalenti a epoche remote. Anche le piogge, così indispensabili alla vita e allo stesso tempo a volte così disastrose, secondo gli antichi erano una emanazione della Luna. Inoltre le fasi crescenti e decrescenti della Luna nuova richiamano alla mente, in maniera esplicita, l'immagine della morte e della rinascita.

Molteplici, poi, erano gli elementi simbolici suggeriti dalla mutevolezza della sua forma. Tra questi: la falce, connessa con il mito di Crono (figlio di Urano, il Cielo e di Gea, la Terra), la spada ricurva legata al mito di Perseo, l'arco, le corna dei buoi e di altri animali, il corno potorio e via di seguito.

La Luna, dunque, è parte integrante del patrimonio di simboli e miti di gran parte delle popolazioni della Terra, come si rileva dall'abbondanza di documenti letterari e figurati che compongono il vastissimo repertorio testimoniale, nel cui ambito si snoda la comparazione storica-religiosa, volta a individuare espressioni culturali ricorrenti e significative.

L'astro lucente, attraverso la sua ciclicità resa manifesta dal suo apparire e scomparire per poi tornare a essere visibile nuovamente, ha dato vita ad alcune caratteristiche, che lo collocano al centro di una simbologia basata sul mistero del ritmo e del divenire. Per questo motivo sono emerse innumerevoli coincidenze, riconoscibili all'interno del mito, delle tradizioni religiose e dei simbolismi ermetici tra la Luna e il percorso esistenziale degli esseri umani. Un esempio ci viene offerto dalle epifanie lunari, che alludono alla dimensione biocosmica connessa con il ciclo vita/morte oppure vita/morte/vita.

Al centro di numerose tradizioni ritroviamo una concezione di tipo fatalista, che contrappone la morte definitiva dell'uomo alla perenne rinascita della Luna, privandolo della sua immortalità. Basti pensare ai Boscimani del Kalahari (una popolazione negroide del Sudafrica) i quali narrano, sotto forma di racconto archetipo, che la Luna incaricò un suo emissario, una lepre, di recarsi presso gli uomini e di dire loro che non dovevano più temere la morte perché un giorno sarebbero risuscitati. Purtroppo, la lepre riportò il messaggio invertendone il significato. Fu così che gli uomini persero il privilegio concesso loro dalla Luna e la morte divenne una condizione permanente.

Analogo il senso contenuto nella tradizione degli indigeni della Macrone-

sia, i quali affermano che, in un tempo remoto, gli uomini, dopo la morte, restavano sotto terra per tre giorni, come la Luna, che rimane invisibile per lo stesso numero di giorni. Trascorso questo periodo tornavano alla vita non più come adulti, ma di nuovo bambini. Un uomo però, dopo essere spirato, rimase sepolto per quattro giorni. Da quel momento in poi la morte si tramutò in un evento decisivo e inappellabile, mentre la risurrezione rimase solo un ricordo.
Di là da questa visione, generalmente la Luna riveste carattere positivo, come documentano alcune immagini archetipe che rapportano l'astro luminoso alla fertilità: le corna dei bovini, il serpente e la spirale, tutti simboli antichissimi associati alla Luna.
Nel corso delle sue epifanie (apparizioni lunari), segnate dagli attributi della procreazione e della fertilità, in determinati casi la Luna può assumere caratteristiche esplicitamente maschili e falliche, come nel caso del dio lunare babilonese Sin (il giovane Toro) o Khonsu, divinità egizia sempre riconducibile all'archetipo lunare.

Il fanciullo lunare

Il dio Khonsu, giovane dio della Luna, era rappresentato in genere con sembianze umane; tuttavia, essendo anche l'incarnazione di una divinità del Cielo, poteva assumere l'aspetto di un'aquila. Generalmente, era raffigurato con un abito aderente, lungo fino ai piedi, e un collare. Il suo capo era rasato, anche se in alcuni templi veniva effigiato con un ciuffo di capelli simboleggiante la giovinezza e la regalità. Sulla sommità della testa Khonsu portava la falce della Luna nuova, che a sua volta incorporava la sfera della Luna piena.
Le origini genealogiche del dio variavano: a Tebe si riteneva che fosse il figlio adottivo del dio Amon (la divinità solare adorata a Karnak, in Egitto) e della sua consorte, la dea Mut. Il significato racchiuso nel suo nome è "l'errante", con riferimento al cammino della Luna attraverso il Cielo e, sotto questo profilo, assumeva l'identità di "ammiraglio" dei destini umani. Il colore associato al fanciullo lunare era il bianco argenteo della Luna.
Khonsu, sintesi della bellezza giovanile, raffigurava l'archetipo dello

stupore fanciullesco e della spontaneità celati in ciascun essere umano. Alla stregua degli adolescenti, la sua radiosità era accresciuta dalla scarsa conoscenza del mondo; la sua beltà, infatti, scaturiva dall'inconsapevolezza, ma al contempo dalla emanazione della sua potenza, perché, imitando la Luna che segue il suo corso divino attraverso i Cieli, Khonsu seguiva il suo cammino celeste divenendo così rappresentazione di se stesso.
Nonostante le prime testimonianze riguardanti il dio lunare gli attribuissero una natura più aggressiva e sanguigna, di tipo infero, solitamente era considerato un dio benevolo, con particolari poteri terapeutici, gentile e compassionevole. La fanciullezza, intesa quale inizio della vita, era ritenuta dagli Egizi l'immagine stessa di Khonsu, il divino detentore del potente seme (o embrione), volto a fecondare tutti i principi futuri. Oltre a ciò il dio lunare rappresentava il potenziale che giace nello spirito dell'uomo finalizzato a risvegliare la parte divina e a conseguire la consapevolezza, che permetteva di scoprire il vero motivo della nascita e della morte, autentico scopo per cui l'umanità era stata creata.

Il navigatore

Il dio errante, in quanto emanazione della Luna, ricopriva il ruolo del "navigatore" che tracciava un percorso attraverso il Cielo notturno. Non a caso era anche conosciuto come "colui che attraversa il Cielo in una barca". Secondo gli Egizi, la Luna simboleggiava il "Sole che risplende di notte", a significare l'importanza del disco argenteo nel contesto religoso-sacrale dell'antico Egitto.
Il viaggio della Luna nel firmamento era accompagnato dall'adorazione di babbuini e sciacalli, animali divenuti sacri a Khonsu proprio per questo motivo. Si pensava, inoltre, che uno dei ruoli del dio lunare fosse quello di delineare il destino individuale e di calcolare la lunghezza della vita, così la differenza tra il destino umano e la finalità divina risultava evidente.
Il messaggio, insito nel simbolismo esoterico riguardante Khonsu, implicava il libero arbitrio dell'uomo, per mezzo del quale egli poteva scegliere consapevolmente il proprio cammino, individuando, tra le numerose rotte, quella capace di condurlo al conseguimento finale della sua intima essenza, mirata a ricongiungerlo con le origini cosmiche e divine.

L'esorcista

I poteri terapeutici di Khonsu includevano la facoltà di allontanare gli spiriti maligni e il demonio mediante pratiche esorcistiche. La sua immagine, infatti, veniva invocata per scacciare le entità oscure e ripristinare l'armonia interiore. Le persone sofferenti e in preda a possessione, che vivevano sia in Egitto sia fuori di esso, invocavano Khonsu per ottenere la purificazione e sanare i conflitti spirituali. In proposito, si narra che una statua del dio fu prestata a un Paese vicino e utilizzata per esorcizzare un demone, costringendolo ad abbandonare il corpo di una principessa siriana. La cerimonia risultò efficace e la giovane venne liberata, allora il padre della fanciulla, riconoscente, restituì il simulacro di Khonsu all'Egitto organizzando sfarzose celebrazioni e donando generose offerte al dio per il prodigio operato.

A ogni modo, se si eccettuano le due divinità lunari maschili, Sin il babilonese e Khonsu l'egiziano, più altre divinità minori risalenti a un'era anteriore, la Luna possiede una natura senza ombra di dubbio femminile, la cui energia è passiva, fredda e umida. Il Sole, al contrario, è contraddistinto da una natura maschile, attiva, calda e secca. In altre parole, il Sole raffigura il fallo generatore e la Luna l'utero che viene fecondato.

La Venere di Laussel antica di 12.000 anni. Fu incisa sulla pietra e rinvenuta all'interno di una grotta presso Eyzies-de-Tayac (Francia)

La Venere lunare di Laussel

La Luna, quindi, è la controparte femminile del disco solare, come attestano certi culti risalenti al Paleolitico superiore. Il ritrovamento della Venere lunare di Laussel conferma la valenza femminile esternata dalla Luna, la cui trasmutazione di forma, che evolve mediante fasi diverse, incarna l'archetipo della "Donna-Madre" con la sua ritmicità, associata ai cicli mestruali, in perfetta osmosi con le fasi lunari. Fasi che sono l'espressione di una trasformazione e di una crescita, ricettacolo dei semi della fecondità ciclica.

La Venere di Laussel, antica di 12.000 anni, fu incisa sulla pietra e rinvenuta all'interno di una grotta presso Les Eyzies-de-Tayac (Francia). La figura femminile effigiata tiene nella mano destra un corno di bisonte che, con ogni probabilità, è una mezza Luna crescente incisa con alcuni segni che si riferiscono al mese lunare. Con la mano sinistra la Venere indica il proprio ventre; il suo sguardo, invece, è rivolto verso la Luna crescente, quasi a voler sottolineare la possibilità di essere pregna, data la corrispondenza tra le fasi lunari e le mestruazioni della donna. Inoltre l'ocra rossa che ricopriva la Venere alludeva al sangue mestruale.

Dea minoica dei serpenti (1600), rinvenuta nel Palazzo di Cnosso a Creta. In mano stringe due serpenti simboleggianti la morte e la rinascita. I due rettili rappresentano anche la periodicità della Luna, ribadendo in tal modo l'identificazione Luna-donna nei suoi aspetti trasmutativi e generatori

In ogni caso, anche il corno, che è un simbolo lunare, è sinonimo di pienezza, di fertilità e di ricchezza di vita. Da questo proviene quasi certamente la configurazione della Cornucopia, dal latino *cornu-copiae*, ossia "corno dell'opulenza", riconducibile, tra l'altro, al mito della leggendaria "capra Amantea", nutrice di Giove fanciullo, che con il suo latte lo sfamò. Il corno della "capra Amantea" era ornato di erbe e fiori, come possiamo vedere anche nella rappresentazione della Cornucopia.

Le corna del toro, in merito a quanto esposto, sono correlate alla Luna in veste di *Magna Mater* (Grande Madre), divinità suprema della fertilità. E non solo, anche le corna delle vacche assumono analoghe valenze femminee, in quanto questi animali sono apportatori di vita grazie al loro latte.

È interessante notare come l'artista preistorico abbia riprodotto, con grande precisione, il corpo della Venere di Laussel, tranne il volto che presenta un valore astratto. Si può ipotizzare che la scelta sia stata motivata dall'iconografia della "vacca-Luna" o "donna-vacca", poiché la struttura astratta del viso sembra richiamare alla mente un referente di questo genere. La testa di forma allungata, di tipo antropomorfo, rafforza tale possibilità. L'associazione corna-Luna e Luna-vacca era già nota presso i Sumeri e i Babilonesi, che utilizzavano questi simbolismi nel corso dei riti di fecondità trasferendo nel corno l'immagine della Luna crescente, come si riscontra ancora oggi nell'espressione di uso comune: "i corni della Luna".

Numerose culture consideravano il corno sia come simbolo della Luna nuova sia della vulva, sorgente di ogni vita. Inoltre il corno della Venere di Laussel reca incise trenta tacche corrispondenti ai tredici mesi lunari dell'anno, composti di Lune piene e Lune nere. La Venere lunare, quindi, oltre alle sue connotazioni di ordine cultuale, era usata anche come un calendario adatto a indicare le fasi lunari. I calendari più antichi, risalenti a 40.000 anni fa, denotano già una buona conoscenza delle lunazioni.

Sempre nel Paleolitico, 16.500 anni addietro, gli autori delle celebri pitture rinvenute nella grotta di Lascaux, in Francia, celavano, attraverso particolari raffigurazioni, complesse mappe celesti per l'osservazione degli astri. Nella rappresentazione di Lascaux si vede un bisonte che carica un uomo con la testa di uccello (forse si tratta di uno sciamano), accanto a questo appare un'altra testa egualmente con sembianze di uccello. Unendo gli occhi delle tre figure si crea un triangolo (triangolo d'estate), che è formato da alcune costellazioni vicine alla Stella polare.

In un altro punto della grotta sarebbe stata raffigurata, attraverso l'utilizzo di punti, una mappa delle Pleiadi e di altre stelle situate nella regione celeste. Secondo uno studioso tedesco, il dottor Michael A. Rappenglueck, si tratta della rappresentazione del Cielo paleolitico, popolato da animali e Spiriti guida, in cui appare anche una riproduzione delle varie fasi lunari.

Recentemente, alcuni archeologi della Università di Glasgow, in Gran Bretagna, hanno scoperto che la sommità della tomba preistorica di Orkney, in Scozia, è allineata con la luce del Sole e della Luna. In Irlanda, a quanto pare, alcuni complessi megalitici sono allineati con la luce della Luna.

Un'altra divinità lunare di rilievo era la "dea del fiume Nilo" (4000 a.C.), dea della rigenerazione, raffigurata con una testa a forma di uccello o di serpente e con le braccia sollevate ad arco intorno al capo, quasi a voler formare una sorta di mezza Luna. Le braccia, così posizionate, riportano alla mente le corna dei bovini. Il gesto, comunque, alluderebbe ai culti misterici femminili. Questa dea, legata specialmente ai riti lunari attribuiti alla dea Hathor, appare tra le divinità egizie con vari nomi.

Hathor, la dea lontana

Hathor, rappresentazione del Cielo, veniva effigiata come una grande vacca il cui ventre era il firmamento, quando assumeva sembianze di donna portava in testa corna bovine racchiudenti il disco solare. Hathor significa "Casa di Horus" (dio del Sole), e ciò ci fa comprendere come i culti di Hathor e Horus (Sole e Luna) fossero collegati tra loro. In seguito, però, le due divinità si separarono e Hathor venne chiamata Hathor Amentet (Amentet corrispondeva al Regno occidentale, ossia il regno dei defunti); così la dea entrò a far parte del culto dell'Oltretomba.
Il celebre *Libro egizio dei morti*, infatti, si conclude con il seguente dialogo tra un defunto e la dea lunare, Hathor, la signora del Regno occidentale, amica di Ra che ne gioisce, la madre degli dèi che prepara i troni, che gli risponde.

> "Sii lodata, illustre Signora del Cielo, che stai in testa a tutti gli Dèi; amica di Horus che risiede sull'orizzonte, della cui bellezza gioisce Atum, cui s'inchina il lago dei paesi d'Occidente, accolta con gioia da Ra, madre degli dèi che ti amano! Non v'è chi desideri entrare in te. Ripugni a chi entra, perché egli brama la Terra più del soggiorno in te, dell'abbraccio degli scomparsi e del rifugio nel vascello dell'eternità. Io sono giusto. Son venuto portando la verità. Non ho peccato in Terra. Ho fatto quanto è gradito al re e agli dèi. Vengo al cospetto del Signore del Regno occidentale per procurare gioia a colui che vi risiede, e che offrirà agli abitanti del Cielo e della Terra un soggiorno all'ombra degli alberi il giorno in cui egli apparirà.
>
> [...] Benvenuto! Il tuo volto è giusto. Sei giusto, sei unico alla giustizia. Benvenuto in questa Terra dei vivi dove non v'è inganno".

Anche nel caso di Hathor, le corna assumono valore femmineo-lunare ricollegabile con i cicli mestruali. Non a caso le corna delle mucche sacre erano denominate "corna dell'utero". Tra l'altro, in base ad alcuni studi

antropologici, è stato possibile stabilire che il gesto di sollevare le braccia sopra la testa è in uso ancora oggi nei paesi africani ed è eseguito dai pastori che custodiscono le mandrie di bovini.
La natura femminile della Luna, a causa dei suoi mutamenti (che ricordano i cambiamenti di umore delle donne), ha dato vita ad alcune divinità legate al pantheon greco-romano, nel quale compaiono con nomi e aspetti diversi, ognuno riconducibile alle varie fasi e alle multiformi trasformazioni operate dalla Luna. Tra queste troviamo Cibele, Artemide, Ecate (dea dell'Oltretomba), Lucina, Trivia e Diana. Ma quella che in qualche maniera è entrata a fare parte dell'immaginario collettivo è Selene, dea lunare, madre di Pandia, "la tutta lucente", probabile personificazione del chiarore visibile nelle notti di plenilunio. Selene era sorella di Elio (il Sole) e racchiudeva in sé differenti facce.

Selene, la triplice dea

Nella tradizione mitologica greco-romana, la Luna incarnava tre distinte divinità, ognuna in sintonia con le sue diverse manifestazioni: la Luna piena, la Luna nuova e la Luna crescente; metafora che includeva rispettivamente la vita, la morte e la rinascita. Fin dalla notte dei tempi, queste tre figure lunari hanno rappresentato il ciclo della vita, della fecondità, della femminilità, del divenire e dell'immortalità.
Nella sua scintillante pienezza, apportatrice di vita, il primo volto della Luna era quello di Selene, nome che proviene da *sélas* e che significa splendore. Esiodo, nella sua opera *Teogonia*, racconta che Selene nacque da Theia e Iperione, divinità legate alla luminosità del Cielo, che con la loro unione generarono anche Elio, dio del Sole, ed Eos, dea dell'aurora. Il sommo Omero così descriveva Selene:

> "Da lei, dal suo immortale capo, un diffuso chiarore si spande sulla Terra e una sovrumana bellezza appare sotto la sua luce: l'aria si fa luminosa di fronte alla sua corona dorata e i raggi splendono quando dall'oceano, lavate le belle membra, indossata la veste lucente, la divina Selene, aggiogati i bianchi puledri dal collo robusto, lancia in avanti il cocchio splendente e appare, dopo il tramonto, al culmine del mese".

Il secondo nome di Selene era Méne, di derivazione Frigia, la cui radice etimologica *mé*, significava misura, computo. Non è una coincidenza, quindi, che il termine latino *mensis* (mese), derivi dalla stessa radice; del resto, fino alla metà del I secolo a.C. il calendario romano si basava sul ciclo lunare. In effetti, in origine il "mese" non era altro che l'unità di misura che rappresentava l'intervallo tra una Luna nuova e l'altra. In questa maniera si spiega il verso dell'inno omerico che dice: "[...] e appare, dopo il tramonto, al culmine del mese". Selene, la Luna piena, secondo le parole di Omero appare nel periodo di plenilunio.
Il secondo aspetto della dea, corrispondente alla Luna nuova, che in quella fase si trova in congiunzione con il Sole, era configurato da Ecate, l'unica divinità cui era concesso di condividere con Zeus (re degli dèi), il privilegio di poter estendere il suo dominio su Cielo, Terra e Mare.
Ecate, considerata come l'immagine della Luna Nera, simbolo di morte e di rinascita allo stesso tempo, veniva spesso posta in relazione con il regno del soprannaturale, degli spiriti e degli incantesimi. Per tale ragione le erano sacri i crocevia, luoghi magici che la tradizione popolare riteneva teatro di pratiche stregonesche e sortilegi. Ecate aveva diversi punti di contatto con la dea Proserpina, regina degli inferi, per questo, già nell'antichità si avanzava l'ipotesi che Ecate, Artemide e Proserpina formassero una triade, se non addirittura le tre persone di una medesima divinità. Per tale ragione, Ecate veniva appellata anche "Artemide triforme", giacché le si attribuivano tre teste (o tre corpi): di leone, di cavallo e di cane. Forse questo è il motivo per cui i cani si mettevano a ululare durante le sue apparizioni notturne. La natura triforme le conferiva il potere di indovinare il passato, il presente e il futuro. Veniva anche chiamata Cagna o Lupa.
Nonostante le apparenze Ecate era benigna e assisteva chi le era simpatico, come dimostrano appunto le parole di Esiodo nella sua *Teogonia*, opera somma a sfondo mitologico:

> "Da Dio Cronide è sovra tutti onorata: le elargì egli splendidi doni e la sorte della Terra e dello sterile Mare. E anche sul Cielo stellato ella è fatta partecipe di onori, ed è stimata grandissimamente dagli dèi immortali".

Spesso, davanti alle porte delle case era raffigurata come Proritrea, colei che, a suo piacimento, aiutava od opprimeva le donne durante le doglie

del parto. Sui trivi stavano i suoi simboli: tre maschere di legno su un palo o una statua triforme. In tal caso non deve meravigliare se le maghe invocavano Ecate come protettrice delle loro pratiche.
La terza e ultima manifestazione legata a Selene era la falce di Luna che riappare dopo il novilunio, simbolo di rinascita interiore e di risurrezione. Selene assume così il nome di Artemide, sorella del dio solare Apollo. La mitologia vuole che Artemide, nata per prima, aiutasse la madre Latona a partorire suo fratello. Per questo le donne incinte e le partorienti la invocavano al fine di ricevere protezione, chiamandola *Kourotròphos*, nutrice, colei che custodiva i bambini e i cuccioli degli animali.

Artemide di Efeso, una delle incarnazioni dell'archetipo lunare

Probabilmente, alla stregua di Afrodite, Artemide aveva origini asiatiche, in ogni caso il suo nome non è di origine greca. Incarnazione della natura incontaminata delle valli solitarie e delle alture remote, era la regina incontrastata di una miriade di vite che germogliavano, crescevano, si agitavano, si cercavano, si distruggevano e si generavano. L'essenza divina di Artemide, avvolta nel mistero, non agiva sulla coscienza dell'uomo, ma piuttosto si manifestava nella purezza della natura incontaminata. Naturalmente la natura, nella sua semplicità, possedeva anche un altro aspetto terribile, demoniaco, nel contempo distruttore e generatore; tale valenza, però, veniva rappresentata da altre divinità, non da Artemide. Ella simboleggiava la natura estiva, vibrante di luce; non per nulla si diceva che, assieme a suo fratello Apollo, con l'avvento dell'autunno emigrasse nel paese degli Iperborei, i mitici popoli che vivevano in perfetta armonia e letizia nell'estremo nord della Terra abitabile, per far ritorno l'estate successiva.
Similmente ad Apollo, la dea lunare era sinonimo di lontananza e di purezza, con alcune differenze dovute al sesso delle due divinità; infatti, mentre in Apollo il distacco e la purezza si originavano tramite un atto virile veicolato dalla volontà cosciente, per Artemide il raggiungimento di

questi ideali avveniva in virtù della sua natura femminile. Vergine lunare, rimase sempre casta, come si legge in un inno omerico dedicato ad Afrodite: "Artemide pure, la rumorosa dea dal fuso d'oro, mai cedette all'amore di Afrodite, dal dolce sorriso". Artemide era ritrosa, come la natura, tanto che Atteone, quando decise di spiarla mentre si bagnava nelle acque, fu sbranato dai propri cani. La selva sconfinata era il suo regno. Qui la dea cacciava in compagnia delle ninfe con le quali intrecciava danze sui prati fioriti. Ancora una volta, Omero la descrive così nell'Odissea:

> "Come Diana per gli eccelsi monti o del Taigeto muove o d'Erimanto, con la faretra e gli omeri, prendendo dé ratti cervi e dé cinghial diletto: scherzan, prole di Giove, e a lei d'intorno le boscherecce Ninfe, onde a Latona serpe nel cor tacita gioia; ed ella va del capo sovrana e della fronte visibilmente a tutte l'altre, e vaga tra lor è più qual da lei meno è vinta".

Essendo dea della natura, Artemide era particolarmente vicina agli animali sia come colei che li cura, sia anche come colei che li caccia. È quanto emerge dalle parole di Omero: "Aspra agitatrice di belve". Ecco perché spesso veniva raffigurata con i leoni, ma anche l'orso e il cervo erano sacri ad Artemide. Strabone, il geografo greco nato ad Amasia nel 56 a.C., scriveva che nella terra degli Eneti (Veneti), presso il fiume Timavo, si trovava un bosco sacro alla dea, dove cervi e lupi convivevano in pace e si lasciavano accarezzare dagli uomini. Nella sua qualità di cacciatrice il simbolo a lei attribuito era l'arco, che utilizzava per prendere le sue prede anche di notte. Su molte raffigurazioni la dea reggeva in mano una fiaccola, a volte due. Inoltre Artemide racchiudeva valenze crudeli così come la natura presenta un lato feroce e oscuro, basti pensare ai sacrifici umani che anticamente erano officiati in suo onore. Vicino ad Atene si trovava il tempio di Artemide Aristobula, presso il quale venivano gettati i corpi dei giustiziati. Artemide, gemella di Apollo, il Sole, era soprannominata pure "colei che brilla di notte", alludendo alla sua natura lunare contrapposta a quella solare del fratello. L'iconografia che la riguardava la ritraeva in abito da cacciatrice, con il capo ornato dalla falce della Luna, accompagnata da un levriero e da un cervo. Tra i Romani venne identificata con la dea italica Diana, dea protettrice dei boschi e della selvaggina. Artemide, la lucente, era conosciuta anche come Flitia o Locheia.

Endimione, il giovane amato dalla Luna

Vediamo ora come il mito di Endimione è in stretta analogia con Selene. Figlio di Giove e di Calice, secondo la tradizione mitologica Endimione era un bellissimo pastore della Caria. Esistono tre versioni associate alla sua storia ma quella che ci interessa è la terza, perché connessa con la dea lunare.

Si racconta che Selene, vedendo il bel pastore addormentato se ne innamorò, gli si pose quindi al fianco e baciò i suoi occhi. Ne nacque una passione travolgente, coronata da cinquanta figlie. Ma poiché cinquanta maternità erano eccessive anche per una dea (una chiara allusione alla fertilità espressa dalla Luna), ella chiese e ottenne da Giove un sonno perenne, accompagnato da una eterna giovinezza per Endimione. In questo modo Selene poteva continuare a baciarlo e accarezzarlo senza timore di ulteriori maternità. Dietro questo racconto, in apparenza semplice, si nascondono in realtà profonde simbologie esoteriche e sapienziali, che ritroviamo in tutta la mitologia velate da metafore, per non consentire al profano la violazione dei Misteri.

Nel caso di Endimione, un sarcofago scolpito con alcuni brani della sua vita ci consente di analizzare alcuni elementi di sicuro interesse. Il sarcofago, di forma rettangolare, profilato sulla parte inferiore e superiore, è contraddistinto da un coperchio a doppio spiovente con alzata frontale ad acroteri angolari (ornamento posto alla sommità o alle estremità laterali dei frontoni di un tempio). Alcune figure, le Nereidi (ninfe marine), appaiono ritratte mentre cavalcano i Tritoni.

Sui lati lo spazio frontale è occupato da una sfinge, la custode dei misteri, davanti alla quale è poggiata una maschera teatrale (la personalità occultata). La cassa è decorata con scene mitologiche che ritraggono Endimione addormentato. All'estremità sinistra è descritto l'arrivo di Selene, raffigurata in atto di scendere dal cocchio aiutata da una figura maschile nuda. La dea indossa un lungo chitone, la veste leggera degli antichi Greci, originaria dell'Oriente, stretta in vita da una cintura che doveva fermare numerose pieghe, e un *himation*, una sorta di mantello, che sollevato dal vento si alza in vortice dietro le sue spalle. Sul capo porta il crescente lunare e al braccio sinistro una fiaccola. Un amorino sorvola il carro e sullo sfondo si nota un albero da frutto. Endimione giace con

il capo riverso e il braccio destro sollevato sopra la testa. Dietro di lui un vecchio barbuto, identificabile con Hypnos, dio del sonno e padre di Morfeo, egli tiene nella mano destra la pianta di papavero e con la sinistra solleva un lembo del panneggio che racchiude l'insieme. Nella scena finale si può osservare la partenza di Selene che si allontana sul carro, volgendo ancora una volta il capo all'indietro, verso l'amato, mentre un giovane nudo si preoccupa di tenere le redini dei cavalli al galoppo.
Tra gli elementi simbolici che compaiono nelle scene, alcuni sono da ricondurre alla ritualità misterica connessa con Selene. Si tratta di veri e propri strumenti rituali. La dea ci appare con i suoi oggetti cultuali e il simulacro che la connota è sicuramente simile a quello utilizzato nelle cerimonie segrete officiate dagli iniziati al culto lunare (nelle cerimonie pubbliche la statua della dea era rappresentata, quasi certamente, con modalità differenti, forse era assente la falce lunare). La fiaccola che la dea stringe nella mano allude al fuoco cosmico e alla luce lunare che rischiara le notti buie, l'oscurità dello spirito. È la fiamma che illumina le tenebre dell'ignoranza. Il lungo ed eterno sonno che avvolge Endimione simboleggia il fascino della Luna che seduce, ma che, contemporaneamente, annebbia la coscienza con la sua luce riflessa; una luce che è il riverbero del Sole, apportatore di verità. La Luna e il suo mondo sono incerti, mutevoli, illusori. In India, maya significa, appunto, illusione e si riferisce al mondo sublunare, il quale non è ciò che sembra, rappresentando una parvenza della realtà. Solo l'uomo temprato è in grado di penetrare i misteri lunari, chi non lo è, al contrario, può perdersi e dormire un sonno indotto, originato da una coscienza obnubilata.
L'albero da frutto vuole indicare la condizione di fertilità e di abbondanza legate a Selene, la Luna piena. Il cocchio trainato dai cavalli, allude al percorso che la Luna compie nel Cielo notturno. Hypnos, dio del sonno, tiene in mano una pianta di papavero, chiaro riferimento alla mente ormai torbida e assente. Come sappiamo, infatti, dai suoi frutti non ancora maturi si estrae un lattice che, una volta seccato, permette di produrre l'oppio, uno stupefacente che induce all'oblio. La posizione di Endimione sul sarcofago vuole significare proprio questo, come sottolinea la sua mano posta sopra la testa, gesto che raffigura il distacco dalla realtà, l'assenza. L'insieme di questi elementi costituisce una sorta di codice criptato, che,

una volta decifrato, consente di penetrare i segreti dei riti ermetici volti a utilizzare le misteriose energie di Selene, la Luna. Questa è la chiave che permette di rileggere i racconti mitologici ricostituendo il senso autentico di un antico insegnamento, che vedeva nella Luna una inesauribile fonte di potere. Non dobbiamo inoltre dimenticare la sfinge e le Nereidi, il cui senso ignoto riveste estrema importanza. Le Nereidi, ninfe marine, sono un'allegoria del "mare astrale" con le sue profondità, le sue creature e i suoi misteri. L'iniziato deve penetrarvi allo scopo di carpirne i segreti e il potenziale della natura germinativa lunare. La sfinge, invece, rappresenta il principio di equilibrio e di fissità, con il quale è possibile assicurare la stabilità transitoria delle forme individuali. Oltre a ciò, è assimilabile anche all'Archè degli ermetisti, il nucleo fisso e determinante dell'individualità, al centro del quale brucia lo zolfo alchemico. Questo principio di unità domina le attrazioni elementari sintetizzandole e convertendole in energia vitale. Così si spiegano i quattro colori che usualmente sono presenti nell'iconografia della sfinge, corrispondenti ai quattro elementi, come spiega il noto ricercatore Oswald Wirth nella sua opera *I Tarocchi*:

Elemento	***Colore***
Fuoco	*Testa rossa*
Aria	*Ali azzurre*
Acqua	*Petto e zampe anteriori verdi*
Terra	*Parte posteriore nera*

La sfinge è umana nel volto e nel seno femminile, ha ali di aquila, zampe di leone e fianchi di toro. In lei ritroviamo gli animali legati alla visione del profeta Ezechiele, divenuti il simbolo dei quattro Evangelisti:

Evangelista	***Simbolo***
San Matteo	*Uomo o angelo*
San Luca	*Toro o bue*
San Marco	*Leone*
San Giovanni	*Aquila*

I Carmina Burana, *allegorie della Luna*

Carmina Burana, opera del tardo Medioevo, evoca immediatamente immagini goliardiche di pura allegria, di sensualità, di ragazzi che si ribellano alle ipocrisie e alla corruzione del loro tempo.
Gli autori, i *Clerici vagantes*, in realtà non erano poi così spensierati come questi scritti lascerebbero presupporre. In qualche modo essi ricordano i bohémiens del secolo scorso così come, sotto altri aspetti, i goliardi del XII e XIII secolo, periodo in cui i *Carmina Burana* sono stati scritti. Possiamo dire pertanto che goliardi e *Clerici vagantes* assumono la medesima identità.
Il sapore allegorico espresso nel testo racchiude duplici significati e riconduce a un tipo di prosa che si serve spesso di metafore, anche se in alcuni casi il riferimento ai mali che affliggevano la società di allora diventa esplicito. Letteralmente il titolo significa *Canti Profani* o *Canzoni profane*, ma sono conosciuti anche come *Codex Buranus*. La maggior parte dei testi presenti nella raccolta è redatta in latino e proviene dall'area culturale francese e tedesca; alcuni sembrano giungere dall'Inghilterra normanna, mentre è ancora da verificare la presenza di canti di origine italiana.
I canti in latino sono accompagnati da una serie abbastanza numerosa di composizioni (cinquantasei) in medio alto tedesco. In generale, i compilatori della silloge bavarese hanno considerato di primaria importanza i testi in latino nel rispetto della tradizione colta, in tal modo i canti in tedesco sono uniti a questi ultimi alla stregua di una loro appendice. Il rapporto che intercorre fra le composizioni in latino e quelle in tedesco presenta comunque notevoli varietà: talvolta le seconde sono la perfetta traduzione del testo latino, in altri casi, viceversa, esprimono i medesimi motivi con un linguaggio e una sensibilità indipendente. Essi risalgono alla grande stagione della lirica cortese tedesca e sono opera di alcuni fra i più grandi poeti del tempo quali Walther von der Vogelweide (1170 circa-1230), Heinrich von Morungen (1150 circa-1222), Neidhart von Reuental (1190 circa-1245), Reinmar von Hagenau (seconda metà del XII secolo-inizio del XIII) e altri ancora.
Sebbene tutte le liriche conservate nei *Carmina Burana* fossero destinate a essere cantate, gli amanuensi ci hanno tramandato la notazione musicale di soli trenta canti, in parte riportata dallo stesso scrittore del testo, altre sono

state aggiunte da mani diverse. Fortunatamente il patrimonio musicale è stato accresciuto grazie al reperimento di melodie e manoscritti coevi, che hanno permesso di raggruppare ben quarantasette canti, accompagnati dalla musica originaria. Questa comprende ritmi popolareschi affiancati da costruzioni raffinate, che scaturiscono da una grande esperienza musicale, all'interno della quale compaiono anche moduli propri del canto gregoriano.
I *Carmina Burana* furono portati alla ribalta dal celebre compositore tedesco Carl Orff (1895-1982), che li musicò magistralmente dando vita a sonorità incomparabili, miscelate con sapiente maestria in un lavoro di delicate e magiche alchimie.
Raggiunta una vasta notorietà, i *Carmina Burana*, curati musicalmente da Orff, sono stati utilizzati come colonna sonora di diversi film, tra questi il più noto è il famoso *Excalibur*, che narra le gesta del leggendario re Artù e dei cavalieri della Tavola Rotonda. Il brano più importante che accompagna le fasi salienti della pellicola è *Fortuna Imperatrix Mundi*. Questo testo contiene una fine allegoria sulla mutevolezza della Luna e per questo lo abbiamo scelto, essendo in sintonia con quanto stiamo trattando. È bene sottolineare in proposito che i *Carmina Burana* contengono anche una chiave ermetica ed esoterica che a molti sfugge. I riferimenti a Ovidio, iniziato ai Misteri, non appare quindi casuale. Il primo canto, *Imperatrix Mundi*, esordisce potentemente con queste parole:

> *O Fortuna, velut Luna statu variabilis, semper crescis aut decrescis; vita destabilis nunc obdurat et tunc curat ludo mentis aciem, egestatem, potestatem dissolvit ut glaciem. Sors immanis et inanis, rota tu volubilis, status malus, vana salus semper dissolubis obumbratam et velatam michi quoque niteris; nunc per ludum dorsum nudum fero tui sceleris* ovvero: "O Fortuna, sei mutevole come il corso della Luna e cresci e cali senza sosta; la vita odiosa che mi imponi ora snerva e ora aguzza la mia mente col gioco alterno della sorte che dissolve come neve ricchezza e povertà. Tu, sorte crudele e volubile, ruota che gira sempre, cattiva condizione e vana prosperità sempre fuggevole, oscura e velata incombi su di me che espongo il dorso nudo al capriccio dei tuoi colpi".

In questa composizione la fortuna viene paragonata alla Luna e alla sua natura volubile e capricciosa, come testimoniano le diverse fasi che la vedono cambiare continuamente forma. Le metafore legate alla caducità della vita sono palesi, ma anche l'influenza esercitata dalla Luna appare esplicita. Nelle altre parti dei *Canti Profani*, vi sono diverse analogie tra Venere e le sue spiccate valenze lunari, che si riferiscono al "femminino sacro". In un passo possiamo leggere: "Accetta questo fiore perché è simbolo d'amore". Il fiore in questione naturalmente è la rosa, il cui colore ricorda le labbra di una donna; del resto, il motivo della rosa come allegoria del femmineo e dell'amore sacro e profano era diffusissimo nel Medioevo, basti pensare al sommo Dante Alighieri, che ne parla nel canto del *Paradiso*: "Nel giallo de la rosa sempiterna che si dilata e ingrada e rendole odor di lode al sol che sempre verna [...]" (Canto XXX, 124). E ancora: "In forma dunque di candida rosa mi si mostrava la milizia santa che nel suo sangue Cristo fece sposa [...]. Nel gran fior discendeva che s'adorna di tante foglie, e quindi risaliva là dove 'l suo amor sempre soggiorna" (Canto XXXI, 1-10). Il simbolo della rosa, a ogni modo, è molto più antico, come ci informa lo studioso e iniziato Emilio Servadio, noto psicoanalista (1904-1995), nel suo libro *Passi sulla Via Iniziatica*:

> "Da un punto di vista strettamente psicologico e psicoanalitico, la rosa, al pari di molti altri fiori aventi un calice e una corolla, è simbolicamente una delle innumerevoli rappresentazioni del sesso femminile. Questo significato erotico e specifico della rosa si riscontra in molti miti e leggende dell'antichità. Nel mondo classico, la rosa era specialmente sacra a Venere. Secondo una leggenda, la rosa rossa derivò il suo colore dal sangue di Adone, o da quello di Venere stessa, che assistendo Adone ferito da un cinghiale, ebbe un piede punto dalla spina di una rosa bianca, che si colorò così di rosso. Anche nel biblico Cantico dei Cantici (II,1), l'espressione 'Rosa di Sharon', adoperata per una fanciulla, ha connotazioni erotiche. Non a caso nel XXIII Canto del *Paradiso* Dante scrive: 'Quivi è la rosa in che il Verbo divino Carne si fece [...]'. Nella tradizione classica ebraica, e in specie nel *Libro dello Zohar*, appare più evidente il simbolismo della rosa quale esponente di un principio energetico sostanzialmente femminile, irradiato dal principio maschile: la Gloria del Signore, la Shekinah [...]".

Le parole di Servadio sono chiare, il principio femminile in questione è la Luna e quello maschile il Sole che la feconda. Il fiore, o calice fertile, viene fecondato dai raggi solari. Il fiore in questo senso incarna il sesso della donna e la sua valenza femminea. Bisogna chiarire, inoltre, che quando

Servadio parla di simbolo erotico, questo non va inteso in senso basso e volgare ma, al contrario, quale referente energetico di generazione e attrazione naturale tra l'energia lunare e quella solare, tra maschio e femmina. Torniamo ora ai *Carmina Burana* in cui sono presenti anche aspetti astronomici interessanti, alcuni legati alle Pleiadi, una delle costellazioni che appaiono nelle pitture preistoriche dipinte nella grotta di Lascaux, in Francia. Interessante coincidenza, vero?
In uno dei passi delle canzoni profane è scritto tra l'altro: "La cristallina fiaccola di Diana", elaborata metafora per indicare la Luna illuminata dal Sole. E in un altro punto: "Accesa dalla rosea luce del fratello", l'autore si riferisce sempre a Diana, dea della Luna (altra incarnazione di Artemide) e ad Apollo, dio del Sole e suo fratello. La Luna, in pratica, è sempre presente nel contesto narrativo di quest'opera, sia sotto forma di figura mitica, come Venere, sia attraverso altre allegorie connesse con diverse divinità lunari.
Sebbene il testo sia in gran parte improntato a una feroce satira indirizzata verso i costumi corrotti dell'epoca che affliggevano sia la Chiesa sia il mondo dei potenti, è altrettanto vero che racchiude simbolismi di ordine ermetico di colta elaborazione. La Luna appare così come la figura dominante che dispensa la sua luce diafana sotto le spoglie di una fanciulla di rara bellezza, come recita questo verso dei *Carmina Burana*: "Il suo splendore riflette la luminosità del Sole". Si tratta della metafora relativa alla donna intesa quale specchio di luce, cioè della Luna che riflette la luce solare. Ciò appare ancora più evidente nel canto 77,12 che così si esprime in latino: "Cuius lumen a Phoebea luce renitet". Celato all'interno di questi versi, alcuni studiosi hanno individuato il nome di Eloisa, interpretato come il femminile di Helios, il Sole, nel significato di "fulgida come il Sole", ossia la Luna. Con il suo linguaggio fatto di luce l'argentea signora ci parla, ma per poterla ascoltare, e soprattutto capire, è necessario aprire il proprio cuore.

La Luna dell'astronomo

✳ La vita segreta della Luna

Ci occuperemo ora di un argomento suggestivo che ci condurrà nel cuore stesso dell'astro notturno, allo scopo di comprendere meglio alcuni aspetti misteriosi che lo riguardano e, per questo motivo, lo rendono unico.

Fase lunare	***Posizione astronomica***
Luna nuova o novilunio	*In questa fase la Luna si trova tra il Sole e la Terra. Per questo non appare visibile, giacché la faccia che ci mostra è totalmente immersa nell'ombra. In pratica, quando la Luna è posizionata in direzione del Sole, la porzione illuminata è dalla parte opposta rispetto a quella visibile dalla Terra.*
Primo quarto	*Verso il settimo giorno, passata la fase di novilunio, la Luna mostra metà superficie illuminata. La fase di primo quarto si concretizza nel periodo crescente, quando la faccia illuminata forma un angolo di 90° e la parte visibile è sita nella direzione occidentale.*

Luna piena o plenilunio	*Con il passare del tempo la superficie illuminata aumenta notevolmente, fino a quando diviene completamente visibile, dopo circa quattordici giorni, periodo in cui la Luna è collocata nella direzione opposta a quella solare.*
Ultimo quarto	*Nella fase decrescente, quando la Luna forma un angolo nuovamente perpendicolare, si ha l'ultimo quarto. Ciò avviene nel momento in cui il corpo celeste è visibile nella direzione orientale.*

Cominciamo dicendo che la Luna è l'unico satellite naturale della Terra che orbita intorno a essa. Essendo il corpo celeste più vicino al nostro pianeta, la sua influenza sulla Terra è seconda solo a quella del Sole, confermando così sia le valenze simboliche femminili sia quelle maschili del disco solare. La sua capacità di attrazione produce le maree e nella sua fase di Luna piena risulta essere il corpo notturno più luminoso.
La Luna si muove intorno alla Terra su un'orbita ellittica, con perigeo (punto di minore distanza della Luna rispetto alla Terra) e apogeo (punto di maggiore distanza della Luna rispetto alla Terra), rispettivamente di 356.470 e 406.740 km. Il piano della sua orbita è inclinato in relazione al piano dell'eclittica (cerchio massimo della sfera celeste descritto dal sole nel suo moto apparente intorno alla Terra); per questo motivo nel corso della sua rivoluzione intorno alla Terra, la Luna interseca due volte il piano dell'eclittica nei cosiddetti nodi (ascendente e discendente). Durante il suo moto orbitale, l'angolo formato dal Sole, dalla Luna e dalla Terra muta e di conseguenza cambia anche la porzione di Luna illuminata visibile dalla Terra. È così che si originano le famose fasi lunari.

La luce cinerea

Un altro fenomeno interessante, legato alla sfera lucente, è denominato "età della Luna" ed è in connessione con la fase di Luna nuova. In pros-

simità del novilunio, in condizioni di buona trasparenza dell'atmosfera terrestre, è possibile osservare non solo la sottile falce illuminata, ma anche l'intero disco lunare. Questo accade perché la parte di Luna, che non viene raggiunta direttamente dai raggi del Sole, è illuminata dalla luce solare irradiata dalla superficie terrestre. Tale apparente prodigio viene definito "luce cinerea", a sottolineare il debole colore della superficie lunare, che appare di tonalità grigio cenere.
Fino al secolo XV gli studiosi, incuriositi da tale fatto, immaginavano che la luce emessa dalla Luna, capace di renderla nettamente visibile nel Cielo, scaturisse dal suo interno, oppure che si trattasse della luce proveniente dal pianeta Venere, o ancora della luce solare, tanto potente da attraversare il corpo della Luna stessa. L'esatta spiegazione di questo evento ci è stata fornita dal filosofo, naturalista, matematico e cartografo Nicola Cusano (1401-1464) e dal grande artista-scienziato Leonardo da Vinci (1452-1519), i quali compresero che quando la Luna è visibile dalla Terra sotto forma crescente, il mattino o la sera, significa che il nostro pianeta sprigiona in quel periodo una luminosità e un potere di riflessione dieci volte superiore. La Terra, in sostanza, rischiara la Luna da dietro. Dalla superficie lunare, invece, il globo terrestre apparirebbe quasi pieno, con forma gibbosa (gobba) e con una dimensione apparente quattro volte superiore a quella della Luna vista dalla Terra; si comprende così la sua moltiplicata capacità di irradiazione. Questa pallida luminosità, che si percepisce molto bene a occhio nudo, e ancor meglio con il binocolo, consente di distinguere le principali formazioni lunari ancora in ombra, come i mari e i crateri più significativi.

Il mese sinodico e il mese siderale

Il periodo di rivoluzione siderale, cioè il tempo impiegato dalla Luna per compiere un'orbita completa intorno alla Terra, è di 27,321 giorni (corrispondenti a 27 giorni, 7 ore, 43 minuti e 11,5 secondi) ed è chiamato "mese siderale". Il periodo di rivoluzione sinodica, ossia l'intervallo di tempo che intercorre tra due fasi lunari identiche (lunazione o mese sinodico e Luna piena), è di 29,53 giorni (corrispondenti a 29 giorni, 12 ore, 44 minuti e 2,8 secondi).

Poiché è dotata di un moto di rotazione intorno al proprio asse, il cui periodo risulta essere uguale (sincrono) a quello di rivoluzione siderale, il corpo celeste rivolge verso la Terra sempre lo stesso emisfero. Tuttavia, grazie ai suoi movimenti chiamati "moti di librazione", solo il 41% della superficie resta invisibile all'osservatore terrestre.

Le caratteristiche geologiche

La Luna ha una massa pari a 1/81 di quella terrestre e presenta un'accelerazione di soli 1,62 m/s (1/6 rispetto a quella terrestre). In tali condizioni non può esistere atmosfera considerando che, a causa della bassa gravità, la velocità di fuga lunare è di soli 2,37 km/s pertanto qualunque gas, presente sulla sua superficie, si disperderebbe rapidamente nello spazio interplanetario.
Per lo stesso motivo non vi è presenza di acqua allo stato libero. Più di 4,5 miliardi di anni fa, la superficie della Luna era paragonabile a un oceano composto da magma liquido. Gli scienziati pensano che uno dei componenti delle rocce lunari, scaturito da questo mare magmatico, sia il KREEP, acronimo nel quale K indica il potassio, REE sono le iniziali di *Rare Earth Elements* (terre rare) e P sta per fosforo. Questi elementi, che costituiscono il KREEP, rappresentano le ultime tracce del magma originario.
Questo componente, inoltre, racchiude in sé alcuni elementi che gli scienziati reputano incompatibili fra loro, visto che non possono in alcun modo entrare a far parte delle strutture dei cristalli, per tale motivo risultano inutilizzati e collocati alla superficie del magma antico. Secondo i ricercatori che hanno condotto questi studi, il KREEP è uno strumento indispensabile, utile per capire e determinare la storia dei vulcani lunari e tracciare in tal modo la cronologia degli impatti di comete, e altri oggetti celesti, che hanno bombardato la Luna.
La crosta lunare è composta da una varietà di elementi primari quali l'uranio, il torio, il potassio, l'ossigeno, il silicio, il magnesio, il ferro, il titanio, il calcio, l'alluminio e per finire l'idrogeno; nel momento in cui uno di questi elementi viene bombardato dai raggi cosmici, emette nello spazio una sua peculiare radiazione, espressa sotto forma di raggi gamma. Si è anche riscontrato che l'uranio, il torio e il potassio sono radioattivi e

per questa ragione sprigionano raggi gamma per conto proprio. A ogni modo, i raggi gamma che si creano dagli elementi menzionati presentano sostanziali differenze. Non essendo protetta da una atmosfera, la superficie lunare è soggetta a forti escursioni termiche che variano da circa +130 °C, in condizioni di massimo irraggiamento solare, a circa −170 °C in zona d'ombra. Il suolo lunare è caratterizzato da una intensa craterizzazione, causata in prevalenza dalla caduta di meteoriti e le dimensioni dei crateri d'impatto possono misurare qualche millimetro o raggiungere un diametro di oltre 1.000 km. La superficie, inoltre, è contraddistinta da una netta separazione che divide le zone chiare da quelle più scure; le zone scure, dette Mari, sono composte da effusioni di lava basaltica solidificata e ricoprono circa il 20% dell'intera superficie lunare. Rispetto al raggio medio della Luna, i Mari, debolmente craterizzati, sono situati in prossimità di zone depresse che variano dai 2 ai 5 km. Questi risultano essere presenti quasi esclusivamente nell'emisfero rivolto verso la Terra. Le zone chiare chiamate Terre, viceversa, sono formate da altipiani scabri notevolmente craterizzati che compongono circa l'80% del suolo selenitico. In queste zone si sviluppa anche il rilievo lunare, caratterizzato da catene montuose le cui cime possono raggiungere e superare gli 8.000 m. Le Terre, rispetto al raggio medio lunare, si trovano a una quota media di 5 km. Le rocce lunari hanno un'età compresa fra i 3,2 e i 3,8 miliardi di anni nei Mari e oltre i 4,2 miliardi di anni nelle Terre. Oltre a questo, la superficie è ricoperta completamente da uno spesso strato di polvere detto *regolith*, prodotto dalla frammentazione dei materiali superficiali durante il processo di craterizzazione. In base al modello ritenuto più probabile, la struttura interna della Luna comprende un nucleo centrale di ferro con piccole quantità di nichel e zolfo. Segue uno strato contenente materia allo stato plastico, detto "mantello inferiore" e un "mantello medio" costituito da materiali di separazione, segue un "mantello superiore", costituito da basalti e, infine, la crosta costituente lo strato più esterno.

C'è acqua sulla Luna?

Come rilevato, non esiste acqua allo stato libero sul suolo lunare, dato che i numerosi asteroidi e le comete che hanno colpito la Luna, pur essendo

ricchi di acqua, ne sono stati privati dall'azione della luce solare; infatti, gran parte di quest'acqua viene divisa dall'energia luminosa del Sole nei suoi elementi costituenti idrogeno e ossigeno che si disperdono nello spazio. Tuttavia, secondo un'ipotesi recente, significative quantità di acqua potrebbero essere rimaste sulla superficie o inglobate nella crosta.
Attraverso i risultati della sonda automatica americana Clementine (lanciata il 25 gennaio 1994), che ha elaborato una cartografia integrale della Luna, si è potuto stabilire che nelle parti della crosta lunare permanentemente in ombra si troverebbero piccole zone ghiacciate che non hanno la possibilità di sciogliersi. Comunque, nonostante l'esigua dimensione di tali zone, è ipotizzabile che la quantità di acqua complessiva si aggiri attorno al miliardo di metri cubi.
Bisogna considerare inoltre che alcune molecole di acqua arrivate in superficie con ogni probabilità sono rimaste prigioniere dentro i crateri dei poli lunari; infatti, a causa della modesta inclinazione dell'asse di rotazione della Luna (1,5°), alcuni dei crateri polari più profondi non vengono mai raggiunti dai raggi del Sole, generando così le condizioni ideali per l'eventuale presenza di acqua; ed è proprio qui che gli scienziati si aspettano di trovarla, ammesso che ce ne sia. Se così fosse, l'acqua, sotto forma di ghiaccio, potrebbe essere estratta e successivamente divisa in idrogeno e ossigeno da generatori a energia solare.
Le rocce raccolte dagli astronauti nella zona equatoriale della Luna, a ogni buon conto, non presentano alcuna traccia del prezioso liquido. Nemmeno la sonda Lunar prospector, così come le altre ricerche più attuali, hanno rinvenuto la presenza di acqua, ghiaccio o vapore acqueo. Per adesso, dunque, il sogno di colonizzare la Luna, di cui tanto si parla, è destinato a rimanere inattuabile.

La sismicità e il campo magnetico

La sismicità lunare è estremamente lieve e, grazie all'assenza di venti sulla superficie, è stato possibile istallare strumenti sensibilissimi, che si sono rivelati in grado di registrare un cospicuo numero di terremoti di modesta entità; la maggior parte dei quali originati a grandi profondità, a quanto sembra vicino alla litosfera (zona solida) e alla parte centrale

meno consistente. I terremoti mostrano una periodicità di 28 giorni, dovuta all'interazione delle maree con la Terra. Il campo magnetico lunare è molto debole rispetto a quello terrestre e, secondo gli studiosi, pare che sia parzialmente situato nella superficie, in una parte della crosta chiamata *Rima Sirsalis*, che presenta appunto tale peculiarità. Il resto del magnetismo potrebbe essere stato generato dalla collisione con altri corpi celesti. Ancora oggi, comunque, gli scienziati si domandano se un corpo celeste, privo di aria come la Luna, possa beneficiare di un campo magnetico dovuto all'impatto con asteroidi e comete.
Le misurazioni del campo magnetico lunare possono fornire informazioni utili sulla dimensione e la conduttività elettrica del nucleo lunare, permettendo in questo modo di pervenire a una migliore conoscenza sulle origini dell'astro celeste.

La "nascita" della Luna

Diverse teorie sono state formulate sull'origine del corpo celeste, nessuna delle quali però ha portato a conclusioni definitive. Le ipotesi principali, all'interno delle quali si sviluppano queste teorie, sono sostanzialmente tre:

- la prima ipotesi, detta della "fissione", presuppone che la Luna si sia formata a causa del distacco di materiale dalla proto-Terra, nel corso della prima fase di formazione del nostro pianeta;
- la seconda ipotesi, detta della "cattura", propone che la Luna sia stata catturata dalla Terra mentre passava attraverso il sistema Solare lungo una traiettoria fortemente eccentrica e molto inclinata rispetto all'equatore;
- la terza ipotesi, detta dell'"accrescimento", teorizza che la Luna si sia formata mediante l'addensamento del materiale originariamente in orbita attorno alla Terra.

In pratica, a causa di un gigantesco impatto prodottosi sulla superficie terrestre, il materiale fuoriuscito dal ventre della Terra lentamente si sarebbe condensato formando la Luna. Tale ipotesi è stata ideata dallo scienziato

astronomo e naturalista Sir George Howard Darwin (1845-1912), figlio del celebre Charles Robert Darwin, autore dell'opera *Origine delle specie* (1859). Tra le opere di George, invece, ricordiamo *La storia primitiva della Terra* (1878) e *Teoria e previsione delle maree* (1882).
Prima di Darwin, il naturalista francese Georges Buffon (1707-1788), autore di un'enciclopedia di scienze naturali, prospettò che una cometa era entrata in collisione con il Sole e che l'urto avesse proiettato parte della materia dei due corpi celesti nel cosmo. Questa materia, una volta raffreddata e condensata, avrebbe poi dato origine ai pianeti. Il fenomeno si sarebbe prodotto 75.000 anni prima, visto che quello era il tempo che la Terra doveva aver impiegato per raffreddarsi. Allo stesso modo, la Luna sarebbe stata "strappata" dalla Terra, come la Terra era stata "strappata" dal Sole.
Nel 1944, l'astrofisico tedesco Karl Friedrich von Weizsacker (Kiel 1912) espose il suo punto di vista circa la nascita della Luna, immaginando prima, e provando poi, che un ampio involucro composto di gas e polveri, paragonabile a quello scoperto attorno a stelle come Vega e Beta Pictoris, al suo interno originava vortici e subvortici. Questi, ruotando, avrebbero indotto la materia a entrare in collisione nelle aree di intersezione e, di conseguenza, gli agglomerati più grandi di materia avrebbero continuato a crescere a spese di quelli più piccoli. Al termine, gli ammassi di materia rimasti sarebbero cresciuti notevolmente, fino a divenire piccoli pianeti. Successivamente, attraverso

La Terra al centro dell'Universo. Mappa astrologica del XVII secolo

nuove collisioni, i pianetini più grandi avrebbero inglobato quelli di minore dimensione originando così i pianeti come oggi noi li conosciamo. A causa delle dimensioni dei vortici, che si ampliavano con l'aumentare della loro distanza dal Sole, i pianeti si sarebbero venuti a trovare su orbite sempre più distanti le une dalle altre, quindi, nella zona periferica del sistema solare, grazie alle basse temperature, si sarebbe concentrata la maggior parte di idrogeno e di elio, due elementi molto leggeri presenti in grandi quantità. In questo modo i pianeti avrebbero raggiunto dimensioni maggiori e si sarebbero creati vortici più piccoli che, a loro volta, avrebbero dato vita ai satelliti.

I primi "osservatori"

L'osservazione della Luna a scopi scientifici, indirizzata a dare corpo alla sua struttura e conformazione, risale all'antichità. Le prime teorie, e successive scoperte, si devono al filosofo greco dell'Elea (Magna Grecia, secolo V-VI a.C.) Parmenide, massimo rappresentante della "scuola Eleatica", il quale avanzò l'ipotesi che la Luna ricevesse la sua luce dal Sole. In seguito, il filosofo greco Anassagora (500-428 a.C.) ed Empedocle, filosofo e poeta di Agrigento (490-430 a.C.), fornirono un'esatta spiegazione del meccanismo delle eclissi, che fino ad allora non aveva ricevuto alcuna ipotesi soddisfacente. A quel tempo, inoltre, si scorse nelle eclissi lunari la conferma della teoria pitagorica connessa con la sfericità della Terra. Metone, astronomo di Atene, nel 432 a.C. circa fece adottare un ciclo di 19 anni, di modo che il calendario lunare ateniese coincidesse con il corso del Sole: gli anni 3, 6, 8, 11, 14, 17, 19 del ciclo avevano 13 mesi lunari, mentre gli altri 12. A partire dal secolo successivo, furono proposti modelli geometrici del movimento dei pianeti che comprendevano anche la Luna e il Sole, consentendo in questo modo di formulare una spiegazione coerente circa le fasi lunari e le eclissi. Così l'ateniese Platone (428-348 a.C.), filosofo discepolo di Socrate, Eudosso da Cnido (408-355 a.C.), filosofo e astronomo greco e Aristotele di Stagira (384-322 a.C.), il maggior filosofo greco (allievo di Platone), lavorarono di volta in volta su un modello geocentrico (immobilità della Terra rispetto al Sole) dell'Universo, costituito da sfere concentriche.

Più avanti, anche Tolomeo, il celebre astronomo e matematico del II secolo d.C., nato forse a Tolemaide, in Egitto, si occupò del sistema geocentrico approfondendo ulteriormente gli studi. Egli operò ad Alessandria in epoca Antonina e, lavorando sulla misura della distanza Terra-Luna, scoprì numerose irregolarità nei movimenti del satellite terrestre; propose, quindi, una teoria geometrica notevolmente complessa, denominata "teoria dei cerchi epicicli e deferenti", che descriveva in modo corretto i movimenti della Luna e degli altri astri erranti. Così facendo riuscì a fornirne, per la prima volta, il valore esatto: 384.400 km.
Tolomeo scrisse opere di matematica, geografia, fisica, cronografia e, soprattutto, astronomia; su quest'ultimo argomento citiamo il suo testo più significativo noto nel Medioevo con il titolo *Almagesto*. Possiamo affermare, quindi, che i diametri relativi alla Terra e alla Luna, connessi con la distanza media tra i due corpi celesti, erano conosciuti fin dall'antichità.

I regni lunari di Aristotele

Soffermiamoci nuovamente su Aristotele, allo scopo di analizzare brevemente una sua interessante teoria correlata ai corpi celesti. Secondo il sommo filosofo greco, l'Universo era composto di quattro elementi corruttibili: la Terra, l'Acqua, l'Aria e il Fuoco. Il nostro pianeta, invece, si trovava racchiuso entro due sfere concentriche, da lui definite rispettivamente:

- regione sublunare, ovvero il regno dei quattro elementi, in cui si producevano i mutamenti dovuti alla generazione e alla corruzione;
- regione sovralunare, il regno della purezza e della perfezione.

Aristotele riteneva, infatti, che la Luna fosse una sfera cristallina perfettamente liscia e composta di un quinto elemento incorruttibile chiamato Etere. Incastonata in questa sfera di cristallo, il cui centro coincideva con il centro del mondo, essa era necessariamente soggetta a un moto perfetto, ovvero a una combinazione di movimenti circolari aventi un medesimo centro.
L'Etere, pur rimanendo nella sua sede naturale, poteva ugualmente

continuare a muoversi perché il suo moto proprio era circolare. La sfera dei quattro elementi era contenuta nelle sfere concentriche di Etere alle quali appartenevano gli astri che si muovevano intorno alla Terra. Nella visione di Aristotele, quindi, l'Universo rappresentava una sfera finita con al centro la Terra.
Le cose esistenti nella porzione di Universo assegnata ai quattro elementi non eterei, erano soggette a forme diverse di trasmutazione; esse potevano mutare quantitativamente, nascere o morire. La "teoria del movimento e della casualità", elaborata da Aristotele, ci fa comprendere meglio quanto esposto. In tal senso il movimento era connesso essenzialmente con l'ordine cosmico, poiché questo rappresentava il passaggio di una sostanza da un elemento all'altro. L'ordine che presiedeva al movimento era regolato dalla casualità, giacché le connessioni tra le entità che intervenivano a definire il movimento erano connessioni casuali. In base a quanto espresso dal filosofo, all'interno della specie biologica il movimento ciclico derivava da un movimento circolare degli astri, e rappresentava una vera e propria aspirazione verso la "perfezione astrale".
Similmente, il moto circolare degli astri scaturiva da un ulteriore motore, la cui prerogativa era quella di essere immobile allo scopo di garantire l'esistenza di un termine finale, cui tutto l'Universo tendeva. Questo "motore immobile" era composto da una sostanza divina autosufficiente e priva di materia, incarnazione di un pensiero che cogitava da se stesso.

Copernico

L'osservazione degli astri, specialmente della Luna, proseguì senza sosta dando origine a nuove ipotesi riguardanti i corpi celesti e l'Universo. Ma, al di là delle teorie, alcuni fatti concreti posero le basi per nuove indagini, finalizzate a scoprire i molteplici segreti che ancora avvolgevano la Luna.
Il polacco Nicola Copernico, (1473-1543), geniale astronomo e uomo di scienza, contribuì in maniera determinante a fare luce sui tanti enigmi connessi con l'astronomia.
Nel 1491 si scrisse al celebre università di Cracovia per studiare teologia e medicina, come già aveva fatto suo zio, e proprio in tale università apprese i primi rudimenti concernenti le nozioni astronomiche. Dopo quattro

anni di soggiorno a Cracovia si trasferì a Bologna, nella cui università confluivano gli studiosi provenienti da varie parti d'Europa. Nonostante i suoi studi di diritto civile e canonico, la solida cultura astronomica acquisita a Cracovia consentì al giovane di seguire le lezioni del celebre

La "teoria eliocentrica"

Il sistema copernicano eliocentrico, esposto nell'opera fondamentale dell'astronomo polacco *De revolutionibus orbium coelestium* (Libri VI, scritto nel 1536 e pubblicato a Norimberga nel 1543), era suddivisa in sette preposizioni, così riassunte dallo stesso Copernico nell'operetta *Commentariolus*:

- Le orbite e le sfere celesti non hanno un centro unico.
- Il centro della Terra non è il centro dell'Universo, ma solamente il centro della massa e dell'orbita lunare.
- Tutti i pianeti si muovono lungo le orbite che hanno il loro centro nel Sole, il quale deve perciò considerarsi come il centro del mondo.
- La distanza fra la Terra e il Sole, confrontata con quella fra la Terra e la sfera delle stelle fisse, è di grandezza trascurabile.
- Il moto diurno della sfera celeste non è che apparente e rappresenta l'effetto di un reale moto di rotazione che la Terra compie nel periodo di ventiquattro ore attorno al proprio asse, asse che si mantiene costantemente parallelo a se medesimo.
- La Terra, seguita dalla Luna, si muove al pari di tutti gli altri pianeti intorno al Sole, e quei movimenti che il Sole sembra effettuare (cioè il suo moto diurno attraverso la sfera celeste e il suo moto annuo lungo la fascia dello Zodiaco) non sono che effetti dei moti reali della Terra.
- Questi movimenti della Terra, e il moto degli altri pianeti intorno al Sole, rendono completa ragione delle stazioni, delle retrogradazioni e di tutte le altre particolarità che noi constatiamo nel percorso celeste dei pianeti stessi.

La semplicità utilizzata da Copernico, nell'esporre la nuova concezione legata ai fenomeni celesti, rende superflua improvvisamente tutta la complicata costruzione degli epicicli elaborata nel mondo antico e in tal modo lo studio della Luna evolve notevolmente.
Copernico assegna ai pianeti allora conosciuti il loro posto esatto nello spazio, nell'ordine da Mercurio a Saturno, lasciando la Luna, quale unico superstite della vecchia "teoria geocentrica", a ruotare intorno alla Terra.

astronomo italiano Domenico Maria Novara da Ferrara, del quale divenne in seguito discepolo e collaboratore, effettuando con lui numerose osservazioni astronomiche. Nel 1503, dopo essersi laureato in diritto canonico all'università di Ferrara, lavorò per sei anni a Heilsberg presso lo zio, con la qualifica di segretario e medico. Successivamente si trasferì a Frauenburg, dove rimase fino alla fine dei suoi giorni. Il suo operato seguiva una strada prevalentemente teorica, che si rifaceva alle osservazioni degli altri astronomi. Fu comunque grazie alla sua concezione astronomica, da lui definita "teoria eliocentrica", che si pervenne a una visione più obiettiva e reale dell'Universo fino allora conosciuto.

Galileo Galilei

Le teorie copernicane influenzeranno diversi astronomi, tra questi il grande Galileo Galilei (1564-1642). Avviato inizialmente alla facoltà delle arti di Pisa nel 1581, per compiere gli studi di medicina, si mostrò poco propenso ad applicarsi a questa scienza e preferì dedicarsi alle osservazioni di fisica.

Nel 1583 pervenne alla scoperta dell'isocronismo (fenomeno di oscillazione di un corpo, per esempio un pendolo che presenta analoga durata qualunque sia la sua ampiezza, purché piccola), mentre osservava le oscillazioni di una lampada nel Duomo della città.

Durante l'inverno del 1609-1610, Galileo mise a punto un cannocchiale e iniziò l'osservazione del Cielo. Puntando lo strumento lungo la linea di confine fra luce e ombra, cercò di calcolare l'altezza dei monti lunari sfruttando appunto l'ombra proiettata dai raggi del Sole obliqui sulla linea giorno-notte. Con il suo sistema scoprì in pochi mesi molte più cose di quante se ne fossero potute rilevare fino ad allora.

Tra le scoperte fondamentali ricordiamo quelle relative alle macchie solari, ai quattro maggiori satelliti di Giove, da lui chiamati medicei (in onore della famiglia Medici e in seguito denominati galileiani), alle fasi di Venere e delle miriadi di stelle disseminate lungo la Via Lattea.

Osservando la Luna e i suoi rilievi scrisse nel *Sidereus Nuncius*, 1610:

> "[...] la Luna non è affatto rivestita da una superficie liscia e levigata, ma

scabra e ineguale, e allo stesso modo della faccia della Terra si presenta ricoperta in ogni parte di grandi prominenze, di profonde valli e anfratti".

Galileo fu uno dei precursori dell'osservazione astronomica ravvicinata eseguita con un cannocchiale e anche il primo a disegnare la topografia lunare, fornendo così all'umanità le prime carte del nostro satellite. Descrisse le sue osservazioni nel *Sidereus Nuncius*, che conteneva, tra l'altro, l'unico disegno della Luna vista attraverso il cannocchiale, mai apparso fino a quel momento in un testo di astronomia.

Giovanni Keplero

Altro personaggio di grande statura fu l'astronomo tedesco Johannes Kepler, divenuto celebre come Giovanni Keplero (1571-1630), anch'egli seguace di Copernico. Avviato alla carriera ecclesiastica, venne espulso dal seminario poiché si era dichiarato favorevole al sistema copernicano, gesto che gli sbarrò per sempre la via agli Ordini. Persuaso della validità delle nozioni astronomiche enunciate da Copernico, come compito fondamentale si propose quello di consolidarne la teoria e di svelare le leggi dei moti planetari.

Già nella sua opera giovanile, il *Mysterium cosmographicum* (1596), egli tenta una geometrizzazione del sistema del mondo, collegando i raggi delle orbite dei cinque pianeti allora conosciuti ai raggi delle sfere circoscritte o inscritte in cinque poliedri regolari. Estremamente interessanti anche i suoi studi di ottica, che lo condussero alla fabbricazione di un cannocchiale (antesignano dei nostri telescopi), che rispetto a quello di Galileo impiegava come oculare una lente convessa. In tal modo l'osservazione risultava più agevole, specialmente per la possibilità di raggiungere ingrandimenti molto elevati. È importante sottolineare che le tavole astronomiche da lui preparate mostravano una precisione mai raggiunta a quei tempi.

La raccolta di dati e tavole fondamentali sui pianeti, la prima basata sul moto eliocentrico kepleriano dei pianeti, venne pubblicata nel 1627 con il titolo di *Tabulae rudolphinae*. Fu proprio grazie alla sua terza legge, e alle conseguenze di questa, che Newton scoprirà le leggi dell'attrazione universale.

Interessanti anche i suoi studi su Marte, raccolti nella celebre opera *De motibus stellae Martis* (1609), più tardi estesi a tutti i pianeti nell'*Epitome astronomiae copernicanae*. Nel 1618 vede la luce un altro suo testo che raggiunse presto la notorietà, *Harmonices mundi*, che fornì una legge capace di abbracciare le orbite planetarie nel loro insieme. Sulla superficie della Luna vi sono tre crateri che portano il nome dei tre astronomi: *Copernicus*, *Galilei* e *Keplero*, in ricordo del fondamentale contributo che l'astronomia deve ai tre scienziati.

La Luna vista da vicino

✻ Le mappe

L'osservazione della Luna permise di compilare alcune mappe lunari comprendenti anche le varie fasi del satellite terrestre. Christoph Scheiner (1579-1650), astronomo tedesco, gesuita e anticopernicano convinto, assieme al collega polacco, Johannes Hevelcke, noto come Hevelius (1611-1687), cercarono di approfondire ulteriormente lo studio astronomico del nostro satellite.

Un'immagine dell'intero disco lunare ripresa durante la missione Apollo 17, 1972. Sono visibili i Mari Serenitatis, Tranquillitatis, Nectaris, Foeconditatis e Crisium (Foto NASA)

Hevelius, nell'opera *Selenographia*, inserì alcuni suoi disegni creati in base alle diverse fasi lunari. Nonostante la mappa di Hevelius fosse appena accennata, fu utilizzata per diversi anni, fino a quando il gesuita emiliano Giovanni Battista Riccioli eseguì, con la collaborazione del gesuita e matematico Grimaldi, una nuova mappa della Luna stabilendo la denominazione dei crateri (nomenclatura ancora in uso ai nostri giorni).
Nel 1679, Giandomenico Cassini (1625-1712), astronomo e direttore dell'osservatorio di Parigi, disegnò una carta lunare la cui precisione ri-

mase ineguagliata fino alla fine del secolo XVIII. Anche Tobias Mayer di Gottinga nel 1775 disegnò una mappa pregevole e accurata, che rimase la migliore conosciuta fino al 1824. Il primo atlante fotografico, composto da settantun tavole, venne posto in circolazione solo nel 1909 dai francesi M. Loewy e P. Puiseux.

✻ Che cosa svelano le fasi

Osservare la Luna, i suoi crateri e le montagne, è straordinario e affascinante. Vediamo come appare nel corso delle sue diverse fasi, attraverso le quali la visione delle differenti zone assume aspetti multiformi.

Tre giorni dopo la Luna nuova

Trascorsi tre giorni dall'inizio della Luna nuova, se osserviamo la sua superficie con un valido strumento ottico possiamo vedere il cratere *Petavius*. Lo spettacolo è splendido, infatti, le pareti del cratere e il gruppo di montagne centrali proiettano ombre maestose, oltre a ciò è facile scorgere una fenditura che si diparte dal picco centrale e termina verso le pareti laterali. *Petavius* ha un diametro di 160 km e il gruppo di montagne che si erge nel suo centro è alto più di 1000 m.
In mezzo alla falce lunare è situato *Langrenus* e più in basso il *Mare Crisium*, che appare circondato da montagne. Questo mare, analogamente agli altri mari lunari, non è perfettamente liscio, ma contiene numerosi anelli in rilievo e banchi sinuosi.
Il cratere più significativo collocato al suo interno è chiamato *Picard*. Nel 1954, sulle sponde occidentali del *Crisium* (dall'aspetto leggermente esagonale), fra i promontori *Lavinium* e *Olivium*, venne scoperta la singolare formazione denominata "ponte lunare". Si tratta, in realtà, di un effetto ottico dovuto alla luce radente del sole che proviene da est dirigendosi sulle *Lunule*, due piccoli crateri situati in quella zona.
A nord del *Mare Crisium*, si trova un circo (struttura circolare o circolo lunare) di forma quasi quadrata chiamato *Cleomedes*. Al suo interno sono visibili piccoli crateri, colline e diverse fessure. A sud si trova una quantità incalcolabile di crateri, mentre la punta, o cuspide meridionale, è formata

dai monti *Leibntiz*, i più alti della Luna. A nord, e più precisamente al polo, si innalzano i *Monti della Luce Eterna*, così chiamati perché il sole non tramonta mai sulle loro vette.

Cinque giorni dopo la Luna nuova

Scrutando il suolo selenitico a distanza di cinque giorni dall'inizio della Luna nuova, si noterà immediatamente che gradualmente la luce del Sole è avanzata sulla superficie. Adesso *Petavius* è quasi invisibile e il *Mare Crisium* appare come una macchia ovale senza rilevo. Al loro posto sono apparsi centinaia di altri crateri, soprattutto nella zona sud, dove si scorge un ammasso confuso di circoli dalle forme più svariate. Tra questi troviamo una formazione immensa chiamata *Jannsen*. Le sue pareti sono cosparse di crateri; tra cui uno più grande degli altri, sito verso il basso. La principale caratteristica, osservabile in questa parte della Luna, è un grande crepaccio largo e profondo che si restringe verso sinistra, divenendo estremamente sottile. A un certo punto il crepaccio si divide in tre parti curvandosi tutt'intorno alle pareti. Non molto distante è posta un'altra formazione, del tutto simile a una gigantesca incisione; questa vasta vallata è nota come la *Valle di Rheita*, perché un grande cratere che porta questo nome la ostruisce quasi completamente nella estremità inferiore.
Sul contorno occidentale del *Mare Crisium* si nota una macchia giallastra, la *Palus Somnii* (Palude del sonno), che si apre verso il *Mare della Tranquillità*, una pianura lavica dove per la prima volta, nel 1969, atterrarono gli uomini (gli astronauti americani della missione Apollo 11). La regione dove avvenne l'allunaggio si trova tra i crateri *Sabine* e *Molkte*. Più a nord si estende il famoso *Mare Serenitatis*, con la catena montagnosa detta *Caucasus* e i monti *Haemus*.
Alla fine del XIX secolo, il *Mare Serenitatis* fu oggetto di particolari osservazioni, a causa di un piccolo cratere posto al suo interno e conosciuto come *Linnè*, che stava variando le sue dimensioni. A sud del *Mare della Tranquillità* troviamo il *Mare Nectaris*, sul cui contorno spicca l'enorme cratere *Theophilus* con il suo gruppo di montagne centrali. Questo ha un diametro di 110 km e la sua parete montuosa supera in alcuni punti i 5600 m rispetto al livello interno.

Leggermente al di sotto di *Theophilus* c'è un cratere dalla forma bizzarra, il cratere *Torricelli*, rotondo da una parte e appuntito dall'altra. Dentro il cono si trovano alcuni crepacci, due di questi attraversano la parete e si prolungano per parecchi chilometri lungo la pianura, altri invece girano attorno al cratere. Molto più avanti, sulla sinistra, al centro di una pianura scura denominata *Mare Foecunditatis*, sono presenti due crateri di piccole proporzioni detti *Messier* e *Pickering*. Questi sono assai conosciuti perché sembrano mutare di notte in notte, sia di forma sia di grandezza. Qualche volta si somigliano, in altri momenti, viceversa, appaiono uno il doppio dell'altro; oppure, in altri casi, uno può assumere un aspetto ovoidale nella direzione nord-sud, mentre l'altro appare con un'analoga forma in direzione est-ovest. A volte sembrano subire un'ulteriore trasmutazione, così il primo sembra triangolare e il secondo ovale. Il fenomeno si deve al cambiamento della luce solare, come nel caso del "ponte lunare".
Se ci dirigiamo con lo sguardo a sud dell'imponente *Theophilus*, possiamo ammirare l'estensione dei monti *Altai* e il cratere *Piccolomini*. Più a nord è visibile una piccola pianura definita *Lacus Somniorum*, ai confini è situata l'importante formazione: *Posidonium*, un cratere largo oltre 90 km, contraddistinto da pareti alte e regolari. Verso ovest il cratere si affaccia sul *Mare Serenitatis* creando una spaccatura attraverso la quale, un tempo, il mare magmatico liquido, scorrendo copioso, ha inondato il fondo del cono. A ovest del centro di *Posidonium* c'è un piccolo cratere bianchissimo, che a volte sembra privo di ombra.

Primo quarto

Al primo quarto di Luna, il terminatore, ovvero la linea che separa la parte illuminata del satellite da quella non ancora raggiunta dalla luce solare, è di fronte a noi. Per questo motivo le ombre sono maggiormente visibili e la natura scabrosa della superficie lunare si rivela in tutto il suo splendore. Nella regione meridionale si possono osservare i monti *Curtius* e *Lilius*, entrambi ampi più di 80 km. Vicino a questi si erge una formazione particolare, *Licetus*, una cavità profonda circondata dovunque da alte montagne e da una spaccatura che confluisce in una vasta vallata. Ai lati, la valle presenta alcuni crateri.

Al centro della mezza Luna emergono due formazioni gigantesche, *Hipparcus* e *Ptolemaeus*, dalle quali si diparte una fila di piccoli crateri che si dirigono verso il polo sud. A nord è sito il *Sinus Medii* (Baia centrale), collocato nel centro del disco lunare. Nei pressi di *Sinus Medii*, sempre a nord, si trovano *Triesnecker* e *Hyginus*, due piccoli crateri.
In direzione dell'est è posta una fenditura, l'*Ariadeus*. Guardando oltre Hyginus si nota una zona scura, la cui peculiarità è il suo color fumo. Nel mezzo di questa regione c'è una fantastica montagna spiraliforme definita *Schneckenberg*, la cui forma ricorda il guscio di una lumaca. Nel suo insieme, quello che definiamo il centro della Luna è ricco di crepacci, vere e proprie fratture che si sono prodotte spontaneamente a causa delle dilatazioni e contrazioni del terreno, avvenute durante la solidificazione della crosta, notevole inoltre la rassomiglianza di tali fratture con i canyons del Colorado.
A nord di *Hyginus* troviamo una grande catena montuosa che forma una curva lunga più di 700 km. Si tratta della catena degli *Appennini lunari*. Ancora a nord ci imbattiamo in altre due catene montagnose, quella del *Caucasus* e delle *Alpes*. Tra di esse c'è un circo chiamato *Cassini*, circondato da un bastione montuoso estremamente ampio e basso, dentro cui sono posizionati due crateri e alcune colline. Alla fine del XIX secolo, si pensava che nel ventre di uno dei due crateri interni a *Cassini* fosse contenuto qualcosa di indefinito. Solo nel 1952 si è potuto stabilire di cosa si trattava, utilizzando il più grande telescopio a lenti d'Europa, quello da 83 cm di Meudon (Parigi). In quell'anno, il selenologo inglese Hugh Percy Wilkins (1896-1960), scoprì una formazione stupefacente, da lui battezzata il *Catino*: un cratere perfettamente circolare, bianchissimo e poco profondo. A sud di *Cassini* si intravede un piccolo circo, *Theaetetus*.

Tre giorni dopo il primo quarto

Trascorso il primo quarto, all'incirca tre giorni dopo, la visione diventa ancora più interessante e tutta la regione meridionale della Luna è disseminata di circhi e di crateri. Tra questi, significativi sono *Moretus*, *Maginus* e *Tycho*. *Moretus* presenta un diametro che supera i 140 km e nella sua parte centrale si eleva una montagna di 2000 m, la più alta montagna centrale della Luna. *Maginus*, simile a una immensa rovina, è una pianura di 160 km di diametro, attorniata da pareti frantumate, *Tycho*, invece, è considerato uno dei più importanti crateri lunari presenti in quella zona. Le sue pareti sono solcate da burroni e centralmente si innalzano due colline, una delle quali ha una cavità sulla cima.

In questo periodo lunare la catena degli *Appennini* è visibile in tutta la sua lunghezza e lo spettacolo che offre è splendido. Le vette maestose (la più alta misura 5500 m), proiettano le lunghe ombre appuntite su una scura pianura posta a ovest, il cui nome è *Mare Ibrium*. Gli *Appennini* sono composti da una serie infinita di cime; di queste almeno trecento possiedono misure ragguardevoli. La catena termina con un cratere, *Eratosthenes*, il cui diametro è, più o meno, di 60 km. Nella prima metà del XX secolo, *Eratosthenes* veniva soprannominato il "cratere degli insetti", in base alle affermazioni del noto astronomo nordamericano William Henry Pickering (1858-1938). Secondo le osservazioni dello scienziato, nelle ore pomeridiane (relative alla Luna), su *Eratosthenes* si diffondevano, nella parte interna ed esterna delle pareti, strane macchie scure. Tali macchie non erano ombre e sembravano spostarsi anche nella direzione opposta a quella in cui normalmente si dirige un'ombra. Secondo l'astronomo, il fenomeno era generato da qualcosa di vivente, dalla vegetazione forse, o dagli insetti. La teoria, naturalmente, non stava in piedi, dato che già nella prima metà del XX secolo era noto che sulla Luna non poteva fiorire la vita. Dopo qualche decennio questo aspetto singolare venne spiegato con l'interazione (influenza reciproca fra due e più corpi) di particelle cariche provenienti dal Sole con il suolo lunare.

In questa fase della Luna, le *Alpes* (montagne lunari), appaiono con chiarezza e gradualmente si mostra *Plato*, circo lunare noto anche come il *Grande lago nero*. Con l'avanzare del giorno lunare *Plato* sembra trasformarsi divenendo più scuro, come se si coprisse di vegetazione. Studi recenti hanno dimostrato che si tratta di un effetto ottico scaturito dall'aumento della luminosità del panorama.

Dalla parte opposta al *Mare Ibrium* si stendono i *Carpazi*, oltre ai quali appare il colossale cratere *Copernicus* il quale, quando viene investito dalla luce, si mostra circondato da una raggiera luminosissima che sembra brillare. Situato in una zona sopraelevata, assume un aspetto grandioso

quando il Sole è appena sorto, o si approssima a tramontare.
Le pareti di *Copernicus* hanno un diametro di 90 km, la cui altezza supera i 3600 m. In alcuni punti le pareti formano suggestive terrazze che degradano verso il fondo, largo circa 65 km.
Nell'angolo sudoccidentale, dove si trova il *Mare Nibium*, è situata una formazione affascinante definita *Muro diritto*. È una faglia lunga un centinaio di chilometri e alta 200 m. Guardando più a sud ci troveremo dinanzi Clavius, un gigantesco cratere il cui diametro misura 230 km. Le sue pareti sono interrotte in diversi punti da fenditure e da due crateri più piccoli.

Luna quasi piena e plenilunio

In questa fase è possibile assistere a uno spettacolo unico, una visione straordinaria. Si tratta di un cratere che risplende con un'intensità incredibile, simile a un faro. Scintillando al Sole, appare bianco come la neve. Stiamo parlando del punto più luminoso della Luna, il suo nome è *Aristarchus*. Osservandolo attraverso l'oculare appare abbagliante ed è necessario utilizzare un "filtro lunare", cioè una lente più scura da sovrapporre all'oculare. Il cratere non è eccessivamente grande, infatti, il suo diametro è di 45 km e al centro sorge una piccola montagna.
Nei pressi di *Aristarchus* si vede la *Valle di Schroeter*, un solco lunare. Questo crepaccio termina verso sud, dando vita a una formazione che ricorda la testa di un serpente, battezzata da W. H. Steavenson, un astronomo di Cambridge (Inghilterra), con il nome di *Testa di Cobra*. Accanto ad *Aristarchus* è visibile *Herodotus*, un cratere poco illuminato e più scuro rispetto al suo vicino. A nord della coppia di crateri si trova una formazione spettacolare, simile a una piattaforma sopraelevata.
Nei dintorni possiamo ammirare il *Mare Frigoris*, che assume una forma allargata, dando vita a una sorta di golfo detto *Sinus Roris*. Alla destra di *Plato*, la fascia montuosa si fa più ampia e il *Mare Imbrium* crea un magnifico golfo semicircolare conosciuto con il nome di *Sinus Iridum*, il cui colore scuro contrasta con il bianco delle montagne da cui è circondato. *Sinus Iridum* misura 215 km ed è posto tra due promontori, che, come sentinelle, sembrano fargli la guardia. Il promontorio di sinistra è il *Capo Laplace*, mentre quello di destra il *Capo Heraclides*.

Al principio del XVIII secolo, il famoso astronomo italiano Giandomenico Cassini, allora direttore del nuovo Osservatorio di Parigi, pubblicò una mappa della Luna nella quale raffigurava il *Capo Heraclides* come una testa di fanciulla dai lunghi capelli fluenti. Molte persone, all'epoca, pensarono che si trattasse di un'immagine fantasiosa scaturita dalla mente dell'astronomo, ma così non era. Infatti, altri osservatori, più avanti, scrutando il suolo lunare videro l'identica figura. La disposizione dei massi che compongono *Heraclides* è tale da originare la configurazione in questione, nota come la *Ragazza della Luna*. Ciò avviene quando sotto un certo angolo di illuminazione i raggi del Sole cadono con una particolare inclinazione.

Qualche curiosità

- Il cratere più grande: *Baylli*, 294 km di diametro.
- Il cratere più profondo: *Newton*, con 8840 m dal fondo al punto più alto della parete.
- La collina centrale più alta: è situata all'interno di *Moretus*, 2300 m.
- La collina centrale più grande: *Alpetragius*.
- Il solco più lungo: *Sirsalis*, 483 km.
- Il mare più grande: *Mare Imbrium*.
- Il mare più piccolo: *Mare Australe*.
- La formazione più luminosa: *Aristarchus*.
- La formazione più scura: *Grimaldi*.
- La vallata più ampia: *Rheita*.
- Le raggiere più estese: sono quelle di *Tycho*.
- I precipizi più ripidi: sono quelli che si trovano nella cresta di *Copernicus*.
- La regione più accidentata: la sudorientale.
- La regione maggiormente piana: la nordoccidentale

Partendo dal *Sinus Iridum*, il *Mare Ibrium* si estende verso sud fino a raggiungere la zona montuosa a nord di *Copernicus*. In direzione dell'ovest il *Mare Ibrium* si confonde con una vasta pianura grigia, la più grande della Luna, l'*Oceanus di Procellarum*. Nell'*Oceanus*, a ovest di *Copernicus*, è sito un cratere di minori dimensioni ancora più splendente. Si tratta di Keplero dal quale si sprigionano vividi raggi luminosi. Nelle vicinanze del lembo occidentale è posizionato *Grimaldi*, la macchia più scura della Luna.

Un po' a ovest del polo sud, di fronte ai monti *Doerfel*, si erge *Bailly*, il cratere più grande della Luna con un diametro di 300 km il cui interno è colmo di circhi e crateri di minori dimensioni. Altra formazione dalle misure notevoli è *Schickard*, un circo con un diametro di 227 km dentro al quale sono presenti numerosi piccoli crateri. A sud di *Schickard* è situata una formazione bizzarra, *Wargentin*, un cratere che, invece di essere vuoto, è completamente ostruito e ripieno fino all'orlo.

✳ Dal cannocchiale al telescopio

Senza l'invenzione del cannocchiale, e le successive innumerevoli modificazioni volte a perfezionare la visione notturna, la Luna ancora oggi ci apparirebbe come un corpo celeste misterioso, o, comunque, molto più di quanto non lo sia tuttora.

Il telescopio è uno strumento impiegato nell'osservazione degli astri e viene distinto in due categorie: rifrattore e riflettore. Il rifrattore (o diottrico), è composto da un obiettivo formato da una lente, mentre il riflettore (o catottrico), possiede un obiettivo costituto da uno specchio parabolico.

Il telescopio rifrattore è definito in questo modo perché sfrutta il fenomeno della rifrazione generato dalle radiazioni luminose ed è derivato da quello costruito da Galileo, costituito da una lente positiva come obiettivo e una lente negativa come oculare "telescopio galileiano". Con questo telescopio si ottengono immagini diritte, ma con scarso ingrandimento. Un netto miglioramento si ottiene sostituendo la lente negativa con una positiva, il cui fuoco anteriore coincide con il fuoco dell'obiettivo "telescopio kepleriano". In questo modo si ottiene un maggiore ingrandimento, ma l'immagine risulta rovesciata. Questo non costituisce, però, alcun inconveniente per l'osservazione astronomica. Oggi inoltre esistono in commercio oculari che raddrizzano l'immagine senza sacrificare le dimensioni degli oggetti osservati.

A causa dell'aberrazione cromatica delle lenti, i primi telescopi rifrattori dovevano utilizzare una distanza focale pari ad almeno 18×D, (D è il diametro dell'obiettivo), per rendere trascurabile il difetto. Ciò significa che, anche per piccoli diametri, la lunghezza del telescopio diventava considerevole. Basti pensare che con un diametro di 10 cm erano richiesti ben 18 m di distanza focale.

Per questa ragione, nei secoli XVII e XVIII prevalse l'uso del telescopio riflettore il quale, come intuì il grande matematico e fisico inglese Sir Isaac Newton (1642-1727), attraverso il fenomeno della riflessione (che è identico per qualsiasi lunghezza d'onda) eliminava l'aberrazione cromatica. Il sistema a riflessione fu progettato teoricamente per la prima volta da J. Gregory, nel 1661, quando propose di inserire sull'asse dello specchio principale, poco prima del fuoco, un secondo specchio convergente che doveva rinviare l'immagine a un oculare situato al centro dello specchio principale appositamente forato.
Nel 1672, il francese Cassegrain modificò il "sistema Gregory", sostituendo il secondo specchio con uno divergente "riflettore Cassegrain". Lo stesso Newton, nel 1668, progettò un telescopio riflettore in cui lo specchio secondario, piano e inclinato di 45° rispetto all'asse dello strumento, portava l'immagine all'osservatore attraverso un'apertura laterale praticata sul tubo del telescopio "riflettore newtoniano".
Nel secolo XIX i riflettori persero di importanza visto che si concretizzò la possibilità di costruire grandi lenti acromatiche. Tuttavia, giunte queste al limite estremo (l'obiettivo più grande del mondo è quello dell'osservatorio Yerkes, Chicago, Usa, di circa 102 cm di diametro e 19,4 m di lunghezza focale), si pensò di tornare a usare specchi riflettori, dotati questa volta di nuove lenti, fabbricate servendosi di cristallo argentato o alluminio, in sostituzione degli specchi metallici usati fino a quel momento.
Si giunse così gradualmente a costruire specchi con un diametro di 2,54 m (telescopio di Monte Wilson, in California), dal quale si passò velocemente a quello di 5,8 m del Monte Palomar, Usa, installato nel 1948. In seguito si arrivò ai 6 m dello specchio situato nell'Osservatorio Astrofisico Sovietico, nel Caucaso, installato nel 1976 e tuttora il maggiore esistente. In Italia, il più grande telescopio rifrattore si trova nell'Osservatorio di Torino (diametro 42 cm, lunghezza focale 7 m), mentre il riflettore di maggiori dimensioni è stato installato nel 1973 nell'Osservatorio Astrofisico di Asiago (diametro 1,8 m).
Nel 1930 un ottico dell'Osservatorio di Amburgo, Bernhard Schmidt, introdusse un ulteriore perfezionamento nei telescopi a riflessione, ponendo nel centro di curvatura dello specchio sferico una lente, detta "lastra di Schmidt", opportunamente sagomata, si poteva così eliminare

l'aberrazione di sfericità, ottenendo in tal modo un campo ottico corretto molto ampio e una maggiore luminosità. Attualmente i telescopi tipo Schmidt-Cassegrain, detti "telescopi catadiottrici" perché uniscono le proprietà degli specchi e delle lenti, sono i più usati nell'indagine fotografica del Cielo.

Dati numerici della Luna

Distanza media dalla Terra	384.401 km, pari a 60,27 raggi equatoriali terrestri	Inclinazione dell'orbita lunare sull'eclittica:	5°, 8', 43,4"	Librazione in longitudine	7° e 54'	Gravità alla superficie lunare	162,2 cm/s–2 pari al 16,5% di quella della Terra
Distanza minima della Luna dalla Terra (perigeo)	356.400 km	Periodo orbitale siderale (ovvero rispetto alle stelle)	27 giorni, 7 ore, 43 minuti, 11,5 secondi	Librazione in latitudine	6° e 50'	Illuminazione sulla Terra per la Luna piena	0,25 lux
Distanza massima della Luna dalla Terra (apogeo)	406.700 km	Mese sinodico (ritorno alla stessa fase)	29 giorni, 12 ore, 44 minuti, 2,8 secondi	Percentuale della superficie lunare osservabile dalla Terra	59%	Illuminazione sulla Luna per la Terra piena	16 lux
Distanza Terra-Luna in tempo-luce	1,3 secondi	Mese anomalistico (ritorno al perigeo)	27 giorni, 13 ore, 18 minuti, 33,1 secondi	Inclinazione dell'equatore lunare sul piano dell'eclittica	1° e 32',5"	Temperatura sulla superficie lunare di notte	da –170 a –185 °C
Eccentricità dell'orbita della Luna intorno alla Terra	0,0549	Periodo di rotazione della "linea dei nodi" (moto retrogrado)	18,61 anni	Inclinazione dell'equatore lunare sul piano della sua orbita	6° e 41'	Temperatura massima sulla Luna di giorno	+130 °C
Distanza media del centro di gravità del sistema Terra-Luna dal centro della Terra	4670 km	Periodo di rotazione del perigeo (moto diretto)	8,85 anni	Diametro della Luna	3476 km	Temperatura costante alla profondità di un metro sotto la superficie	–35 °C
Diametro angolare medio della Luna (geocentrico)	31 minuti e 05,2 secondi	Velocità orbitale media della Luna intorno alla Terra	3681 km/h pari a 1,023 km/s	Circonferenza della Luna all'equatore	10.920 km	Percentuale della superficie lunare occupata in totale dai "mari"	16,9%
Diametro angolare della Luna al perigeo	33 minuti e 28,8 secondi	Velocità angolare media della Luna in Cielo	33'/h	Area della superficie lunare	37,96 km^2 (in milioni)	Percentuale della superficie occupata dai "mari" nell'emisfero rivolto verso la Terra	31,2%
Diametro angolare della Luna all'apogeo	29 minuti e 23,2 secondi	Moto medio diurno della Luna rispetto alle stelle	13°,176358	Volume della Luna	21.990 km^3 (in miliardi) ovvero 2,03% del volume terrestre	Percentuale della superficie occupata dai "mari" nell'emisfero invisibile dalla Terra	2,6%

Dati numerici della Luna							
Distanza media dalla Terra	384.401 km, pari a 60,27 raggi equatoriali terrestri	Inclinazione dell'orbita lunare sull'e-clittica:	5°, 8', 43,4"	Librazione in longitudine	7° e 54'	Gravità alla superficie lunare	162,2 cm/s–2 pari al 16,5% di quella della Terra
Magnitudine della Luna piena	-12,6	Intervallo medio tra due successivi passaggi della Luna in meridiano	24 ore e 50,47 minuti	Massa della Luna	73.520 (in miliardi) di tonnellate ovvero 1/81,3 di quella della Terra		

✻ Gli animali associati alla Luna

L'immagine del lupo, la sua sagoma scura che ulula alla Luna piena, da tempo immemore ci riporta alla mente un classico esempio del legame che unisce la natura lunare ai canidi. Il lupo è sinonimo di virilità, di forza e allo stesso tempo, essendo un animale prevalentemente notturno, incarna forti valenze che lo vedono in perfetta osmosi con l'Oltretomba.

Nell'antico Egitto, sotto le spoglie di Upuat, il lupo aiutava le anime a raggiungere l'aldilà ed era un iniziatore, una guida e un divoratore, che con le sue fauci inghiottiva il Sole al crepuscolo e lo rigettava alle prime luci dell'alba. Anche lo sciacallo è considerato un animale lunare che, similmente al lupo, ulula nelle notti di Luna piena.

Ma torniamo alla simbologia del lupo. Nel contesto cristiano, in contrapposizione con l'agnello, diviene un elemento del male in analogia con il diavolo.

Un altro simbolo notturno in sintonia con l'astro argenteo è il gatto il quale, grazie alla sua peculiarità di vedere nel buio, si presta in maniera elettiva a rappresentare le misteriose energie lunari.

Tra gli uccelli, invece, quello che più di ogni altro viene visto come l'incarnazione stessa della Luna è senza dubbio la civetta. Questo uccello notturno è sacro alla dea Atena, non a caso definita la dea dagli occhi di civetta, come si evince dall'etimo *glaugos* o *glaux* (civetta) ed è l'equivalente lunare dell'aquila solare.

Nell'antico Egitto la civetta era identificata con la dea lunare Iside, della quale parleremo in un capitolo specifico.

Anche l''avvoltoio, nutrendosi di cadaveri, si incardina nel ciclo di morte e rinascita, di cui le fasi della Luna sono l'emblema. Non dobbiamo dimenticare poi il pipistrello, messaggero lunare per eccellenza. Persino il rospo, a causa delle metamorfosi che subisce, è riconducibile simbolicamente alle influenze lunari che lo collocano nel ciclo di rinascite operate dalla Luna. La lumaca, attraverso le sue valenze sessuali e la sua parte androgina, allo stesso modo è legata alla Luna. Secondo gli Aztechi, invece, la conchiglia raffigurava la Luna, grazie alla sua forma che evoca l'immagine dell'organo sessuale femminile.
Infine, la lepre e il coniglio: i principali rappresentanti del bestiario lunare (secondo i Boscimani del Kalahari la lepre è un emissario della Luna). Questi roditori dormono di giorno e sono attivi durante la notte, per tale motivo di frequente nell'immaginario vengono identificati come i compagni del chiaro di Luna. La loro prolificità li configura quale simbolo della fecondità, in associazione alla Terra-Madre, all'acqua che dispensa fertilità e per estensione alla Luna. In molte culture le macchie lunari assumevano la fisionomia di una lepre o di un coniglio.
Una leggenda orientale racconta che una lepre si era gettata nel fuoco con lo scopo di nutrire il Buddha affamato. Per ringraziarla, il grande illuminato l'avrebbe mandata sulla Luna, dove in seguito la lepre avrebbe preparato l'elisir dell'immortalità. Ciò spiega perché la lepre è assimilabile al ciclo di morte e rinascita. In Cina si pensava che, se una donna si fosse esposta ai raggi della Luna nel corso della gravidanza, il bambino sarebbe nato con il muso di lepre oppure con un viso da coniglio lunare.

✳ Allegorie delle "macchie" lunari

Quando l'uomo osservava la Luna a occhio nudo, le famose macchie lunari (i cosiddetti mari), apparivano come figure, ognuna delle quali formava un'immagine particolare. Per i sapienti dell'antichità la Luna era liscia come uno specchio e, quindi, le macchie non erano altro che il riflesso dei mari e dei continenti terrestri. Secondo un'altra versione, erano l'espressione dei frequenti litigi che si originavano tra il Sole e la Luna: l'astro diurno, geloso dello splendore emanato dalla Luna, avrebbe

gettato del fango, o della polvere, sul suo volto diafano che durante la notte appariva macchiato.
Presso altre culture le macchie assumevano la forma degli animali associati alla Luna: lepre o cane (Messico), volpe o giaguaro, altri due animali connessi con le influenze lunari (Perù). In base a una leggenda diffusa in tutto il mondo, le macchie rappresentavano un uomo "l'uomo della Luna" che, a causa di una colpa commessa, per punizione era stato esposto agli sguardi di tutti.
In Giappone, "l'uomo della Luna" era colpevole di avere rovesciato l'elisir dell'immortalità che doveva donare agli esseri umani, per questo fu mandato sulla superficie lunare. Nel folclore europeo invece, "l'uomo lunare" era accusato di avere violato il riposo domenicale e quando Dio gli propose di scegliere come luogo di esilio il Sole o la Luna, egli scelse la Luna, perché in tal modo sarebbe stato visto con meno frequenza dagli uomini.
Durante la fase di plenilunio le macchie ricordano un viso bonario e sorridente. Tale raffigurazione aveva già attirato l'attenzione del grande Plutarco di Cheronèa (50 circa-120), storico e moralista greco, sacerdote del dio Apollo nel santuario di Delfi, il quale riporterà nel suo opuscolo *De facie in orbe Lunae* apparente le sue impressioni su questo tema.
Riferendosi alle macchie lunari, il sommo Dante Alighieri le definiva: "Quei segni bui", a sottolineare la loro arcana essenza e in esse intravedeva la figura di Caino che porta un fascio di spine.
Nell'antica Roma le macchie venivano paragonate al volto di una Matrona che guarda verso l'alto. Osservando con attenzione la superficie lunare, con un po' di pazienza si può scorgere il contorno di alcuni animali: uno scoiattolo con la ghianda, un coniglio o una lepre, oppure certe figure quali un uomo decapitato, Adamo ed Eva, Giuda impiccato a un albero; comunque essendo, in ogni caso, difficili da individuare, solamente con uno sforzo prolungato dell'immaginazione diventano visibili nell'intricata disposizione dei mari lunari.

Le eclissi

Eclissi di Luna (Foto NASA)

Fin dalla più remota antichità, le eclissi lunari hanno scandito con la loro ciclicità il cammino dell'uomo. Questo spettacolo, di rara bellezza, ha suscitato nell'animo dei primi abitatori della Terra forti emozioni e un sentimento reverenziale nei confronti di tale manifestazione naturale.

Gli ancestrali legami con la Luna, i suoi aspetti intrisi di magia, si sono rivelati un veicolo privilegiato, in profonda analogia con una visione prettamente magico-rituale insita negli uomini della preistoria. Possiamo solo immaginare lo stupore e l'atmosfera densa di incantamento che si originava a quei tempi attraverso le eclissi, coinvolgendo totalmente l'uomo delle caverne, che in alcuni casi ha lasciato una traccia di questo evento nelle pitture rupestri, come nel caso della già citata **Venere** di Laussel. Ma come si origina un'eclissi? È ciò che scopriremo in queste pagine.

✻ Origine delle eclissi e tipologie

Come abbiamo appurato, il fenomeno era già noto ad alcuni eruditi che anticamente ne studiarono le caratteristiche. Per esempio, Anassagora,

Filolao (filosofo pitagorico del V secolo a.C.), Empedocle e Aristotele per mezzo delle eclissi ebbero la conferma che la Terra era sferica.
L'eclissi di Luna (dal greco *ékleipsis*, derivazione di *ekléipein*, abbandonare), si verifica quando il disco del nostro satellite naturale si oscura in parte o del tutto, nel momento in cui passa attraverso il cono d'ombra che la Terra proietta nello spazio. Le condizioni ideali che generano le eclissi di Luna corrispondono a un perfetto allineamento fra il Sole, la Terra e la Luna, nel periodo equivalente al plenilunio.
L'eclissi di Sole, invece, si determina nella fase di Luna nuova. Se nella fase delle sigizie (allineamento Sole-Terra-Luna o Sole-Luna-Terra), il Sole, la Terra e la Luna si trovassero in perfetto allineamento sulla stessa retta, si verificherebbero ogni mese una eclissi di Luna e una di Sole. In realtà, poiché il piano contenente l'orbita lunare è inclinato, rispetto a quello contenente l'orbita terrestre (piano dell'eclittica), si crea un angolo pari a 5° e 3', che impedisce a questo fenomeno di manifestarsi con frequenza mensile. Per questa ragione, infatti, le eclissi si realizzano solo quando le fasi di plenilunio e novilunio avvengono in prossimità, o in coincidenza, del "nodo ascendente" e del "nodo discendente" (i "nodi" sono i punti di intersezione della Terra e della Luna). A causa di tale situazione, le eclissi, comprese quelle di Sole, si determinano a gruppi, a distanza di sei mesi circa l'una dall'altra.
È interessante notare che quando la Terra è illuminata dal Sole da un lato, proietta nello spazio, sul lato opposto, sia un cono d'ombra sia un cono di penombra. Questo spiega perché la Luna, durante un'eclissi, si trasforma in una sorta di schermo capace di intercettare i due coni. Le eclissi lunari si presentano sotto tre aspetti che prendiamo in considerazione nel prossimo paragrafo.

Eclissi totali

L'eclissi è totale quando l'astro notturno si immerge completamente nel cono d'ombra proiettato dalla Terra nello spazio. La durata del fenomeno può variare secondo la traiettoria della Luna attraverso il cono d'ombra terrestre e si possono verificare eclissi totali della durata massima di 3 ore e 40 minuti. Vista dalla Terra, la Luna non scompare completamente, dato che il cono d'ombra non è del tutto oscuro, ma mantiene una tenue luminosità che si diffonde nell'atmosfera. Questa può assumere differenti tonalità di colore, dal rosso cupo al grigio ferro, secondo la densità delle polveri di origine vulcanica presenti in quel momento nell'atmosfera del nostro pianeta. La colorazione rossa è, senza dubbio, quella maggiormente suggestiva.

Nel corso dell'eclissi totale, l'osservatore si viene a trovare nel cono d'ombra piena della Luna. Nel caso di un'eclissi di Sole, a causa delle grandi dimensioni del disco diurno e delle ridotte dimensioni del cono d'ombra della Luna, la fascia terrestre interessata al fenomeno non supera in larghezza i 270 km, mentre la durata massima è di 7 minuti e 30 secondi.

Se l'eclissi totale di Sole si origina quando la Luna si trova all'apogeo (407.000 km di distanza dalla Terra), allora il vertice del cono d'ombra non raggiunge la superficie terrestre; in tal caso, il disco solare non viene interamente occultato e ne resta visibile la parte più esterna a forma di anello, si parla allora di "eclissi anulare di Sole". La durata complessiva di quest'ultima è di 12 minuti e 30 secondi. Il numero minimo di eclissi in un anno è di due e sono entrambe di Sole. Il numero massimo è di sette così ripartito: quattro solari e tre lunari, oppure cinque lunari e due solari.

Il "Ciclo Saros"

Ogni 223 lunazioni (o mesi sinodici), le eclissi lunari e solari si ripetono quasi sempre con le medesime modalità, stessa data dell'anno e analoga durata. Si tratta del cosiddetto "ciclo Saros", (periodo che rappresenta il ciclo di ricorrenza delle eclissi lunari e solari), ben noto agli astronomi Caldei del II millennio a.C.

Ogni "ciclo Saros" comprende in media 43 eclissi solari (di cui 16 anulari) e 28 eclissi lunari. Tale ciclo vale 6585,3 giorni, corrispondente a 18 anni, 10 giorni e 8 ore, se sono compresi 5 anni bisestili. Oppure 18 anni, 11 giorni e 8 ore, se sono compresi 4 anni bisestili.

Il fatto che un "ciclo Saros" comprenda una frazione di 8 ore, determina che un'eclissi si ripete successivamente, ma con un ritardo di 8 ore e in una zona della Terra situata 8 fusi orari più a ovest. Solo nel corso di 3 "cicli Saros" le eclissi si ripetono con le identiche caratteristiche, nella medesima ora e nelle stesse zone della Terra. Gli astronomi alessandrini chiamarono il triplice "ciclo Saros" (54,1 anni) *Exeligmos*.

Eclissi parziali

In questo caso la Luna si immerge nel cono d'ombra solo parzialmente. Per tale ragione, mentre una parte della superficie lunare viene visibilmente oscurata, l'altra mantiene la sua luminosità. Ciò avviene quando la Luna non è perfettamente allineata con Terra e Sole e attraversa la parte più esterna del cono d'ombra.

Eclissi di penombra

L'eclissi di penombra si verifica quando la Luna, invece di immergersi nel cono d'ombra, transita solamente attraverso quello di penombra. L'affievolirsi della luminosità del disco lunare in tale contesto è impercettibile, o appena visibile a occhio nudo, e si può porre in evidenza solamente mediante specifiche tecniche fotografiche.
Lo studio delle eclissi lunari è utile anche per un'analisi indiretta delle condizioni dell'atmosfera terrestre, infatti, la densità e la colorazione dei coni d'ombra e di penombra sono fortemente influenzate dalla presenza dei pulviscoli in sospensione, nei vari strati della nostra atmosfera.

✻ Le eclissi al telescopio

Abbiamo già esplorato, con l'aiuto di un telescopio virtuale, la superficie lunare nel corso delle sue diverse fasi. Ora faremo lo stesso per vedere più da vicino la Luna durante lo svolgersi di un'eclissi. Essendo appassionato di astronomia da circa quarant'anni, e possedendo un ottimo strumento ottico, ho potuto vivere il fenomeno in maniera approfondita, osservando globalmente il succedersi di questo evento naturale. Dopo avere messo a fuoco l'immagine del corpo celeste con un certo anticipo, si blocca il telescopio tramite un'apposita manopola, così da evitare che l'astro notturno esca dal campo visivo, dopo di che bisogna avere pazienza e attendere. Al principio si nota un leggero oscuramento verso ovest (a sinistra per chi osserva a occhio nudo). Si tratta di una sorta di nebbiolina fuligginosa, visibile in prossimità della formazione *Grimaldi* e originata dalla penombra od ombra parziale. L'oscuramento si diffonde gradualmente divenendo sempre più ampio e, dopo poco tempo, l'intera zona vicino al bordo appare molto buia. Lentamente comincia a mostrarsi in modo netto il contorno di una striscia oscura, ricurva, che, poco a poco, si accresce a discapito del resto del disco. Questa striscia buia copre *Grimaldi*, *Aristarchus*, *Gassendi* e il *Sinus Iridum*.

Quando l'ombra raggiunge la cresta di *Copernicus* si incomincia a vedere quella tinta cuprea (simile al rame), caratteristica delle eclissi. Successivamente, scompare anche il circo lunare *Plato* (meglio conosciuto come il *Lago nero*), poi il cratere *Tycho*. Metà della Luna, a questo punto, è immersa nell'ombra terrestre e tutta la parte occidentale risplende come una superficie ramata. Aristarchus ora è simile a un punto debolmente illuminato.

L'ombra avanza adesso attraverso il *Mare Ibrium* e il *Mare Nectaris*. Proprio in questa fase la Luna offre uno spettacolo indicibile grazie al contrasto tra il colore cupreo, di gran parte della superficie, e il bianco giallognolo della piccola striscia brillante, che ancora splende inondata dalla luce solare. La striscia luminosa diviene sempre più piccola, finché l'ombra raggiunge il confine orientale.

L'eclissi ormai è completa, la Luna si è inoltrata nell'ombra della Terra. La parte maggiormente distante dal centro dell'ombra resta illuminata per un breve periodo, consentendo di scorgere le formazioni di minore grandezza come *Plato*, *Aristoteles*, *Atlas*, *Hercules* e altre ancora. In seguito, con l'avanzare del tempo, i colori si spostano seguendo la Luna che si sta muovendo all'interno dell'ombra terrestre, fino al punto in cui il contorno occidentale diviene discretamente luminoso.

Lentamente giunge il primo raggio di Sole e il confine della zona d'ombra passa attraverso la regione di *Aristarchus*. I minuti scorrono e altre porzioni di Luna vengono raggiunte dalla luce. Ora metà della superficie già appare rischiarata. La luminosità si diffonde velocemente propagando il chiarore per almeno tre quarti, estendendosi poi in quasi tutta la parte orientale; mentre l'ombra retrocede, scompare gradualmente la tonalità rossastra e i residui d'ombra appaiono simili a una densa caligine grigia con sfumature bluastre. Quando l'ombra è scomparsa del tutto, liberando il disco lunare, rimangono visibili solo alcune tracce che imbruniscono lievemente il bordo orientale, così come era già accaduto all'inizio del fenomeno. La

Luna, solitamente, impiega almeno un'ora per passare dalla penombra all'ombra vera e propria e circa un'altra ora deve trascorrere prima che l'eclissi diventi totale.

✻ Le eclissi nella storia

I fenomeni celesti, con il loro ciclico divenire, hanno accompagnato avvenimenti importanti per l'umanità, a volte mostrando i loro segni tangibili in concomitanza con particolari momenti storici. Le eclissi, in questo senso, sono state testimoni silenti di svolte epocali che hanno cambiato le sorti e i destini di tante persone, a volte di interi popoli, dando una svolta al corso della storia.

Non dimentichiamo, per esempio, che quando Gesù di Nazareth fu crocifisso, secondo gli storici, che hanno individuato il giorno dell'esecuzione nel 3 aprile del 33 d.C., proprio nelle prime ore della notte si verificò un'eclissi di Luna. La Luna, però, uscì dalla zona d'ombra all'incirca un quarto d'ora prima di sorgere all'orizzonte di Gerusalemme. È importante sapere, inoltre, che al tempo di Gesù, il mese veniva calcolato in base all'osservazione delle fasi lunari e contava 29 o 30 giorni cominciando dalla Luna nuova (o neomenia). L'anno era formato da 12 mesi lunari, ma ogni 2 o 3 anni si inseriva un tredicesimo mese per ristabilire l'accordo con la successione stagionale (cioè con l'anno solare). Questo si rendeva necessario perché le feste, benché stabilite secondo i mesi lunari, avevano anche uno stretto rapporto con le fasi dell'agricoltura.

La prima eclissi, di cui conosciamo con certezza la data, fu osservata in Cina il 29 gennaio del 1136 a.C., la prima vista attraverso un cannocchiale, invece, il 6 luglio del 1610. A quanto ci è stato tramandato ne fu testimone Galileo, che in quel periodo aveva fabbricato il primo strumento ottico per la visione astronomica.

Gli antichi si accorsero ben presto che il fenomeno si presentava con una certa regolarità, per questo incominciarono a registrare con estrema precisione i tempi connessi con le varie fasi delle eclissi di Sole e Luna, annotando in alcuni casi anche la percentuale di oscuramento del disco, o se i due astri celesti sorgevano o tramontavano nel corso della manifestazione.

Lo scopo principale di queste osservazioni tanto minuziose era mirato a impadronirsi delle nozioni tecniche volte a prevedere le eclissi, cercando di stabilire possibili correlazioni con il moto del Sole e della Luna.
Gli astronomi dell'antica Grecia e quelli arabi del Medioevo, misurarono i tempi delle eclissi viste da diverse località, con l'intento di determinarne le differenze di longitudine. In Cina e Babilonia, viceversa, si usava predire le eclissi in modo da poterne ricavare auspici di ordine astrologico.
Le fonti storiche maggiormente accreditate sulle eclissi e giunte fino a noi riguardano principalmente i Babilonesi, i Cinesi, gli Arabi e gli Europei. Si registrano tuttavia testimonianze, più o meno dirette, che concernono anche i Maya, gli antichi Egizi e persino gli uomini preistorici, che studiarono il fenomeno con l'intenzione di stabilire la sua ciclicità.

CRISTOFORO COLOMBO, L'UOMO VENUTO DAL MARE

Nel corso del suo quarto viaggio verso le Americhe, nel 1503, il grande navigatore genovese Cristoforo Colombo (1451-1506), si arenò sulle coste della Giamaica, nella baia di Santa Gloria, con le sue navi seriamente danneggiate. La situazione, già difficoltosa, era aggravata dalla scarsità di viveri e, nonostante Colombo fosse intenzionato a offrire gioielli in cambio di cibo, gli abitanti del luogo negarono l'aiuto richiesto. Colombo decise allora di escogitare un piano per ingannarli: a bordo di una nave era custodita una copia di uno dei libri di Johann Muller Regiomontano (1436-1476), astronomo di Königsberg, che conteneva le previsioni di alcune eclissi lunari. Regiomontano aveva fondato a Norimberga, nel 1471, il primo osservatorio europeo assieme a B. Walther, traducendo le opere di Tolomeo. Colombo consultò il volume e apprese che un'eclissi di Luna era prevista per il 29 gennaio 1504. La sera in cui doveva verificarsi il fenomeno, organizzò un incontro con i capi delle popolazioni indigene dicendo loro che Dio era molto offeso e quindi, a causa del loro comportamento, avrebbe fatto sparire la Luna. Come previsto, la Luna lentamente incominciò a oscurarsi e gli indigeni, terrorizzati, dissero a Colombo che avrebbero fornito a lui e ai suoi uomini le provviste necessarie, a patto che egli fosse disposto a intercedere per loro presso Dio. Dopo essersi ritirato, allo scopo di conferire con il Creatore, qualche tempo prima della fine dell'eclissi tornò da loro tranquillizzandoli e affermando che Dio li aveva perdonati. La Luna tornò a splendere nel Cielo notturno e Colombo ottenne scorte e cibo.

I Babilonesi

Gli antichi astronomi babilonesi iniziarono a studiare con una certa continuità i diversi fenomeni celesti intorno al 750 a.C., annotando i risultati delle osservazioni su tavolette di argilla, riportate alla luce dagli archeologi negli scavi compiuti tra le rovine dell'antichissima città di Babilonia. Furono i Greci a trasferire le conoscenze astronomiche, legate alle eclissi, alla civiltà babilonese, che non aveva compreso totalmente i meccanismi che sottendevano al fenomeno. Ciò accadde nel periodo ellenistico a Babilonia (dalla fine del IV secolo a.C. in poi). Nonostante questo, le osservazioni astronomiche dei Babilonesi risultano tra le più precise del mondo antico. Sono almeno cinquanta le eclissi lunari da loro registrate, coprendo un intervallo di tempo compreso tra il 700 a.C. e il 50 a.C. Le annotazioni relative alle eclissi solari, invece, sono solo una decina, osservate tra il 350 a.C. e il 50 a.C. Ulteriori notizie, connesse alle eclissi lunari, sono state copiate da alcuni testi babilonesi perduti e sono contenute nell'Almagesto, un'imponente opera di astronomia matematica scritta dal grande astronomo egiziano Tolomeo, del quale abbiamo parlato in precedenza. Per quanto riguarda le eclissi di Sole, l'annotazione più completa risale al 15 aprile del 136 a.C. e le informazioni concernenti il fenomeno sono contenute su due tavolette, rinvenute tra le antiche vestigia babilonesi. Riunendo i due frammenti di argilla si estrapola la seguente probabile traduzione, che risulta essere la sola registrazione babilonese di un'eclissi totale:

> "Anno 154 (Seleucide), XII mese intercalare, giorno 29. Al ventiquattresimo grado dopo il sorgere si ha un'eclissi solare. Iniziò nel lato sudoccidentale. In 18° nel corso del mattino divenne totale. Si resero visibili Mercurio, Venere e le stelle normali; Giove e Marte, che erano nel loro periodo di sparizione, divennero visibili in quest'eclissi. Si liberò dell'ombra da sud-ovest a nord-est. Durò 35° tra l'inizio, la fase massima e la ricomparsa".

I Cinesi

Le osservazioni cinesi coprono un periodo maggiore rispetto a quelle babilonesi, partendo, orientativamente, dal 720 a.C. Complessivamente si hanno oltre cento registrazioni differenti, i cui manoscritti purtroppo sono andati perduti. A quei tempi, infatti, si usava scrivere su ossa o su canne di bambù e solo in seguito fu introdotto l'uso della carta. Qualche notizia di un certo interesse si può rinvenire in alcuni riassunti, stampati in trattati di astronomia speciali, un tempo inseriti nelle storie ufficiali delle varie dinastie. All'interno di questi volumi si parla di un'eclissi di Sole risalente a più di 4000 anni fa.

Gli Islamici

Tra l'800 e il 1000 d.C., gli astronomi arabi iniziarono a misurare i tempi di numerose eclissi, osservate soprattutto da Baghdad e dal Cairo. Suggestiva quella lunare descritta il 22 aprile 981 dall'astronomo Ibn Junus al Cairo, così come di grande interesse è la descrizione di un'eclissi di Sole registrata, sempre in Oriente, in pieno Medioevo, il 20 giugno 1061:

> "Ci siamo raccolti a osservare l'eclissi a al-Zaraf nella moschea di Ibn Nasir al-Maghribi. Abbiamo visto l'inizio quando l'altezza della Luna era di circa 21 gradi. Circa un quarto del diametro lunare fu eclissato. La Luna riacquistò completamente il suo splendore quando mancava circa un quarto d'ora al sorgere del Sole".

> "Mercoledì, quando mancavano due notti alla fine del mese di Jumadal-Ula, due ore dopo l'alba, il Sole fu totalmente eclissato. Scese il buio e gli uccelli cadevano in volo. Gli astrologi avevano previsto che un sesto del Sole sarebbe rimasto non eclissato, ma questo non si verificò. Il Sole riapparve dopo quattro ore e una frazione. L'eclissi non interessò l'intero Sole in località diverse da Baghdad e dalle sue province".

I Maya

Nonostante i Maya non possedessero le conoscenze necessarie, indispensabili per determinare se le eclissi di Sole e di Luna erano visibili nelle zone da loro abitate, furono in grado egualmente, senza bisogno di averle osservate, di prevederle e registrarle.
Testimonianza di questa straordinaria capacità è contenuta nel *Codice di Dresda*, dove sono visibili alcune tavole che si riferiscono alla previsione delle eclissi. Le tavole riportano periodi di 177 o 178 giorni (che corri-

spondono a sei cicli di fasi lunari), intervallati in modo apparentemente casuale da periodi di 148 giorni (equivalenti a cinque mesi lunari). Le eclissi, come sappiamo, hanno luogo solo quando Sole e Luna si trovano all'incirca ai nodi dell'orbita lunare (ogni sei mesi) e le annotazioni fatte dal popolo Maya si discostano di pochissimo rispetto a questi dati.

✻ I simboli e i miti

In virtù del loro carattere straordinario, le eclissi rivestono valenze simboliche che hanno influenzato anticamente diverse civiltà, le quali hanno visto in questo fenomeno l'impronta di forze, di volta in volta, maligne o benigne: quando la luce viene occultata reca con sé un elemento di oscurità, che consente al regno del Male di prevalere su quello del Bene. Si tratta dell'antica lotta tra questi due poli, la cui interazione è da sempre ritenuta indispensabile, infatti, dalla loro diversità si genera l'eterno equilibrio. Il giorno senza la notte non potrebbe esistere, e così il Sole senza la Luna e il Bene senza il Male.

Il regno delle ombre è stato raffigurato in tutte le culture come un luogo privo di luce, per questa ragione le eclissi di Luna, e specialmente quelle di Sole, esprimono un significato funesto, presagio di qualche catastrofe naturale o della morte o disfatta di un re. Le eclissi, insomma, hanno dato vita a numerose leggende, superstizioni, miti e simbologie a volte arcane.

Un mito assai diffuso, che risale a epoche remote, vuole che durante l'eclissi un drago divori il Sole e, come vedremo, l'immagine del drago appare anche in altre credenze.

Gli antichi Cinesi, durante un'eclissi di Luna, cercavano di fare molto rumore sia per contrastare gli effetti nefasti sia per spaventare e scacciare il terribile drago che aveva ghermito la Luna, suonando tamburi, schioccando frecce nell'aria o percotendo fragorosamente alcune pentole. Questa tradizione, in qualche maniera, è sopravvissuta fino al secolo scorso, quando la Marina Imperiale Cinese, durante le eclissi, usava sparare con le armi da cerimonia per scacciare simbolicamente il drago invisibile.

Anche in India si credeva che fosse un drago il responsabile delle eclissi, per questo le persone si immergevano nelle acque di un fiume bagnandosi solo fino alle ginocchia, convinti che così facendo avrebbero aiutato il Sole e la Luna a difendersi dal drago. Sinceramente, ancora oggi questa usanza rimane difficilmente comprensibile.

In Giappone, durante un'eclissi, era costume coprire i pozzi per evitare che al loro interno cadesse il veleno proveniente dal Cielo oscuro. Tuttavia, le eclissi incarnano anche valenze positive, come si evince dalla tradizione tahitiana, che vede nelle eclissi il congiungimento amoroso tra il Sole e la Luna.

Ai nostri giorni, presso le tribù eschimesi e artiche, si crede che le eclissi siano un segno della benevolenza divina: il Sole e la Luna lasciano temporaneamente il loro posto in Cielo, per controllare che sulla Terra vada tutto bene.

❋ Il "tempio" di Stonehenge

Alcune costruzioni megalitiche, presenti sul nostro pianeta, racchiudono interessanti connotazioni di ordine astronomico. Si tratta dei primi Osservatori celesti dell'antichità; tra questi, Stonehenge è quello più rappresentativo, sia per l'importanza che riveste sia per le profonde conoscenze in esso celate. Conoscenze che rimettono in discussione il sapere dell'uomo preistorico, a lungo inquadrato come soggetto ignaro dei fenomeni naturali che si manifestavano attorno a lui.

Circondato dalle basse colline di Salisbury (Gran Bretagna), sorge lo spoglio e splendido circolo di pietre erette, chiamato dai Sassoni Stonehenge, che letteralmente significa la "forca di pietra". Questo immenso anello megalitico è stato edificato ancora prima delle grandi piramidi d'Egitto. I massicci triliti, accuratamente tagliati e levigati, sono inseriti all'interno di uno scenario costellato da tumuli sepolcrali e fattorie. Troviamo un primo riferimento al colossale monumento negli scritti di Goffredo di Monmouth, scrittore del Medioevo (1110 circa-1154), che chiama il complesso la "danza dei giganti".

Non a caso, nelle tradizioni popolari numerosi circoli di pietra sono descritti come danzatori pietrificati, un'immagine suggestiva che richiama alla mente un girotondo di ciclopi dalle membra di pietra. Del resto, in una incisione dell'artista William Camden, nell'edizione del 1660, è possibile ammirare la raffigurazione di pietre con sembianze semiumane che danzano. Goffredo di Monmouth racconta in una sua opera che il leggendario mago Merlino trasportò dall'Irlanda le pietre che occorrevano per erigere Stonehenge, al fine di onorare una sepoltura collettiva di Britanni. In qualche modo, questo mito contiene una porzione di verità, poiché dei due tipi di materiali utilizzati per erigere il circolo, la roccia blu e l'arenaria, il primo proviene dalle Preseli Hills, nel Galles sudoccidentale. Le ottanta pietre, ciascuna del peso di quattro tonnellate, furono trainate fino alla costa gallese con l'ausilio di slitte e rulli. Oggi si ritiene che Stonehenge fosse il punto focale di una vasta area sepolcrale, cosa che viene confermata dai tanti tumuli presenti nella zona. Si pensa anche che questo complesso sia stato progettato non solo a scopi cultuali, ma soprattutto con una funzione legata al computo del tempo. Si trattava, in sostanza, di un immenso calendario. Attraverso una paziente osservazione del Cielo, i dati relativi al trascorrere dei mesi, delle stagioni e degli anni, venivano rilevati attraverso l'utilizzo del gigantesco Osservatorio.

Tre distinte fasi di sviluppo caratterizzano il sito. Intorno al 3100 a.C. fu scavato il fossato e costruito il terrapieno che racchiudeva una serie di pozzetti circolari, conosciuti come i "buchi di Aubrey" la cui presenza, come vedremo più avanti, era estremamente importante. Nel 2100 a.C. furono innalzate le pietre di roccia blu, in modo da formare due anelli incompleti attorno al centro della struttura. Infine, un secolo più tardi, l'intero complesso fu ampliato e vennero aggiunte le pietre di arenaria provenienti dai Marlborough Downs, situati a 30 km più a nord. L'ultima fase di costruzione corrisponde al periodo in cui nella piana di Salisbury fioriva la cultura connessa con l'Età del Bronzo.

Stonehenge, al pari delle grandi cattedrali medievali, rappresentava uno spazio rituale intimamente legato alla conoscenza degli astri. Il centro religioso era orientato verso nord-est, esattamente dove sorge il Sole al solstizio d'estate (21 giugno, il giorno più lungo dell'anno). Questa prima scoperta si deve a William Stukeley, l'ecclesiastico che nel 1740 scoprì l'allineamento non casuale delle grandi pietre. Altri ricercatori hanno individuato, in seguito, diversi allineamenti contraddistinti da alcune peculiarità, ma fu Gerald S. Hawkins, un astronomo americano, a formulare una teoria completa sul significato astronomico di Stonehenge. Nel suo libro *Stonehenge decoded* (Stonehenge svelata), pubblicato nel 1965, sosteneva che ogni pietra era stata collocata in modo da essere allineata con il Sole nascente e con il Sole al tramonto in determinati giorni dell'anno, come i solstizi d'estate e d'inverno. Egli giunse alla conclusione che Stonehenge non era altro che un Osservatorio preistorico, basato su un rozzo sistema di calcolo costituito da cinquantasei misteriosi fori posti all'interno del perimetro di cinta: "Spostando dei contrassegni di legno o di pietra da un foro all'altro", scrive Hawkins, "gli antichi astronomi potevano calcolare le fasi della Luna e preannunciare un'eclissi".

Nonostante il disaccordo degli archeologi, alcune prove a sostegno di questa ipotesi furono avallate dall'astronomo e matematico più famoso d'Inghilterra, Sir Fred Hoyle (1915-2001). Egli riconobbe che il complesso megalitico era davvero un Osservatorio, che i fori servivano per predire le eclissi di Luna e rappresentavano il cammino del Sole; i contrassegni posti al loro interno, invece, simboleggiavano il Sole, la Luna e alcune congiunzioni dell'orbita lunare.

L'Osservatorio, a quanto pare, è stato costruito da un antico e misterioso popolo che, con tutta probabilità, parlava una lingua antenata di quella celtica, forse in analogia con quella parlata dai Druidi. Non esistono, però, prove concrete che permettano di connettere questa civiltà con la casta sacerdotale druidica. Tuttavia, John Aubrey (1626-1697), scrittore e studioso di antichità, nella metà del XVII secolo avanzò l'ipotesi che le rovine circolari di Stonehenge erano templi druidici. A ogni modo, sebbene il monumento sia anteriore all'epoca in cui vissero i Druidi, la leggenda che lega la "forca di pietra" con i sacerdoti Celti è ancora viva.

✳ Il meccanismo di Antikythera

Tra i reperti antichi di inestimabile valore, da porre in relazione con le eclissi, uno in particolare merita la nostra attenzione per la sua unicità. Si tratta di un ritrovamento senza precedenti, un oggetto metallico contenente alcuni ingranaggi che sembrano fare parte di un meccanismo, una sorta di strumento notevolmente sofisticato. Il ritrovamento risale al 1900-1901, quando un gruppo di pescatori greci di spugne scopre lo scheletro di una imbarcazione al largo della piccola isola di Anticitera (Andikithira o, in base alla grafia inglese, Antikythera), che è situata tra la Grecia e Creta, precisamente nel tratto del Mar Egeo che comprende il Peloponneso e Creta.

In seguito, Valerios Stais, archeologo del Museo Nazionale di Atene, decide di studiare il reperto accorgendosi che l'oggetto è simile a una scatola, composta all'esterno da una massa di ingranaggi assai complessi; tra i quali venti ruote dentate. Inoltre le superfici del congegno sono interamente ricoperte da iscrizioni greche. Attraverso un'analisi accurata si è quindi appurato che il pezzo altro non è se non un "simulatore per gli astri".

A partire dagli anni Cinquanta, Derek J. De Solla Price, ricercatore dell'università di Yale, iniziò il restauro del meccanismo, le cui parti risultavano gravemente corrose e incrostate. Una volta conclusa la prima fase, egli passò alla traduzione delle iscrizioni, alcune delle quali tuttora illeggibili. Il testo, comunque, si riferiva a nozioni astronomiche nelle quali veniva citato più volte il Sole, Venere, nonché l'eclittica; inoltre, vi erano menzionati sia il cosiddetto "ciclo calippico" di 76 anni, sia il "ciclo metonico" di 19 anni (235 mesi lunari) e, persino, il "ciclo delle eclissi" costituito da 223 mesi lunari.

Nel 1959, lo "Scientific American" rende pubbliche le ricerche di Price, durate diversi anni, annunciando che il misterioso congegno datava intorno all'87 a.C. e che era stato utilizzato allo scopo di calcolare i movimenti del Sole, della Luna e degli altri corpi celesti.

Le maree

Tra le influenze addebitate alla Luna quella che presenta maggiore veridicità, e un riscontro scientifico, è da attribuirsi alle maree. Il loro strano potere ha acceso l'immaginazione di molti, ed è stato al centro di profondi studi volti a determinarne le cause. Questa manifestazione naturale è notevolmente complessa e, come avremo modo di verificare, si basa principalmente sull'attrazione congiunta della Luna e del Sole sugli oceani.

I primi dati concernenti l'analisi del moto connesso con le maree vanno ricondotti a Pitea (IV secolo a.C.), il navigatore greco originario della colonia di Massalia (Marsiglia), che si era reso conto dell'effettiva corrispondenza fra il sorgere e il calare della Luna e la conseguente diminuzione delle acque.

Aristotele si applicò per un breve periodo allo studio delle maree e annotò le sue osservazioni nel celebre libro *Meteorologia*, nel quale sosteneva che le oscillazioni osservate negli stretti (delle quali peraltro non approfondì la periodicità), erano da attribuire al fluire del mare da un bacino più grande a uno più piccolo.

Tra le varie tesi formulate nell'antichità, una alquanto particolare ci giunge dal babilonese Seleuco, discepolo del grande astronomo greco Aristarco di Samo (310 circa-230 a.C.). Seleuco, basandosi sulle ipotesi di rotazione della Terra espresse dal suo maestro, dedusse che il movimento del mare derivava dall'azione congiunta della rotazione terrestre e lunare, che influivano prima sull'acqua e poi sull'aria.

Uno studio particolareggiato delle maree si deve a Posidonio (135 circa-50

a.C.), filosofo e astronomo greco di Apamea che, distinguendo il fenomeno nei suoi tre periodi: diurno, mensile e annuo, giunse alla conclusione che esso era dovuto a una influenza degli astri, soprattutto della Luna.
Lo scrittore latino Plinio il Giovane (61-114 d.C.) parlava nei suoi scritti delle ore associate all'alta marea, accennando al ritardo di queste rispetto alle culminazioni lunari.
Tolomeo, invece, ipotizzava una relazione fra il moto lunare e quello delle maree in senso decisamente astrologico.
Secondo la testimonianza di alcuni storici greci, anche Platone aveva cercato di approfondire i rapporti che intercorrevano tra le maree e l'astro notturno, tuttavia, nelle opere del filosofo non rimane traccia di tale ricerca. Platone pensava che l'acqua del mare venisse periodicamente ispirata ed espirata da caverne marine. Questa teoria rientrava in una concezione ampiamente diffusa nell'antichità, che vedeva la Terra come un gigantesco organismo vivente.
Ritroveremo tale visione anche nei secoli successivi, come dimostra l'opera del letterato fiorentino Brunetto Latini (1220-1294), dal titolo *Il Tesoro*, un vastissimo repertorio di scienza medievale, al cui interno è esposto il medesimo concetto. Il famoso artista, scienziato e inventore Leonardo da Vinci sposerà in pieno la tesi correlata alla Terra vista come un essere vivente.

✻ Leonardo e l'*Anima Mundi*

Lo studio della natura in tutte le sue forme, portato avanti da Leonardo, rivela una conoscenza profonda del mondo che lo circondava. L'universalità che il grande genio ricerca è pura armonia delle forme, in piena sinergia con il Tutto. A tale proposito egli affermava: "Il pittore non è laudabile se non è universale". Tali parole esprimono pienamente l'ansia dell'artista, che si sforza di penetrare in maniera minuziosa la vera essenza delle cose, allo scopo di svelare l'intima essenza di uomini, piante e animali.
In un frammento del noto *Codice Leicester* egli scriveva: "La Terra possiede un'anima vegetativa", lasciando intendere che esistono sottili paralleli tra la struttura vivente e la composizione della Terra, dove le montagne

sono le ossa di questo immenso organismo, i tufi le cartilagini, le vene di acqua il sangue, il flusso o reflusso del mare, originato dalle maree, l'alitare del respiro; i vulcani, invece, che Leonardo definiva: "Il foco infuso alla Terra", costituivano la residenza dell'anima vegetativa del pianeta, o *Anima Mundi*, mentre l'oceano incarnava, nella sua concezione tolemaica, l'immenso fiume intorno alle terre, che il maestro chiamava: "Il lago di sangue intorno al core".
Secondo tale concezione le rocce, i fiori, le figure umane e gli arbusti erano pervasi da una medesima vitalità o, per meglio dire, da un animismo che passava dall'epidermide umana alla concrezione delle rocce, dal petalo del fiore alla vibrazione delle acque. Tutto respira e ogni cosa è pervasa dalla vita.

✳ La visione scientifica

Dopo avere analizzato la concezione legata al vitalismo, che anticamente animava il pensiero di studiosi, letterati e filosofi e che conferiva a tutta la creazione uno spirito unificante, cerchiamo di capire il meccanismo e le dinamiche che generano il fenomeno delle maree.
Si tratta di un movimento periodico che interessa le masse di acqua marina, costituito da innalzamenti (flussi) e abbassamenti (riflussi) del loro livello, provocati dall'attrazione gravitazionale esercitata dalla Luna, dal Sole e dalla forza centrifuga dovuta al moto di rivoluzione del sistema Terra-Luna attorno al baricentro comune.
La fase relativa al massimo innalzamento del livello marino è detta alta marea, mentre quella corrispondente al massimo abbassamento bassa marea, mentre il dislivello esistente tra alta e bassa marea viene chiamato "ampiezza di marea". Solitamente si verificano due cicli completi di alta e bassa marea ogni 24 ore, 50 minuti e 30 secondi (giorno lunare); un ciclo completo dura pertanto poco più di 12 ore ed è conosciuto come "marea semidiurna".
In alcune zone si riscontrano cicli di "marea diurna", con un solo flusso e un solo riflusso nell'intero arco del giorno lunare; in altre ancora si possono manifestare "maree miste", nel corso delle quali, oltre alle due fasi di bassa

marea ravvicinate, segue una sola alta marea e viceversa. Il doppio ciclo diurno è causato dal fatto che la marea si manifesta sia nel meridiano di culminazione della Luna, in cui prevale l'effetto dell'attrazione gravitazionale del nostro satellite, sia nel corrispondente antimeridiano, dove domina l'effetto della forza centrifuga del sistema Terra-Luna. La bassa marea si manifesta, invece, nei meridiani che si trovano in quadratura rispetto ai precedenti.

Nelle sigizie, quando il Sole, la Terra e la Luna si trovano allineati, gli effetti gravitazionali si sommano e la marea manifesta i suoi massimi valori "marea viva". Viceversa, quando il Sole, la Terra e la Luna sono in quadratura, gli effetti gravitazionali si compensano parzialmente e la marea manifesta la minima ampiezza "marea morta".

Nonostante la Luna possieda una massa notevolmente inferiore rispetto a quella del Sole, essa esercita una attrazione gravitazionale maggiore, che risulta essere circa il doppio di quella solare, ciò è causato dalla sua vicinanza. L'alta marea non si genera quasi mai nel momento in cui la Luna culmina al meridiano del luogo considerato, ma subisce un ritardo detto "ora di porto". La causa che determina questo ritardo è riconducibile all'inerzia delle masse di acqua e agli attriti che, inevitabilmente, queste incontrano nel loro movimento.

Ai fini della navigazione marittima è fondamentale conoscere l'ora esatta in cui si manifesta l'alta marea in un determinato luogo; per questa ragione vengono elaborate carte nautiche in cui sono riportate le "linee colloidali", ossia le linee che uniscono i luoghi in cui si riscontra la medesima "ora di porto". L'ampiezza della marea varia da un posto all'altro: piccola nei mari interni, può raggiungere valori rilevanti lungo le coste oceaniche. Fra i valori più significativi troviamo: 13,3 m nel Golfo di Saint-Malo (Francia), 18 m a Rio Gallegas (Argentina), 19,6 m nella baia di Fundy (Nuova Scozia); nella laguna Veneta la marea raggiunge 90 cm di altezza, mentre nel canale di Bristol 16 m.

Sulle spiagge di debole pendenza la distanza fra il punto in cui arriva l'acqua del flusso e quella del riflusso può raggiungere anche parecchi chilometri. Basta ricordare Mont-Saint Michel (Francia), dove la marea è in grado di determinare un dislivello di ben 14 m, scoprendo banchi di sabbia fino a 15 km di distanza.

In prossimità delle foci dei grandi fiumi si verifica un fenomeno particolarissimo: durante l'alta marea le acque del mare, in costante aumento, irrompono nell'estuario producendo una corrente ascendente, in netto contrasto con quella del fiume. Questo fenomeno è chiamato Mascaret nei fiumi francesi, Bore nel Gange, Pororoca nel Rio delle Amazzoni. In alcuni stretti, le correnti formano vortici spesso pericolosi per la navigazione: nello stretto di Messina tali gorghi sono stati personificati, a livello mitologico, come due mostri marini, i leggendari Scilla e Cariddi molto temuti dai naviganti.
Le maree massime si manifestano in fase di Luna nuova e Luna piena; in questi casi, oltre all'influenza della Luna, si aggiunge anche l'azione del Sole. Le maree minime, viceversa, si producono all'ultimo e al primo quarto quando all'influsso della Luna sulla marea si sottrae quello del Sole.

✻ Le "maree atmosferiche"

Diversi studi sono stati condotti per capire se esiste una relazione tra l'influenza delle maree, prodotte dalla Luna nell'oceano aereo del nostro pianeta, e la pressione atmosferica.
Le maree nell'atmosfera terrestre furono scoperte dal celebre Michail Vasilevic Lomonosov (1712-1765), il più insigne rappresentante della cultura russa del suo tempo e, inoltre, scienziato di notevole fama. Lo studioso russo chiamò il fenomeno "onde aeree". Secondo la tesi di Lomonosov, questa manifestazione è resa possibile grazie a una sorta di caduta del globo terrestre e dei suoi involucri più leggeri, aria e acqua, sotto l'effetto dell'attrazione della Luna e del Sole. Per una maggiore comprensione basterà ricordare l'esperimento effettuato dagli astronauti sulla Luna allorquando, lasciando cadere in assenza di gravità un martello e una piuma, si resero conto che precipitavano alla stessa velocità.
Nel vuoto dell'Universo tutti i corpi, pesanti o leggeri, quando si trovano alla stessa distanza dal centro di attrazione, subiscono attraverso la gravitazione un medesimo spostamento. Quanto esposto ci consente di dedurre che l'altezza dell'"alta marea atmosferica" deve essere identica a quella delle acque oceaniche (nelle acque dei mari interni, ovviamente,

la situazione è diversa, visto che l'acqua deve affluire dagli stretti). Non a caso, la formula che occorre per calcolare l'altezza delle maree contiene soltanto i valori della massa della Terra e della Luna, il raggio del globo terrestre e la distanza Terra-Luna (mentre la densità del liquido sollevato e la profondità dell'oceano non vengono considerate).
Sostituendo l'oceano acqueo con quello aereo il risultato non cambia e otteniamo, per la "marea atmosferica", l'identico valore attribuito a quella oceanica, tuttavia quest'ultima è di minori dimensioni. Teoricamente, infatti, l'altezza massima in pieno oceano è di 0,5 m, bisogna però tenere presente che le rive e i fondali generalmente disturbano l'ondata di marea, facendola salire in certi punti anche di oltre 10 m. Per quanto riguarda la marea relativa all'oceano aereo, viceversa, nulla può ostacolarla e mutare la sua altezza di 0,5 m e ovviamente un tale lieve innalzamento può esercitare, sul valore della pressione atmosferica, un'influenza minima.
Per questo motivo, Pierre-Simon Laplace (1749-1827), astronomo e matematico francese, fautore fra l'altro di una interessante teoria circa l'origine dei pianeti (ipotesi di Laplace), giunse alla conclusione che le variazioni della pressione atmosferica, provocate dalle maree, non dovevano superare 0,6 mm di mercurio e, conseguentemente, il vento provocato dalle "maree aeree" al massimo poteva raggiungere una velocità di 7,5 m/s. Di conseguenza, tali maree non potevano avere una influenza considerevole sulle condizioni meteorologiche. Detto questo, è necessario tenere conto del fatto che tutto quanto avviene nell'atmosfera e nel globo terracqueo fa parte di un complesso di accadimenti che sono in profonda commistione tra loro, e molto ancora in tal senso deve essere scoperto.

✻ Le previsioni del tempo

Seguendo una tradizione, che ancora oggi gode di un notevole credito, si dice che la Luna mostra segni evidenti che la pongono in stretta analogia con i fenomeni atmosferici. Si pensa, per esempio, che presto arriverà il freddo se il disco lunare è particolarmente splendente e chiaro e la Luna nuova mostra corna acute e nitide. Al sorgere e tramontare della Luna, inoltre, sono più probabili i cambiamenti del tempo.

Alcuni elementi di verifica, nei confronti di questa concezione, li possiamo rinvenire nelle osservazioni effettuate da Toaldo, geografo e insegnante presso l'università di Padova nel XVIII secolo. Sulle probabilità legate al cambiamento meteorologico, in connessione con le fasi della Luna, Toaldo, dopo quarant'anni di minuziosi studi, stilò la seguente tabella: "Per la Luna nuova come 6 a 1, per la Luna piena come 5 a 1, per il primo e ultimo quarto come 2,5 a 1".
In seguito, Toaldo sviluppò ulteriormente i suddetti calcoli, continuando l'esame con altri aspetti della Luna da porre in relazione con le variazioni del tempo.
Anticamente il problema del tempo e delle influenze lunari era molto sentito, tanto che alcuni dotti decisero di approfondire questa conoscenza. Plinio il Vecchio (23-79 d.C.) e Marco Terenzio Varrone (116-27 a.C.) affermavano rispettivamente in proposito:

> "Se, sorgendo luminosa, risplende di un raggio nitido, annunzia bel tempo; se è rossastra, vento, se è nera si ritiene che presagisca pioggia per quindici giorni. Quando i suoi corni sono smussati, indicano la pioggia, se eretti e minacciosi indicano sempre vento, ma specialmente il quarto giorno. Il suo corno settentrionale, quando è appuntito e rigido, presagisce il vento del nord, quello meridionale l'austro, quando sono eretti entrambi, una notte ventosa. Un cerchio di color rosso acceso che circonda la Luna il quarto giorno annuncia vento o piogge".

> "Se al quarto giorno la Luna avrà i corni diritti, sarà annuncio di una grande tempesta sul mare, a meno che non abbia intorno a sé una corona, e questa corona sia pulita, poiché in questo modo rivela che non ci sarà maltempo prima della Luna piena.
> Se al plenilunio sarà limpida per metà, indicherà giorni di bel tempo, se sarà rosso vivo, venti; se nerastra, piogge. Se è circondata dalla nebbia o da un cerchio di nubi, soffierà vento dalla parte in cui il cerchio si rompe; se è cinta da due cerchi, il maltempo sarà più forte e ancora peggiore se i cerchi saranno tre, o neri, interrotti e lacerati.
> Se la Luna nuova sorgerà con il corno superiore scuro, provocherà piogge nella fase calante, se invece è scuro il corno inferiore, prima del plenilunio; se è oscurata la parte centrale, si prevede pioggia nel plenilunio. Se nel plenilunio la Luna avrà intorno un cerchio, il vento soffierà dalla parte in cui più intensamente esso brilla; se quando sorge i corni saranno più spessi del giusto, preannunziano una terribile tempesta. Se prima del quarto giorno la

Luna non si è mostrata quando soffia il favonio (lo zefiro) ci sarà maltempo per l'intero mese. Se al sedicesimo giorno apparirà violentemente infiammata, presagirà delle brutte tempeste".

✻ Gli influssi sismici

Oltre alle maree e agli influssi agenti sulla meteorologia aerea, anche la crosta terrestre sembra risentire dell'attrazione lunare, infatti l'idea che la Luna possa avere qualche effetto sulla sismicità del nostro pianeta appare oggi assai consistente. In effetti, la Luna causa delle "maree sotterranee" sul nucleo interno della Terra e, dall'urto di questa massa contro la crosta del globo terrestre, avrebbero origine i terremoti. L'effetto mareale della Luna, a livello del nucleo della Terra, risulta più debole rispetto a quello che influisce sulla superficie del pianeta ma, nonostante questa apparente contraddizione, diversi scienziati si sono occupati del fenomeno, convinti che esso presieda alla formazione dei sismi. Il noto matematico e fisico francese Siméon-Denis Poisson (1781-1840), ammetteva che la Luna fosse responsabile delle "maree sotterranee", indirizzando in questo senso le sue ricerche. Lo studioso Perrey, invece, cercò di trovare una connessione tra la frequenza dei terremoti e le posizioni della Luna. Prendendo in esame 47.790 scosse, riscontrò che queste presentavano un massimo al perigeo e un minimo all'apogeo, con due massimi nelle sigizie (novilunio e plenilunio) e due minimi nelle quadrature (primo e ultimo quarto).
Dalle ricerche dell'astronomo Johannes Friedrich Julius (1825-1884), che diresse l'Osservatorio astronomico di Atene, scaturirono alcuni dati estremamente interessanti, che comprovavano il palesarsi di un massimo di terremoti all'epoca del novilunio e un altro massimo due giorni dopo il primo quarto. Nel periodo di plenilunio, invece, si registrava una diminuzione di frequenza, con una minima nel giorno dell'ultimo quarto. Michele Stefano De Rossi (1834-1898), noto geologo e archeologo romano che si occupò a lungo di sismologia, al contrario, constatò che non esisteva una corrispondenza diretta tra le fasi lunari e le scosse sismiche, nonostante parecchie di queste si verificavano nel corso delle sigizie. A tale riguardo, è opinione diffusa che le fasi lunari possono favorire il manifestarsi del fenomeno, ma non provocarlo. Un altro studioso francese,

Perret, suggeriva che il massimo dei terremoti si verifica nelle quadrature, soprattutto quando queste coincidono con la Luna apogea e con minima declinazione. In tal modo il cedimento delle masse terrestri, per la diminuita attrazione, darebbe luogo a un aumento di pressioni laterali e di squilibri negli strati della Terra. Riguardo a queste probabili influenze, alcuni studiosi affermano che l'attrazione della Luna sugli strati terrestri potrebbe anticipare o addirittura provocare una rottura di equilibrio nelle rocce i cui strati, sotto la pressione dovuta alla contrazione della Terra, si trovano costantemente in equilibrio instabile, che tende a divenire stabile da un momento all'altro. Tra le numerose ipotesi avanzate, quella più probabile asserisce che la Luna, oltre alle maree oceaniche, origina nella crosta terrestre movimenti periodici che, in particolari circostanze, possono produrre una frattura nella crosta terrestre capace di dare luogo a una scossa di terremoto in coincidenza con speciali posizioni del Sole e della Luna. Alla luce delle teorie e delle osservazioni menzionate, si è giunti alla conclusione che, probabilmente, esiste una relazione fra la posizione della Luna, le maree e le scosse sismiche.

Probabili conferme

Riportiamo, a titolo puramente informativo, alcuni dati che in apparenza sembrano convalidare l'influenza del nostro satellite sulle scosse sismiche.

Nella Martinica molti terremoti si sono verificati nell'ora dell'alta marea. Il terremoto che distrusse Lima, il 28 ottobre del 1746, si ebbe alle tre del mattino, in concomitanza con l'alta marea. I terremoti in Perù sono più frequenti dopo l'equinozio d'autunno, cioè dopo le alte maree, le piogge e le tempeste equinoziali. Il terremoto di Reggio Calabria del 16 novembre 1894 si è manifestato con Luna perigea e le più forti repliche si sono prodotte sia nel perigeo sia nelle sigizie.

La rotazione della Terra e le maree

In tempi relativamente recenti, l'astronomo americano Ernest W. Brown (1866-1938) ipotizzava che la Terra, in un lontano futuro, sarebbe stata privata del suo movimento di rotazione intorno al proprio asse. L'astronomo francese Charles-Eugène Delaunay (1816-1872), studiando

l'accelerazione secolare della Luna, concluse che una parte di essa, non essendo spiegabile con la sola forza della gravitazione, era attribuibile a un effettivo ritardo del moto di rotazione della Terra causato dalle maree, le quali agirebbero alla stregua di un freno, lento ma costante. Come si può notare, questa tesi concorda in parte con il discorso di Brown, che immaginava un rallentamento graduale del moto terrestre.
Le maree, dunque, nel corso del tempo influirebbero sulla rotazione del nostro pianeta. Allo scopo di accertare la veridicità di tale asserzione, si pensò di confrontare un certo numero di osservazioni recenti con quelle più antiche, stilate da Babilonesi, Greci e Arabi.
Per raggiungere tale fine, Brown prese in esame ben 1500 ineguaglianze, o perturbazioni, che figuravano come eccezioni alle leggi di Keplero sul moto ellittico. Da questa ricerca l'astronomo estrapolò alcune considerazioni, ammettendo che, oltre al ritardo causato dalle maree, esistevano altre concause che contribuivano a generare un ritardo nella rotazione terrestre.
Si trattava di movimenti di masse nell'interno della Terra che, aggiunti all'azione delle maree, capaci di influenzare un lento e incessante assorbimento delle acque degli oceani da parte del globo terrestre, ne alimentavano il graduale rallentamento. Tale assorbimento degli oceani, con ogni probabilità, si produrrà tra molti milioni di anni, mentre il movimento di rotazione della Terra si estinguerà tra oltre 19 milioni di anni. Niente paura dunque!

✻ L'energia delle maree

Attualmente, non è così insolito che ricercatori e studiosi parlino di un metodo capace di sfruttare l'energia sprigionata dalle maree allo scopo di produrre enormi quantità di energia elettrica, tuttavia esistono pochissimi impianti preposti a tale mansione.
Quello che presenta maggiori possibilità di utilizzo è stato realizzato nell'estate del 1966 alla foce del fiume Rance, in Francia, e ha una potenza di 240.000 Kw. L'onda di marea, che risale l'estuario del fiume, passa successivamente attraverso una diga azionando un sistema di turbine,

dopodiché viene bloccata mediante chiuse. In seguito, quando la marea si abbassa, l'acqua è rilasciata e le chiuse della diga sono nuovamente aperte attivando ancora una volta le turbine.

In ogni caso, appare evidente che impianti di questo genere sono realmente efficienti solo se l'escursione di marea è notevolmente elevata, come si verifica, appunto, nel fiume Rance, dove il dislivello raggiunge gli 8,5 m. Proprio per questa ragione, da diverso tempo si pensa di costruire un impianto elettrico e collocarlo in un'insenatura minore della baia di Fundy, in Canada, dove l'escursione di marea raggiunge i 18 m.

Gli influssi lunari sulla vita

✳ Il corpo umano

Gli influssi della Luna fanno parte dell'antico retaggio dell'uomo e appartengono a quel sentire profondo che si colloca a cavallo tra realtà e leggenda, tra verità e immaginazione, ma rappresentano, soprattutto, lo specchio di quel mondo interiore che oggi è andato in parte perduto.
L'idea che gli astri potessero influenzare in qualche modo gli esseri umani si perde nella notte dei tempi e, fra tutti i corpi celesti, la Luna, con le sue fasi cicliche e il suo carico di mistero, da sempre si è dimostrata la più adatta a confermare tali supposizioni alimentando tutta una serie di credenze. Per questo motivo si pensava che l'astro notturno, mediante i suoi influssi, fosse responsabile di alcune patologie o, più semplicemente, che avesse il potere di rafforzare quelle già esistenti.
Ippocrate (460 circa-351 a.C.), uno dei più grandi medici del mondo antico, asseriva con convinzione che gli stati epilettici si manifestavano con maggiore frequenza nella fase di Luna piena o con la Luna nuova. Inoltre, egli considerava l'organismo come una unità e non come un insieme di organi; tale unità era in armonia e unione profonda con l'intero Universo. Ciò spiega perché, secondo il celebre medico, la Luna interagiva con certi stati psichici.
Plinio il Vecchio, nella sua opera *Storia naturale*, descriveva alcuni metodi per debellare le verruche e guarire l'epilessia. Si tratta di ricette magiche che, a una prima occhiata, possono lasciare perplessi; in realtà si rifanno al "concetto di analogia", tanto caro alla magia naturale. Una di queste ricette

prescriveva, per esempio, di mangiare all'aperto, durante la prima o la seconda fase della Luna, assieme al pane il cuore di un asino nero, maschio. A causa della sua natura umida, associata con l'elemento acqueo, la Luna è in stretto rapporto con il sangue quindi, attraverso questa sua peculiarità, è destinata a contrastarlo. Ecco spiegata la ragione per cui i medici di un tempo facevano ricorso all'astrologia, al fine di scoprire i periodi lunari propizi alla preparazione di medicamenti e per praticare salassi. Durante il Medioevo furono pubblicati numerosi almanacchi medici, nei quali era possibile scegliere il periodo migliore per prescrivere cure ed eseguire interventi. Alcuni di questi raccomandavano: "[...] di procedere durante il primo quarto, perché la Luna è allora di qualità calda e umida, come il sangue". Altri privilegiavano: "[...] la metà del terzo, perché gli umori non sono né repressi né in eccessivo fermento" (Jacques Despars, *Canone*, 1483).

Ai nostri giorni, è ancora vivo il convincimento secondo cui la Luna piena favorirebbe le emorragie, tanto che alcuni chirurghi, per tranquillizzare i loro pazienti, non esitano a posticipare la data degli interventi.

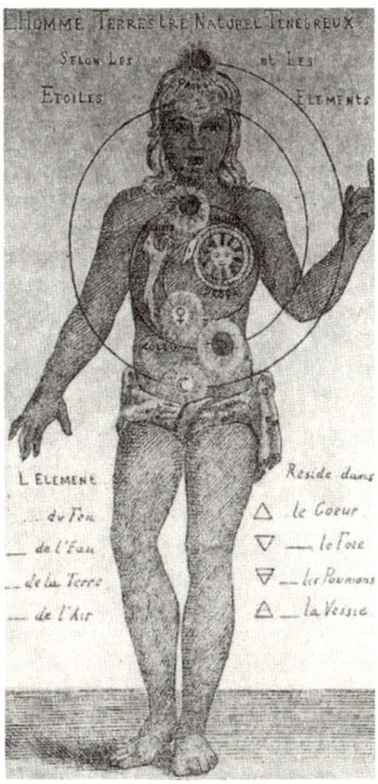

Antica stampa che mostra l'influenza della Luna e degli altri pianeti sull'organismo umano: in questo caso è mostrato l'apparato digerente

Apparato digerente

Per quanto riguarda l'apparato digerente, si è constatato che una netta recrudescenza di gastralgie, reflusso gastroesofageo, gastrite e duodenite si manifesta in corrispondenza della Luna piena e del perigeo, quando le condizioni atmosferiche subiscono un peggioramento, soprattutto se il Cielo, da sereno, improvvisamente diviene coperto e soffia un vento forte e umido.

Chi soffre di colite spastica, di colite ulcerosa e morbo di Crohn, è colpito da dolori addominali nelle giornate vicine al plenilunio, oppure in prossimità del perigeo.

Chi soffre di emorroidi, in particolare quelle interne, avvertirà maggiori disturbi verso l'ultimo quarto e la Luna nuova, anche se le condizioni atmosferiche si mostrano abbastanza buone.

Apparato emuntorio

Gli influssi lunari, a quanto pare, agiscono persino sull'apparato emuntorio, e cioè sul fegato e sui reni. Si è notato in tal senso che la punta massima, nei casi di ritenzione urinaria, viene raggiunta nei giorni in cui si avvicina il plenilunio, quando il tempo è caldo e secco. Inoltre, le coliche epatiche e quelle renali sono più frequenti nelle ore notturne o verso l'alba, specialmente quando la Luna è piena e, soprattutto, se è concomitante al perigeo e soffia vento forte misto a pioggia.

Apparato muscolo-scheletrico

Ogni genere di dolori connessi con l'apparato muscolo-scheletrico si intensificano nel momento del plenilunio e si aggravano ulteriormente se è concomitante il perigeo. Naturalmente, l'intensità delle algie si rafforza quando il tempo è umido e piovoso e caratterizzato da un vento estremamente intenso.
Per quanto concerne i dolori alle articolazioni, questi aumenteranno in misura rilevante in costanza di Luna nuova con apogeo e condizioni climatiche che mostrano Cielo coperto, pioggia e vento.
Il mal di denti, al contrario, incontra una fase acuta nel periodo relativo alla Luna calante, accompagnata da vento forte e secco capace, a quanto si dice, di eccitare le terminazioni nervose sensitive.

Apparato respiratorio

Gli episodi che coinvolgono l'apparato respiratorio, originando affanno e difficoltà nella respirazione, secondo una ricerca medica sono più frequenti nei giorni vicini al primo quarto, specialmente durante la notte e quando soffiano venti freddi e secchi; tutto ciò si verifica nonostante il Cielo sia sereno.

Le crisi di asma e di broncospasmo sono maggiormente attive nel periodo che intercorre tra l'ultimo quarto e la Luna nuova, specialmente se le condizioni atmosferiche mostrano un peggioramento e sono accompagnate da venti particolarmente forti.
Recrudescenze dell'edema polmonare, invece, si riaffacciano in modo particolare tra l'ultimo quarto e il novilunio. In questo caso il tempo risulta perturbato e affiancato da manifestazioni temporalesche.
Gli episodi relativi a tosse mista a sangue proveniente dalle vie respiratorie, definiti in gergo medico "emoftoe", si fanno più acuti e prolungati nei giorni prossimi al primo quarto e al perigeo, favoriti inoltre dal vento secco che spira dai quadranti settentrionali, con il Cielo sereno o scarsamente nuvoloso.

Disturbi associati a gravidanza e parto

I disturbi legati a gravidanza e parto, quali nausea, astenia, vomito e anoressia si accentuano, nelle donne particolarmente sensibili, nei giorni compresi tra il primo e l'ultimo quarto, quando il tempo è perturbato.
I parti, invece, aumentano nei giorni compresi tra il primo quarto e la Luna piena.
Disturbi circolatori cerebrali
I disturbi circolatori cerebrali acuti sono più frequenti durante la fase di Luna calante, mentre gli ictus sono facilitati a insorgere nella fase relativa al primo quarto, tanto in perigeo che in apogeo. Gli episodi di ischemia transitoria cerebrale, le embolie e le trombosi si manifestano con la presenza della Luna nella fase corrispondente al primo quarto, o verso il plenilunio.

Disturbi legati all'infanzia

Le cosiddette coliche gassose, generate dalla fermentazione intestinale nei lattanti, si accrescono notevolmente nel periodo che va dal primo quarto al plenilunio. Lattanti e bambini soffrono di insonnia e sono soggetti a incubi in vicinanza della Luna piena, specialmente in corrispondenza del perigeo.

Disturbi psicosomatici

Le famose "crisi di follia" psicotica aumentano sensibilmente nel periodo di plenilunio, soprattutto se il tempo è disturbato. Nei soggetti particolarmente instabili si possono originare episodi estremi tra il primo quarto di Luna e il plenilunio.

Epilessia

Tornando all'epilessia, o mal di Luna, si deve notare che la certezza di un influsso lunare nei confronti di questa malattia derivava dal fatto che non si conosceva, e tuttora non si conosce bene, l'origine di questo disturbo. Non a caso, quella che viene definita "epilessia idiomatica" (senza segni evidenti di alterazioni corticali), rimane anche oggi la diagnosi più diffusa, nonostante le ultime sofisticate tecniche di visualizzazione cerebrale quali la Tomografia Assiale Computerizzata (TAC), la Tomografia a Emissione di Positroni (PET) e la Risonanza Magnetica (RM).
Un tempo, in mancanza di una spiegazione connessa con gli stati neurofisiologici e neuropatologici, la superstizione faceva risalire i disturbi epilettici alla possessione diabolica. Segni evidenti, che legano questa malattia con gli influssi della Luna sul carattere e sull'umore di un soggetto, sono ancora presenti nel linguaggio attuale: una persona un po' bizzarra viene definita lunatica, mentre, viceversa, se è di cattivo umore si dice che ha la "Luna storta". Nonostante la medicina abbia cercato di dissipare le tenebre che originano questo modo di pensare, il potere della Luna sull'uomo è, indubbiamente, tuttora ritenuto possibile.

Malattie infettive, batteriche ed episodiche

Per quanto riguarda le malattie infettive come l'herpes simplex, l'herpes zoster (fuoco di Sant'Antonio) e altre, il dolore si farà più acuto e costante nei giorni di plenilunio e, più precisamente, verso l'ultimo quarto.
Le infezioni dovute ai funghi sono maggiormente attive e resistenti quando iniziano nel periodo compreso tra il primo quarto e il plenilunio. Il morbillo, la rosolia, la varicella, la mononucleosi e la scarlattina si intensificano durante il plenilunio e l'apogeo. L'orticaria, al contrario,

subisce un peggioramento nel periodo di novilunio. Per le vaginiti di tipo micotico, la fase critica si approssima nei giorni che intercorrono tra il plenilunio e l'ultimo quarto*.

Attività gravitazionale sui liquidi biologici

Gli influssi lunari, come spiegato, agiscono apparentemente sulla struttura organica dell'uomo, si comprende così il motivo per cui il corpo umano, essendo costituito per il 70% di acqua, non sfuggirebbe all'attrazione della Luna. In poche parole, il nostro satellite scatenerebbe mini-maree anche nei liquidi vitali che circolano nell'organismo. Persino le azioni, i sentimenti e i pensieri non potrebbero prescindere dalla Luna, se si considera che il plenilunio è in grado di rallentare la circolazione sanguigna. La Luna piena, inoltre, interferirebbe con il metabolismo della serotonina, una sostanza prodotta dal cervello che interviene in tutti i processi che regolano le reazioni emotive degli individui.

Secondo un ricercatore americano, il dottor Arnold Lieber, autore del libro *Effetto Luna*, una altissima percentuale di delitti, commessi dopo il 1955, ha avuto luogo proprio durante i tre giorni che precedevano e seguivano la Luna piena. Lieber, inoltre, afferma che la Luna, come del resto altri corpi celesti, detiene un ruolo importante finalizzato al mantenimento di un corretto equilibrio biologico tra l'essere umano e il suo ambiente. La "teoria delle maree biologiche" ci fa comprendere che l'aumento dei liquidi del corpo può produrre tensione nervosa e labilità emotiva, con le stesse modalità riscontrate nella sindrome premestruale, quando l'eccessiva ritenzione idrica favorisce mutamenti estremamente sensibili di umore e un cospicuo abbassamento della soglia allo stress e al dolore. Ciò significa che le manifestazioni aggressive, sia verso se stessi sia verso gli altri, divengono più frequenti soprattutto nei soggetti maggiormente

* Gli influssi legati alle patologie sinora elencate, pur provenendo da ricerche condotte in campo medico, sono ancora in fase sperimentale e, in parte, tuttora a livello solo teorico. Quello che, invece, è importante sottolineare è che tali studi partono da una approfondita analisi delle influenze lunari sull'organismo umano, sicuramente autentiche ma ancora poco conosciute. Si comprende, quindi, come non sia possibile pronunciarsi definitivamente a favore o contro tali ipotesi. I dati fin qui elencati sono stati tratti dal libro Meteoropatie e influenze lunari di S. Zanoni, medico chirurgo e docente, e dal libro Tutta colpa della Luna di A. Brugnoli.

predisposti. Sappiamo anche che gli enzimi e gli ormoni sono più attivi durante il plenilunio, tanto da causare un aumento di crisi ipertensive e aritmie nelle persone a rischio. Inoltre, è noto che i ritmi circadiani (ritmi biologici), che si verificano nell'arco di un giorno, sono influenzati dalla Luna in misura quasi totale, dato che il giorno lunare dura 24 ore e 48 minuti.

Cicli riproduttivi

Fin dalle origini si è associato il ciclo mestruale della donna con le diverse fasi lunari. Le fasi del ciclo mestruale, effettivamente, sembrano accordarsi con quelle dell'astro notturno e l'ovulazione pare ricadere, di norma, tra l'ultimo e il primo quarto. Presso alcune comunità dell'Oceania, si crede che la Luna stessa mestrui in corrispondenza del novilunio; per questa ragione si rende invisibile agli sguardi umani. Similmente, le donne di queste comunità devono tenersi in disparte nel corso del ciclo mensile femminile. Plinio il Vecchio scriveva che la Luna: "Riempie le cose al suo arrivo e le svuota quando se ne va". Sotto questo aspetto, il corpo della donna, che si colma periodicamente del sangue mestruale, potrebbe essere soggetto a tale ritmo. È bene ricordare, infine, che in numerose lingue l'etimologia rivela una corrispondenza tra la Luna e il mestruo, infatti, il termine mestruazione deriva dal latino *mensis*, che designa al tempo stesso il mese lunare e l'astro notturno.

Procreazione e maturità sessuale

La periodicità del ciclo lunare e del ciclo mestruale femminile ha dato adito a una probabile relazione tra le fasi lunari e la frequenza delle nascite. Considerando che l'ovulazione, di solito, è più assidua nel periodo di Luna nuova, è naturale spiegare un maggior numero di parti nella fase di Luna piena. Secondo l'opinione di alcuni studiosi americani, esiste un aumento della natalità in costanza di Luna piena, pari al 7-10%. Lo studioso e ricercatore Karl Ernst Krafft, intorno al 1920-1930, fu il promulgatore di una teoria astrologica all'avanguardia per quei tempi: tale teoria prese corpo dallo studio di ben 2.218 casi legati a partorienti. Grazie alle sue

ricerche, Krafft giunse alla conclusione che la Luna avrebbe agito alcune volte alla stregua di un fattore quasi inibitorio del parto e che, viceversa, in altre occasioni lo avrebbe favorito. Egli affermava, inoltre, che esisteva una sicura relazione tra il fenomeno del parto e lo spostamento eclittico della Luna. In Francia è stata condotta una ricerca capillare su un campione di circa sei milioni di nascite verificatesi tra il 1968 e il 1974. L'esito di questo sondaggio ha stabilito che sono nati un maggior numero di bambini tra l'ultimo quarto e la Luna nuova mentre, al contrario, il numero delle nascite risulta inferiore verso il primo quarto. Inoltre gli studiosi hanno constatato, attraverso l'analisi delle fasi lunari, che il mese più prolifico è maggio, mentre quelli meno prolifici sono settembre e ottobre.
Secondo una tradizione ormai radicata, la Luna è in grado di influenzare anche il sesso del nascituro, infatti, se il concepimento avviene durante la fase di Luna calante, per esempio, si può essere quasi certi che nascerà un maschio. Invece, se il concepimento avviene in costanza di Luna crescente, allora ci sono serie probabilità che venga data alla luce una femmina. Non esiste, ovviamente, niente di accertato in tale ambito, ciò nonostante molte persone sono fermamente convinte che l'intervento della Luna, volto a determinare il sesso dei neonati, è fondamentale.

Strutture cheratiniche

Tra le credenze che persistono da tempo immemore, quella che vede la Luna quale responsabile di una rapida ricrescita di peli e unghie è la più tenace. Infatti, si pensa che nel periodo di Luna crescente capelli, peli e unghie crescano con maggiore velocità, e, quindi, sarà meglio tagliarli nel corso delle fasi di Luna calante. Malgrado la stranezza di questa concezione, non è possibile dare un giudizio definitivo su tale argomento, poiché finora non è stata completamente provata l'infondatezza del fenomeno.

✻ Gli animali

Nel regno animale le cose non cambiano e gli influssi della Luna sembrano agire con eguale efficacia, dando vita a fenomeni sconcertanti.

Le pecore "nascoste" alla Luna

Negli *Atti di Lipsia* (Tomo XI, pagina 3332), è riportato un episodio, relativo alle influenze lunari, che merita di essere menzionato. Un medico, sapendo che il nome della Luna quale assistente ai parti era Lucina, decise di compiere un esperimento. Nel periodo di Luna calante fece coprire alcune pecore gravide. Il risultato fu sorprendente, infatti, i piccoli nati erano tutti di sesso femminile. Come abbiamo visto, di norma, nel periodo di Luna calante vengono partoriti soggetti di sesso maschile, mentre in questo caso, avendo coperto le pecore partorienti, nascoste quindi alla luce dell'astro notturno, si era verificato il contrario.
Il medico decise allora di effettuare una ulteriore prova così, in costanza di Luna crescente, coprì ancora una volta un gruppo di pecore gravide. Questa volta i nati erano di sesso maschile. I processi legati agli influssi lunari si erano invertiti, dimostrando la veridicità delle influenze della Luna.

Tali possibili influssi non erano sfuggiti all'occhio attento degli antichi, specialmente per quanto concerneva alcune specie di echinodermi, molluschi e crostacei. Aristotele diceva a riguardo che i ricci di mare, al tempo del plenilunio, mostravano gli ovari più sviluppati. Lucilio, morto nel 103 a.C. asseriva, invece, che la Luna favoriva la crescita delle ostriche e riempiva i ricci. Questa stessa teoria era condivisa da Orazio (65-8 a.C.), dall'astronomo Manilio (X secolo d.C.) e da Plinio. Il filosofo e scienziato francescano Ruggero Bacone (1214-1294), scriveva che durante il plenilunio persino i cervelli dei conigli, delle beccacce e dei buoi risultavano maggiormente colmi.
Verso il XX secolo, alcuni biologi hanno compiuto diverse osservazioni di una certa importanza su alcune specie di celenterati. Da queste ricerche è scaturito che la maturità sessuale di molluschi e crostacei si origina nel corso della Luna piena. In California, nello stesso periodo, si è potuta osservare una grande abbondanza di plancton delle acque dolci per le alghe, sempre in costanza di plenilunio. Altri animali marini fecondano durante le sigizie (novilunio e plenilunio). Tra questi il *Ceratocephale osawai*, molto comune nella città di Tokio e appartenente alla famiglia dei Nereidi. Si è potuto stabilire, inoltre, che le uova di un anellide, l'*Amphitrite ornata*, maturano nel periodo delle sigizie di giugno, luglio e agosto. In base a ulteriori indagini si è osservato anche che la fecondazione di un'altra specie,

la *Convoluta roscoffensis* (famiglia dei Platodi), ha luogo in primavera solo durante le maree sigiziali.
Nuovi studi, in seguito, hanno svelato altri segreti legati alla fecondazione, come nel caso di un sillide fosforescente che vive alle Bermuda, l'*Odontosyllis enopia*, il quale si riproduce nel mese di luglio, nell'ultimo quarto di Luna. Tra l'ultimo quarto e il novilunio, invece, si verifica la fecondazione di un diverso tipo di Nereide, la *Nereis irrorata*, mentre nel periodo connesso con il primo e ultimo quarto avviene la fecondazione di una specie già esaminata, l'*Odontosyllis*, nella Columbia inglese. Anche in Italia è stato rilevato il periodo di fecondazione di un Nereide nel Golfo di Napoli, il *Platynereis dumerilii*, che si verifica analogamente a quello dell'*Odontosyllis*, nel primo e ultimo quarto di Luna.

Luna piena di agosto: la notte dei coralli

La natura, con i suoi ritmi segreti, crea affascinanti forme di vita, specchio vivente di quella causa intelligente che presiede alla creazione, intima espressione della potenza generatrice: la splendida Barriera Corallina, formata da depositi calcarei prodotti da minuscoli polipi, fa parte di tali meraviglie. Si estende per circa 2000 km al largo della costa nordorientale dell'Australia, dallo stretto di Torres fino all'altezza della città di Mackai, lungo la costa meridionale del Queensland. Si tratta di una formazione calcarea unica al mondo, la cui straordinaria bellezza racchiude un impenetrabile mistero connesso con la riproduzione dei "polipi dei coralli". Ogni anno, quando la Luna piena rifulge di luce nel magico Cielo di agosto, durante la notte, seguendo un richiamo segreto, i minuscoli polipi emettono, in maniera sincronica, una nuvola subacquea composta di migliaia di miliardi di uova e sperma che, congiungendosi, danno vita a un numero incalcolabile di nuove creature. Cosa spinge i polipi ad agire all'unisono lungo i 2000 km di costa, entro un margine ristretto di tempo di appena qualche ora? È probabile che esista una forma di comunicazione, una sorta di linguaggio sconosciuto inaccessibile all'uomo, attraverso il quale si scambiano informazioni sott'acqua, a una velocità da capogiro. Un altro fatto singolare è che l'evento si determina una sola volta nel corso dell'anno, esclusivamente nel periodo in cui la Luna è piena e ad agosto. Perché? È evidente, in questo caso, che la Luna piena esercita un particolare influsso, ma per quale motivo solo quella di agosto? Ebbene, la scienza ancora oggi non è in grado di fornire una risposta esaustiva a questi interrogativi. C'è chi ipotizza che la Luna nel mese di agosto è più luminosa e più grande, ma ciò non spiega sufficientemente questo fenomeno, tangibile e rigorosamente documentato.

I granchi rossi dell'isola di Christmas

L'isola di Christmas, appartenente all'Australia, è un luogo ricco di fascino ed è situata nell'oceano Indiano, tra l'Australia e Giava, 350 km a sud di Giava e a 10° di latitudine a sud dell'Equatore. Qui si radunano i celebri granchi rossi, i *Gecarcoidea natalis*, conosciuti in tutto il pianeta. Le migrazioni di massa, che essi compiono allo scopo di riprodursi, sono spettacolari e arcane e il loro ciclo riproduttivo coincide in modo preciso con il ciclo lunare. Verso novembre, con il sopraggiungere della stagione delle piogge, oltre cento milioni di granchi rossi iniziano la loro avventura legata alla fase di riproduzione: essi si mettono simultaneamente in marcia partendo dall'interno della foresta, per poi inerpicarsi fino alla sommità di una collina alta 305 m. Giunti in cima, i granchi si dirigono nuovamente verso il basso con l'intento di raggiungere la spiaggia, originando così un immenso tappeto vermiglio che, in breve tempo, invade strade e insediamenti umani. I maschi sono i primi ad arrivare alla costa, con circa dieci giorni di anticipo sulle femmine. In questo lasso di tempo si ritemprano, scavano un nido e restano in attesa delle compagne. Terminato l'accoppiamento, le uova vengono rilasciate in acqua in un momento ben preciso, esattamente durante l'ultimo quarto della fase lunare. Nello svolgersi di poche ore tutto si compie lungo l'intera costa dell'isola, anche in questo caso in modo sincrono.

In merito a questo evento è stata avanzata un'ipotesi interessante: si pensa, infatti, che i granchi agiscano dopo avere ricevuto un segnale dalla Luna. La scienza, comunque, non ha ancora trovato una spiegazione plausibile e il mistero permane. Numerosi sono i documentari che mostrano la marcia dei granchi rossi dell'isola di Christmas e i pericoli a cui vanno incontro: per esempio, molti finiscono sotto le ruote delle automobili. Nonostante i rischi, i *Gecarcoidea natalis* vanno avanti imperterriti, seguendo un misterioso e irrefrenabile impulso che, nonostante gli ostacoli, fa proseguire loro il viaggio per incontrare la Luna e perpetuare la specie.

Il segreto delle cicale dormienti

Uno speciale tipo di cicala americana, la *Magicicada septemdecim*, racchiude in sé misteri insondabili. Questi insetti possiedono un duplice ciclo vitale: uno di tredici anni e l'altro di diciassette, riproducendosi con puntualità cronometrica ogni tredici o diciassette anni, secondo il ciclo al quale appartengono. Le larve della *Magicicada septemdecim* vivono questi interminabili periodi sotto terra, nutrendosi con la linfa delle radici di una pianta che le ospita, senza mai emergere. In seguito, nel corso di una sola notte, in genere nel periodo del plenilunio, milioni di larve di *Magicicada* americana lasciano il sottosuolo tutte insieme, uscendo in superficie; è interessante notare che questo fenomeno riguarda una fascia geografica che si snoda per migliaia di chilometri.
Una volta giunte all'aperto, le larve si tramutano rapidamente in ninfe e quindi in pupe, dopodiché si genera l'insetto adulto, che immediatamente si accoppia, depone le uova e perisce; successivamente il ciclo ricomincia. C'è da chiedersi come fanno queste cicale, trascorsi tredici o diciassette anni, a sapere quando è giunto il momento di uscire per accoppiarsi e, soprattutto, in quale modo riescono a comunicare tra loro.

L'INFLUENZA DEL "CICLO SAROS" E LE *MAGICICADA*

Nel capitolo dedicato alle eclissi, ci siamo occupati del "ciclo Saros" il quale, come si è visto, era già noto ai Caldei che ne osservavano la particolare ciclicità. Proprio tale ciclo, intimamente connesso con le eclissi, sarebbe il responsabile della fase riproduttiva delle cicale. Secondo questa tesi le larve, specialmente quelle legate al ciclo di diciassette anni, subirebbero il misterioso influsso prodotto dal procedere delle lunazioni, quindi, a un certo momento del ciclo, verrebbero risvegliate e spinte a uscire all'aperto al fine di riprodursi. Non esiste un riscontro oggettivo riguardo tale ipotesi, ma non vi sono per il momento neppure altre spiegazioni valide capaci di sostituirla.

✻ Gli abitanti del mare

Molte specie di molluschi, come già spiegato, depongono le uova in fase di Luna crescente e in prossimità del plenilunio. Secondo i ricercatori questa è la ragione per cui la madreperla fornita in questo periodo risulta migliore. Anche i pesci, a quanto sembra, subiscono queste influenze, come testimoniano alcune ricerche effettuate alle isole Palau. Tali esperimenti hanno dimostrato che molte varietà di pesci, più di cinquanta, depongono le uova il giorno del plenilunio.
Lo stesso avviene per i granchi che depositano le loro uova durante la fase di plenilunio. Il pesce *Grunion* della California (*Leurusthes tenuis*), incredibilmente, depone le sue uova esclusivamente nel momento in cui si verifica l'alta marea, vale a dire quando gli influssi della Luna si accentuano. Uno studio minuziosamente documentato sulle alghe unicellulari dimostra che la divisione cellulare avviene sempre intorno alle cinque del mattino o alle diciassette, precisamente quando la pressione atmosferica raggiunge il valore più basso della giornata, oppure è in diminuzione. Questo ritmo segreto e peculiare pare derivi dalla "marea atmosferica" causata dalla Luna.

Le lunazioni e la pesca

I pescatori più esperti sostengono che la pesca sarà più abbondante tre giorni prima e tre giorni dopo la Luna piena, specialmente se durante il plenilunio il tempo è sereno, il mare è tranquillo, la pressione atmosferica è elevata e non tira vento. I pesci, invece, devono essere puliti nella fase di Luna crescente, così manterranno tutta la loro energia e il loro vigore, consentendo anche a chi si nutre di quelle carni di beneficiarne.

Gli animali domestici

Nella realtà dei fatti non esistono veri e propri studi su questo argomento così affascinante, però, coloro che possiedono un animale domestico avranno certamente osservato in diverse occasioni alcune analogie tra le lunazioni e il comportamento dei loro amici a quattro zampe. I padroni più attenti si saranno accorti che durante il periodo di Luna crescente, specialmente nei giorni che precedono il plenilunio, gli animali mostrano una certa inquietudine e, allo stesso tempo, sono maggiormente attivi. Il cambiamento appare più evidente nei gatti, che in quei periodi riposano di meno e sembrano essere in preda a una strana agitazione. Ciò che colpisce è, soprattutto, quanto accade ad alcune specie di animali domestici nelle giornate vicine al plenilunio. Durante questa fase lunare, gli animali in questione vanno più frequentemente in calore, e in misura maggiore nei pleniluni di primavera. Del resto, è noto che gli animali, in modo particolare cani e gatti, mostrano una sensibilità fuori dal comune, che li porta a percepire con un certo anticipo temporali, nubifragi e terremoti. Inoltre, essi hanno particolarmente sviluppata una sorta di intuitività, anzi, per meglio dire, di percettività che consente loro di presagire anche i cambiamenti più lievi.

✻ Il mondo della natura

Superstizione e realtà, uniti a un antico sapere, si fondono tra loro per dare vita a quell'insieme di pratiche e di osservazioni finalizzate a dirigere e sfruttare l'influenza della Luna a beneficio dei lavori agricoli. Gli influssi della Luna sui vegetali ancora oggi godono di un vasto credito da parte del mondo contadino, di tanti agricoltori dilettanti e anche di erboristi esperti, che si basano sulle fasi lunari per coltivare e raccogliere le erbe officinali in date e stagioni ben definite, quando la Luna bacia con i suoi raggi e la sua energia il regno della natura.

Sfogliando i numerosi manuali di orticoltura "fai da te" e i classici "lunari" per agricoltori, ci rendiamo conto immediatamente che la prima raccomandazione, rivolta a chi si accinge a leggere, è quella di seguire fedelmente, e con estrema attenzione, non solo il corso delle lunazioni durante l'anno ma anche ogni specifico momento delle fasi lunari, in modo da portare avanti con precisione e cura le pratiche agricole quali: le semine, i trapianti effettuati nelle serre, le potature (in particolare quelle delle viti), il taglio degli alberi e tante altre ancora.

Secondo la tradizione, diffusa non solo in Italia ma anche nel resto d'Europa, tutto ciò che è in fase di crescita e di sviluppo deve essere curato sempre

in costanza di Luna crescente. Tutto quello che è attinente a una fase di decadimento, e quindi è prossimo a morire, al contrario si deve compiere inderogabilmente quando la Luna è nella sua fase calante.
Quali forze sottendono agli influssi che la Luna sembra sprigionare, influendo in maniera efficace sulle coltivazioni e specialmente sui teneri germogli appena spuntati dal seme? Cerchiamo di fare luce su questo mistero per capire quanto ci sia di vero in tali credenze.

La diafana luce lunare

Secondo alcuni studiosi, la luce della Luna, nonostante sia notevolmente ridotta, potrebbe innescare nei vegetali determinate reazioni fotochimiche, che migliorerebbero la crescita nei primi istanti di maturazione del vegetale, sia che si tratti di una pianta da giardino, sia di una pianta ornamentale o da frutto, un ortaggio e così via.

La forza delle "maree sotterranee"

Abbiamo già analizzato le "maree sotterranee" e il loro possibile coinvolgimento con i sismi. Alcuni ricercatori sostengono che queste maree, anche se lievi, potrebbero influire sulla maturazione del vegetale negli istanti che seguono il suo sviluppo, quando è ancora un morbido germoglio. Infatti, una volta uscito dal seme, esso è estremamente sensibile e soggetto alle più piccole variazioni del suolo. A ogni modo, non ci sono prove certe rispetto a questa teoria.

La forza gravitazionale

Altri studi hanno evidenziato un possibile effetto gravitazionale il quale, come esposto nella parte dedicata alle influenze lunari sulle patologie umane, è in grado di suscitare le "maree biologiche". Queste potrebbero originare un'azione stimolante ancora sconosciuta, capace di contribuire allo sviluppo del vegetale, dal seme alla piccola piantina, nei primi momenti di crescita.
È plausibile, inoltre, che le onde gravitazionali provenienti dalla Luna riescano ad agire già dentro il seme della pianta. In ogni caso, non esistono riscontri tangibili su tale ipotesi, anche perché una ricerca seria in questo

campo è stata messa in atto da pochi anni. Il mistero, quindi, rimane integro e gli interrogativi legati alla forza gravitazionale della Luna sono destinati, almeno per il momento, a rimanere insoluti.

Azione magnetica lunare

Il magnetismo della Luna potrebbe interagire in qualche modo nello sviluppo del vegetale, ma anche in questo caso si tratta solo di supposizioni. Del resto, le forze magnetiche presenti nell'Universo mantengono intatto il loro segreto, e gli scienziati stanno tentando da molto tempo di svelarne l'arcano. Per adesso, comunque, i progressi ottenuti in questo campo non sono sufficienti per fornire adeguate spiegazioni.

Microazione lunare, positiva e negativa

Gli influssi lunari, deputati a influire sulla crescita dei vegetali, si possono spiegare anche con l'intervento di una microazione positiva, sulle piante in accrescimento, durante la fase di Luna crescente, e di una microazione negativa nel periodo di Luna calante. Naturalmente anche questa teoria è ancora in fase di studio e di sperimentazione.

La Luna e i raggi infrarossi

Per la verità la seguente ipotesi è abbastanza remota, ma non impossibile, ed è sostenuta da diversi ricercatori esperti nel campo delle radiazioni elettromagnetiche (raggi infrarossi, ultravioletti, raggi X, onde radio ecc.), i quali hanno ipotizzato che un'azione di tipo infrarosso proveniente dalla luce lunare, specialmente nei giorni vicini alla Luna piena, può stimolare la crescita delle piante, in modo particolare nella fase che va dal seme allo sviluppo della neo pianta. Il concetto di base che sottende a tale idea è connesso con le peculiarità della luce solare, composta di varie lunghezze d'onda, che vanno dall'infrarosso all'ultravioletto, quindi, visto e considerato che la Luna riflette la luce del Sole, nulla vieta che essa sia egualmente scomponibile in analoghe lunghezze d'onda, dall'infrarosso all'ultravioletto.

L'auxina: il magico ormone e il fototropismo

Nel lontano 1880, il celebre Charles Darwin, attraverso una serie di studi approfonditi, dimostrò in maniera inequivocabile che gli apici vegetativi, specialmente quelli delle pianticelle che hanno pochi giorni di vita, si piegano immancabilmente verso la fonte di luce a loro più vicina. Questo fenomeno, denominato fototropismo, è generato dall'azione di un ormone vegetale, l'auxina, che provoca un accrescimento differente sui due lati della pianta.

L'ormone, in effetti, è reso parzialmente inattivo sul lato della pianta illuminato dalla luce, permettendo la crescita solo sul lato opposto, quello che rimane in ombra; ciò spiega perché la pianta tende a piegarsi verso la luce. Attraverso questo processo ormonale, le piante cercano di sfuggire all'ombra che sembra ghermirle, specialmente quando si trovano in una vegetazione particolarmente fitta, oppure quando sono più basse rispetto ad altre, come accade nelle foreste tropicali.

All'interno di tali foreste si trova una quantità notevole di piante, alcune basse, altre molto alte.

Tra queste, determinate specie sono contraddistinte da una crescita lenta oppure, al contrario, da una crescita veloce.

Il fototropismo stimolato dal Sole è chiamato eliotropismo, mentre quello che, con ogni probabilità, scaturisce dalla Luna è detto selenetropismo.

Il geotropismo

Le piante presentano anche altri generi di tropismo, come il geotropismo positivo, che si verifica nel corso della germinazione del seme, quando la radichetta tende a piegarsi verso il basso, indipendentemente dalla posizione in cui è stato piantato il seme.

Questo fenomeno è causato dalla forza di gravità e permette alla pianta di ancorarsi saldamente al suolo.

Il giovane fusto, viceversa, presenta un tipo di geotropismo negativo, piegandosi nella direzione opposta a quella in cui agisce la forza di gravità. Le radici della pianta ormai adulta mostrano una forma di tropismo denominata idrotropismo, perché crescono in direzione dell'acqua.

I possibili tropismi generati dalla Luna, mediante le diverse fasi, sono potenziati dalle condizioni generali o locali dell'atmosfera. Queste ultime effettivamente possono determinare un maggiore o minore assorbimento della radiazione lunare, in base al grado di umidità, soprattutto a livello del suolo. Altro fattore incidente è costituito dalla caligine o dalla foschia più o meno densa.

Le alchimie dell'astro notturno

Addentriamoci adesso nel magico regno della semina e delle fasi lunari, deputate a influire su questa antica pratica contadina. All'interno di questo mondo esistono opinioni differenti riguardo al periodo più propizio per eseguire il lavoro: alcuni, per esempio, consigliano di piantare e seminare durante il novilunio, dato che in questo modo il seme, o la pianta, possono beneficiare dell'intero periodo di fase crescente, giungendo così alla fase di Luna piena (periodo di pienezza, ciclo compiuto). Anticamente, il periodo contemplato per la semina e la collocazione nel terreno delle piccole piantine era diverso, come testimonia il grande poeta latino, e iniziato ai Misteri, Virgilio (70 a.C.-19 d.C.), che nella sua opera dedicata alla coltivazione dei campi, le *Georgiche*, suggeriva di piantare la vite nel settimo giorno di Luna crescente. Il poeta greco Esiodo, (VIII-VII secolo a.C.), asseriva che il nono giorno è quello adatto per piantare, mentre nel tredicesimo è sconsigliato seminare. Nel diciassettesimo, dopo la Luna nuova, è invece possibile tagliare. Altri autori, a loro volta, sono del parere che

Antica miniatura medievale che raffigura un contadino intento alla semina

per avere meloni, angurie e alberi con abbondante frutta è indispensabile seminarli e piantarli in fase di Luna calante. Numerosi contadini sono convinti che lo sviluppo erbaceo del frumento raggiunge il suo apice quando la semina si verifica nella fase di Luna nuova, in tal modo, però, si produce molta paglia e poco grano. Per questa ragione, ancora oggi, si attengono alla regola che vieta loro di seminare durante il plenilunio.
Plinio il Vecchio, nella sua opera più nota l'*Historia naturalis*, affermava che il grano da vendere doveva essere raccolto nel corso della Luna piena, poiché nel periodo che precedeva il novilunio, il grano aumentava di volume, quindi, si poteva ricavarne un guadagno maggiore. Il grano che il contadino intendeva conservare per sé, invece, andava raccolto nella fase di Luna nuova giacché, durante questa lunazione, si presentava esente da tarli e da corruzioni.
Anche la raccolta di fiori prevede una rigida osservazione dei periodi lunari. Ci viene detto che le stagioni migliori per coglierli sono la primavera e l'estate, a metà giornata e con la Luna crescente. Presso i floricoltori vige un'usanza che garantisce fiori più belli e profumati: piantarli quando la Luna è crescente. Le foglie, al contrario, si raccolgono tutto l'anno, preferibilmente al mattino e con la Luna crescente. L'ortica, unica eccezione, va raccolta con la Luna calante. È interessante sapere che le operazioni volte a conservare la frutta all'interno degli appositi contenitori (solitamente barattoli di vetro) vanno compiute, sempre secondo la tradizione, quando la Luna è calante, visto che con la Luna crescente si rischia la putrefazione.
Per fare crescere piante molto vigorose, e di rapida vegetazione, si deve piantare il seme nei primi giorni che seguono la Luna nuova. In questo modo, tuttavia, la fruttificazione risulta alquanto ridotta; per questo motivo i contadini evitano di seminare le biade nei primi giorni del novilunio. In tale periodo, infatti, le patate mostrano begli steli ma pochi tuberi. Lo stesso procedimento si deve osservare per le cipolle, che nascono senza produrre tuberi. Le patate, inoltre, si mantengono più a lungo se sono raccolte durante la fase di Luna calante, o, meglio ancora, dopo l'ultimo quarto, precisamente quasi al termine della lunazione.
Il fieno dovrebbe essere tagliato con le medesime modalità, cioè con la Luna in fase discendente e con il tempo asciutto, altrimenti in breve potrebbe guastarsi.

✳ La sapienza del taglio degli alberi

La passione, l'amore e l'esperienza di una cultura secolare, che da sempre viene tramandata oralmente da padre in figlio, sono gli ingredienti ideali per eseguire con sapiente maestria il taglio degli alberi. Questa operazione così delicata, che contempla una notevole perizia, va eseguita con la Luna calante e nei mesi più freddi, altrimenti si rischia di avere legna di qualità inferiore, non buona da ardere e più esposta ai tarli.
La spiegazione di questa credenza nasce dal fatto che le piante si nutrono e crescono per mezzo della linfa, che dal terreno sale lungo i vasi del fusto e dei rami, diffondendosi in seguito in tutta la pianta, quindi, se il Sole la riscalda i vasi si dilatano, permettendo un costante flusso di linfa, che va a integrare la sostanza vivificante, cioè l'elemento primario che compone la pianta.
Al sopraggiungere della notte, se la Luna è alta sull'orizzonte (in particolare nelle chiare notti di Luna piena), essa contribuisce, con il suo tenue calore, a mantenere ancora per qualche tempo quel lieve tepore che permane nell'aria fino a qualche ora dopo il tramonto, di modo che il flusso della linfa, nonostante sia notevolmente rallentato, continua a scorrere attraverso i vasi, che inizieranno a chiudersi con il tramontare della Luna, impedendo in tal modo il passaggio del liquido. Se, al contrario, la Luna è assente nel momento in cui il Sole tramonta, una quantità minore di linfa entra nella pianta.
Nel caso in cui la Luna sorge sopra l'orizzonte parecchie ore dopo il tramonto, il suo debole calore non sarà sufficiente a impedire il raffreddamento della linfa e questo spiega perché le erbe e le piante crescono con maggiore abbondanza con la Luna crescente piuttosto che con quella calante.
Per questi motivi il taglio delle piante va eseguito principalmente durante l'inverno, e mai al principio dell'autunno o in primavera. Anzi, in primavera le piante non andrebbero mai potate, nemmeno nel periodo di Luna calante, perché l'afflusso della linfa al tronco e ai rami è, comunque, molto intenso. In inverno, viceversa, il terreno fornisce una quantità ridotta di linfa alla pianta e, di conseguenza, il legno diventa più consistente e pesante.

La raccolta di funghi

Nemmeno la raccolta di funghi sfugge alla tradizione correlata con le fasi lunari. Il momento migliore per coglierli è l'autunno, nelle prime ore del mattino, quando il tempo è ancora caldo e umido, possibilmente dopo un temporale notturno e con la Luna al primo quarto.
Nel periodo di Luna calante la raccolta è vivamente sconsigliata, specialmente se in quel periodo il vento soffia con forza.

✻ Fasi lunari e vinificazione

Sono molti gli enologi convinti del fatto che esista una relazione tra le fasi lunari e la lavorazione del vino. In base a tale concezione questi esperti ritengono che, se si imbottiglia nel periodo lunare sbagliato, il vino perde le sue qualità organolettiche, tipiche di quella specifica vigna o di quel dato ambiente.
Nel travaso del vino i contadini si attengono in maniera rigorosa all'antica regola della Luna calante e, come accade per il taglio degli alberi, quasi tutti eseguono tale operazione nella tarda stagione invernale.
Alcuni compiono questo lavoro in gennaio, altri tra febbraio e marzo, quando si origina il passaggio tra la Luna vecchia (la Luna che si sta avviando verso la fine) e la Luna nuova (la Luna che inizia di lì a qualche giorno), in questi casi si parla della Luna di gennaio, anche se essa termina a febbraio, e così via. L'imbottigliamento, inoltre, va compiuto nelle giornate tiepide, serene e in assenza di vento. Il periodo ottimale è quello connesso con la Luna di marzo.
Il vino va travasato e imbottigliato sempre nella stagione fredda, perché con la bassa temperatura, all'incirca 15 °C, esso si libera spontaneamente dal sedimento, mantenendo in tal modo solo la parte liquorosa.
Se il lavoro si esegue in primavera, o peggio in estate, quando le temperature superano i 25 °C, il vino contenuto nelle grandi botti, proprio a causa del caldo inizia a fermentare eccessivamente e, come si dice in gergo "incomincia a bollire". Così facendo il sedimento tende a mescolarsi con il vino puro rendendolo torbido e alterando tutte le sue proprietà organolettiche.

✳ I magici influssi della Luna Rossa

La Luna Rossa è un fenomeno molto particolare, che rientra in quella forma di credenza popolare, o saggezza contadina, ancora oggi assai diffusa. Riguardo tale evento, si racconta che il re di Francia Luigi XVIII, incuriosito dalle voci che circolavano intorno a questo influsso lunare, si rivolse ai suoi astronomi più valenti allo scopo di ottenerne chiarimenti. I membri dell'Ufficio delle Longitudini, di cui il noto astronomo Pierre-Simon de Laplace (1749-1827) era il massimo esponente, non riuscirono a fornire nessuna notizia valida in merito all'azione della Luna Rossa sui raccolti. In seguito, il direttore dell'Osservatorio Astronomico di Parigi, Dominique-François Arago (1786-1853), si mise al lavoro per cercare notizie esaustive su questo fenomeno, che non era contemplato nei volumi della *Conaissance des temps*, il testo ufficiale che conteneva tutte le notizie possibili legate alle teorie astronomiche. De Laplace, che aveva scritto un libro completo sulla Luna, ma tuttavia non aveva mai sentito parlare della Luna Rossa, decise di affiancare Arago per contribuire alla soluzione dell'enigma, quindi, entrambi si recarono nuovamente dal re con i risultati delle loro ricerche. Spiegarono che i giardinieri, interrogati su tale credenza, chiamavano Luna Rossa la lunazione che aveva inizio dopo Pasqua. Sempre secondo i giardinieri, la luce della Luna nel mese di aprile e di maggio esercitava un'azione nociva sui giovani germogli delle piante. Essi affermavano, in tal senso, di avere osservato che in quel periodo, quando il Cielo era sereno, le foglie e le gemme esposte a quella luce si arrossavano, cioè gelavano, nonostante la temperatura si mantenesse di parecchi gradi sopra lo zero. Inoltre, aggiunsero che se il Cielo era coperto arrestava i raggi dell'astro, impedendo in tal modo che questi giungessero fino alle piante. Tali effetti, tra l'altro, non si manifestavano a parità di temperatura. Il fenomeno in questione, a quanto pare, sembra indicare che la luce lunare sia dotata di un certo potere "refrigerante". Scientificamente, comunque, non esistono prove concrete atte a confermare la realtà di detta ipotesi. Durante questa lunazione, in ogni caso, si è potuto constatare che i germogli, in particolare quelli degli alberi da frutto, a causa del gelo assumono una caratteristica colorazione che va dal rossastro al violetto. Il fenomeno si nota con chiarezza negli alberi da frutto in fiore, alti più di due metri.

Sotto i due metri, i fiori sono completamente appassiti e rossastri, mentre al di sopra l'albero appare perfetto.
Nonostante non vi siano riscontri scientifici, gli agricoltori continuano tuttora ad applicare gli insegnamenti legati alla Luna Rossa, ricevuti in eredità e tramandati da generazioni, ottenendo eccellenti risultati.

✳ Il lunario: simbologia delle XIII lune

Il lunario è uno strumento straordinario che contiene al suo interno consigli e previsioni legati alle diverse lunazioni, ma, soprattutto, indica le fasi propizie per i lavori nei campi.
Le origini dei lunari risalgono al XVII-XVIII secolo, ciò nonostante ai nostri giorni esistono e si stampano ancora. Il successo che riscuotono sembra non esaurirsi mai e alcuni di questi particolari *vademecum* hanno raggiunto tirature ragguardevoli, anche grazie agli aspetti astrologici e zodiacali in essi trattati.
Esistono, tuttavia, una serie di significati nascosti correlati con certi momenti astrali, che non si trovano all'interno dei normali lunari. Questi elementi simbolici sono stati elaborati nel Medioevo, epoca in cui la classificazione delle lunazioni aveva assunto una certa importanza. Per questo motivo, le XIII lunazioni che presentiamo fanno capo al periodo medievale, quando la Luna assumeva contorni misteriosi e magici. A prescindere dai riscontri scientifici, tali catalogazioni erano considerate veritiere e apportatrici di un'antica sapienza.
Abbiamo aggiornato, comunque, alcune notizie relative alle diverse patologie connesse con le lunazioni, utilizzando un linguaggio più attuale. Inoltre, ci è sembrato giusto segnalare alcune festività magiche, che rientrano da sempre nell'ambito della tradizione esoterica.

I) Lunazione di primavera (marzo)

Questa lunazione si origina con la Luna nuova di marzo e si conclude con quella di aprile. Favorisce il fluire della linfa vitale nei tessuti vegetali apportando vigore nelle piante e liberandole degli involucri protettivi. In questo periodo fioriscono i pruni, sbocciano le rose, le betulle e i faggi. In seguito, fioriscono anche platani, castagni, noccioli e gran parte delle specie da frutto. Gli influssi della Luna di primavera assumono valenze negative in coloro che sono predisposti in tal senso. Tra i sintomi associati con il periodo lunare in questione troviamo depressione, astenia, abulia, melanconia. Su soggetti diversi, invece, può esercitare un'azione tonificante e stimolante, specialmente a livello del sistema neurovegetativo, innescando in alcuni casi anche un'azione afrodisiaca.

II) Lunazione della foresta (aprile)

La lunazione di aprile presiede al risveglio della campagna. In questo periodo fioriscono le camelie, i rododendri e le magnolie. L'erba sui prati assume un colore verde smeraldo e diviene rigogliosa. Le piante da frutto sono tutte in fiore. Inizia il ciclo della rinascita. La Luna Rossa è attiva proprio in questo mese e con la fase calante è opportuno dedicarsi al taglio delle siepi, alla potatura degli alberi e delle viti. Inoltre, i fiori colti durante la lunazione della foresta, nella fase decrescente, si mantengono freschi più a lungo. Il rinnovamento si estende anche all'organismo umano, che beneficia di una salutare ricarica energetica e di un generale rinnovamento. Le energie che sono andate perdute vengono reintegrate.

III) Lunazione della ricchezza (maggio)

È la Luna dell'abbondanza che esprime valenze legate alla fecondità e alla fertilità. La campagna si colora di mille cromaticità e il pericolo delle gelate notturne è solo un brutto ricordo. Profumi inebrianti si espandono nell'aria e la linfa scorre copiosa nei fusti, nei rami, nelle corolle e nelle radici. È un periodo magico importante, perché la lunazione della ricchezza si manifesta nei tempi del solstizio d'estate, data particolare secondo la tradizione esoterica, durante la quale si officiano i riti del risveglio interiore. Fioriscono peonie, tulipani e lillà. In costanza di Luna crescente si possono seminare tutte le specie erbacee annuali. L'organismo umano si risveglia e si ricostituisce tanto a livello fisico quanto a livello psichico. L'ottimismo sembra regnare sovrano, allontanando gli stati depressivi.

IV) Lunazione dei prati (maggio-giugno)

È una delle fasi più significative per la vegetazione, la quale si accresce sotto l'influsso di questa Luna che interagisce con il solstizio d'estate. La natura rigogliosa è al culmine del suo splendore e della sua attività. Le piante da fiore sono estremamente attive e, a causa dell'accelerazione del loro bioritmo, fioriscono e sfioriscono con la medesima velocità. In fase di Luna calante è consigliabile seminare le piante erbacee da fiore biennali. Per quanto riguarda le attività umane si concretizzano i cambiamenti, fioriscono i progetti e le persone anziane subiscono una sferzata di energia. I bambini sono ricolmi di vitalità e di ottimismo.

V) Lunazione d'oro e d'argento (giugno)

Questa lunazione allude al tempo dell'oro e dell'argento, i due metalli legati rispettivamente al Sole (oro) e alla Luna (argento). È il momento del raccolto delle messi, il periodo più importante per quanto riguarda la vita nei campi. La Terra si prepara a offrire i suoi frutti, i semi sono giunti all'apice della maturazione e le messi dai riflessi dorati e argentei ricoprono i campi. Il buio dell'inverno è ormai lontano e il calore irradia ogni cosa. La mietitura si esegue nei giorni che intercorrono tra la Luna piena e l'ultimo quarto. Il raccolto, in seguito, verrà messo al sicuro per la stagione invernale e ciascun essere umano potrà usufruire delle benefiche vibrazioni che si sprigionano dalla natura in festa.

VI) Lunazione del Sole (luglio)

Il Sole in questo periodo è all'apice del suo vigore, il caldo investe ogni cosa e la luce permea con la sua energia la natura, gli animali e gli uomini. Nonostante il benefici influssi, l'eccessiva temperatura (in alcuni casi può raggiungere i 40 °C durante il giorno), accompagnata da un'eccessiva umidità suscita nell'organismo umano nausea, depressione e quant'altro. Nei soggetti particolarmente predisposti, inoltre, può ingenerare anche un collasso cardiocircolatorio.
L'attività vitale delle piante è leggermente rallentata, la linfa è colma di energia e fluisce con meno impeto rispetto alla stagione primaverile.

Durante la notte la vegetazione accumula abbondanti scorte di energia in modo da prepararsi al prossimo autunno.
Nel corso di questa lunazione è possibile espletare le diverse operazioni sulle piante senza temere di provocare danni, grazie al rallentamento dell'attività della pianta stessa. Si consiglia pertanto di effettuare travasi, trapianti e tagli di riordino. Le giornate sono più lunghe e consentono di sfruttare appieno i momenti di svago e di relax, dedicandosi a piacevoli attività all'aria aperta.

VII) Lunazione del fuoco (luglio-agosto)

Questo nome così affascinante e ricco di suggestione si deve alle tonalità di colore che vanno dal rosso fuoco al bruno, tipiche di molte piante che, in tale periodo, assumono le cromaticità descritte. La natura fiammeggiante è un tripudio di forme e di luce, una vera e propria fusione di tinte, in cui il giallo delle erbe seccate dal Sole contrasta con il verde carico dei prati lussureggianti. In costanza di Luna calante si può riordinare il terreno, spargere il concime e preparare ogni cosa per il lungo riposo invernale delle piante.
È anche il tempo giusto per raccogliere le noci, le mandorle e le prime castagne. E non solo: è il momento ideale per l'organismo umano di prepararsi alla stagione invernale.

VIII) Lunazione degli aromi della campagna (agosto-settembre)

La lunazione che stiamo per descrivere deve il suo nome alle piante fragranti che profumano la campagna, conferendo alla natura un soave e inebriante effluvio. Si avvicina l'equinozio di autunno, altra data magica utilizzata dalla tradizione esoterica al fine di immagazzinare la luce interiore e allontanare le ombre insidiose della notte, simboleggiata dall'inverno che si approssima.
La natura si dispone per l'inverno accumulando le energie restanti del periodo estivo. L'attività lunare si intensifica grazie alla grande Luna di agosto. Si sconsiglia di cogliere fiori in questo periodo, perché appassirebbero nel giro di un giorno o due.

IX) Lunazione delle braccia tese (settembre-ottobre)

Questa lunazione prende il suo nome dall'aspetto che i rami degli alberi assumono in tale periodo, infatti, essendo ormai spogli essi ricordano in qualche maniera le braccia protese verso l'alto, spettrali figure che sembrano anelare alla luce. Luce che tra breve sarà ghermita dal tenebroso inverno. Nel corso di questa lunazione è bene portare avanti i lavori di giardinaggio, naturalmente in fase di Luna calante. L'organismo umano, per affrontare i rigori dell'inverno, dovrà essere rinforzato assumendo sali minerali, pappa reale, propoli, miele e preparati multivitaminici.

X) Lunazione dell'alchimia (ottobre)

Questa lunazione, dalle valenze magiche conferite dalla luce della Luna, più alta in Cielo dopo il predominio estivo della luce solare, racchiude in sé particolari simbolismi. Il 31 ottobre si celebra la festa occulta di Samhain, meglio conosciuta come Halloween.

In origine, la notte di Halloween era una festività celtica chiamata appunto Samhain dai Druidi, i sacerdoti di questo popolo. Durante questa ricorrenza i Druidi celebravano riti segreti e si pensava che il confine tra il tempo, lo spazio e le sue leggi fosse momentaneamente sospeso, consentendo al regno degli spiriti di interagire con quello degli uomini. Streghe, demoni e spiriti dei morti, secondo questa tradizione, si aggiravano sulla Terra. Per tale motivo, alla vigilia del 1° novembre, i Celti accendevano grandi falò con l'intento di spaventarli e tenerli lontani.

La festività di Samhain era anche legata alla celebrazione del raccolto. Con il tempo i Cattolici se ne appropriarono, trasformandola nel giorno di Ognissanti, o in inglese *All Hallows' Day*.

Nel corso della lunazione alchemica, la linfa inizia a rallentare la sua attività e le piante, poco a poco, vengono vinte dal sonno letargico invernale. Gli influssi della Luna in questo periodo raggiungono le profondità della Terra, e se la sua luce è limpida e brillante è probabile che il raccolto sarà anche abbondante. L'organismo umano, alla stregua delle piante, necessita di un po' di riposo da alternare alle attività quotidiane. Anche gli agricoltori rallentano il ritmo di lavoro quel tanto che basta per rilassarsi, prima di riprendere le occupazioni agricole all'aperto, all'inizio della primavera.

XI) Lunazione del sonno (novembre-dicembre)

È il momento in cui tutta la campagna cade in un profondo letargo. La linfa ormai ha quasi cessato il suo moto antigravitazionale. Le piante da appartamento devono reagire al torpore invernale e difendersi dal calore artificiale, che in qualche modo può alterare il consueto ciclo vitale. In fase di Luna crescente è consigliabile esporre le piante alla luce lunare, che con la sua energia è in grado di aiutarle a superare meglio la crisi invernale. Nel mese di novembre la tradizione esoterica espleta i riti originari del simbolismo esseno ed egizio, legati all'ascesa spirituale e alla preparazione per il ritorno della luce, fugata dalle tenebre della lunga notte invernale. In questo periodo monta la lugubre marea oscura e i riti, eseguiti in costanza di Luna crescente, aiutano a non lasciarsi avvolgere dalla stagnazione energetica.

XII) Lunazione del sogno (dicembre-gennaio)

Questa lunazione allude al sonno invernale e al prossimo risveglio primaverile. La linfa si prepara a riattivarsi e attende il Sole che la riporterà alla vita. Le piante sono ancora in uno stato letargico e anch'esse attendono il fluire della linfa che le farà rinascere.
A dicembre si festeggia il Natale, festa che originariamente era connessa con la nascita del dio persiano Mithra, divinità solare dispensatrice di fertilità, impegnato nella lotta contro l'oscurità simbolo del Male. Egli era legato ad Ahura Mazda, il dio della luce del quale rappresentava l'occhio vigile. È interessante notare che Mithra nacque in una grotta il 25 dicembre, la stessa data utilizzata in seguito, indicativamente, per collocare nel tempo la nascita di Gesù.
Il mitraismo rappresentava per i fedeli lo spirito di fratellanza e la purezza dell'anima, che in tal modo poteva aspirare alla vita eterna. In questo periodo l'organismo umano gradualmente si prepara al nuovo ciclo vitale che si approssima dopo l'inverno.

XIII) Lunazione dell'occhio che si chiude (febbraio)

L'ultima lunazione riveste notevole importanza, poiché segna il passaggio che porta dalla letargia invernale al completo risveglio primaverile. Si

chiude così il ciclo oscuro e ci si approssima a quello luminoso. Il nome di questa lunazione allude proprio all'occhio che si chiude, infatti, rappresenta la conclusione o chiusura del ciclo invernale, del gelo e del lungo sonno che ha avvolto uomini, animali e natura.
È il momento giusto per potare le viti, le rose e gli alberi danneggiati dal freddo. In costanza di Luna crescente si eseguono i riti attribuiti dalla tradizione esoterica al sorgere del Sole spirituale, nell'intimo dell'animo umano.
La rinascita e il risveglio si stanno palesando. Gli esseri umani escono dall'oscurità e aspettano la luce. I riti in questione si officiano a fine febbraio, o meglio ancora, dal 21 al 27 marzo. Fioriscono le piante e il nuovo anno della Luna sta per incominciare. Un nuovo giro intorno alla Grande Madre, la Terra, attende l'astro argenteo, con il suo perpetuo divenire, specchio delle eterne XIII lune.

✳ Lunazioni zodiacali

Quanto ci apprestiamo a esporre fa parte di quella concezione astrologica che fonde insieme influssi lunari e segni zodiacali. La tradizione che presiede a tali credenze non ha nulla di scientifico, nel senso che non esistono riscontri precisi in tale direzione.
Anticamente, comunque, detti influssi erano accettati e tenuti in grande considerazione, non saremo noi quindi a criticare queste conoscenze; del resto, il nostro compito non consiste nell'approvare o denigrare determinate pratiche.
Lo scopo del libro è di divulgare seriamente tutto ciò che concerne la Luna, mettendo al servizio del lettore la nostra esperienza e competenza, ma lasciandolo, in ultima analisi, libero di crearsi un giudizio personale, svincolato da qualunque pregiudizio o imposizione.
Noi indicheremo una strada e cercheremo di guidare coloro che sono interessati ad approfondire il tema in questione. Tutto il materiale trattato, in ogni caso, è stato accuratamente selezionato, al fine di offrire quanto di meglio è stato formulato in tempi diversi, vecchi e nuovi, sull'affascinante mondo degli influssi lunari.

Luna in Ariete

I giorni dell'Ariete sono giorni fertili, contraddistinti da una energia ascendente. La Luna in Ariete consente di seminare e piantare tutto ciò che deve crescere in fretta e va consumato in tempi brevissimi. In questo periodo si possono innestare gli alberi da frutto, nella fase di Luna crescente. Inoltre, si possono raccogliere e immagazzinare cereali.

Salute e influssi sull'organismo

Per quanto riguarda il corpo umano, le energie dell'Ariete, potenziate dalla Luna, influiscono sulla zona della testa fin sotto il naso. Quanto farete in questi due o tre giorni per la regione della testa, degli occhi e del naso, avrà un effetto doppiamente benefico e preventivo.

Luna in Toro

Le energie terrigene connesse con il Toro, in questo periodo sembrano alleggerirsi grazie alla Luna che transita nel segno. La Luna in Toro favorisce le attività legate alla semina e permette di piantare alberi, arbusti, siepi e verdure ipogee. L'influsso lunare, in sinergia con il Toro, determina un rallentamento. Per questo motivo tutto cresce lentamente e in maniera duratura. I frutti da raccolto sono ottimi da conservare ed è il momento ideale per preparare conserve e scorte di verdure ipogee, quali patate e carote.

Salute e influssi sull'organismo

La Luna nel segno del Toro influenza la regione della mandibola e del collo. A essa appartengono denti, mascelle, orecchie, laringe, corde vocali, gola, nuca e anche tiroide. In questo periodo la prevenzione risulta potenziata e predispone a una efficace difesa degli organi interessati.

Luna in Gemelli

I giorni relativi ai Gemelli possiedono una energia particolare, diremmo quasi caotica, poco gradita da chi è amante dell'ordine. La mente tende a essere dispersiva. È un periodo che potremmo definire arioso-luminoso, nel corso del quale la luce sembra essere maggiormente penetrante. La Luna in Gemelli consente di seminare e piantare, nella fase di Luna crescente, soprattutto rampicanti e fiori, inoltre è ottima per combattere i parassiti.

Salute e influssi sull'organismo

La Luna in Gemelli influisce sulle spalle, le braccia, le mani e, in parte, anche sull'attività dei polmoni. Anche in questo caso un'azione preventiva risulterà potenziata. Al contrario, se in questi giorni si dovesse verificare un problema legato alle parti del corpo elencate, si sprigionerebbe un effetto più nocivo.

Luna in Cancro

L'energia del Cancro provoca sovente una lieve inquietudine, che interagisce a livello interiore e sullo stato generale. Trattandosi di un segno di acqua, il mondo delle emozioni si dilata ulteriormente, portando alla superficie ciò che normalmente rimane nascosto. La caratteristica presente nei giorni in cui gli influssi lunari sono in commistione con il Cancro è il freddo-umido. I giorni del Cancro sono associati alle foglie, dove prevale una energia discendente. È il tempo ideale per piantare e seminare verdure a foglia. In costanza di Luna calante è consigliabile piantare insalata e combattere i parassiti. Con la Luna crescente, invece, si possono falciare i prati. È bene evitare di potare alberi e cespugli da frutta, soprattutto con la Luna crescente, o piena, in Cancro.

Salute e influssi sull'organismo

La Luna in Cancro agisce sul torace, sui polmoni, sullo stomaco, sul fegato e sulla cistifellea. Coloro che sono particolarmente deboli a livello di questi organi possono sfruttare il periodo per porre rimedio alle eventuali patologie e beneficiare degli influssi favorevoli, magari cominciando, proprio in queste giornate, una cura prescritta dal medico di fiducia.

Luna in Leone

In questo periodo correlato al Leone, sulla Terra si manifestano energie particolari che si possono sfruttare in quasi tutti i campi della vita. I giorni del Leone possiedono qualità dalla valenza secca-ardente che conferisce irruenza. Le giornate del Leone sono associate ai frutti e l'energia presente è di tipo discendente.

In questo periodo si possono cogliere erbe officinali, specialmente quelle che rafforzano il cuore. In fase di Luna calante tagliare alberi e cespugli da frutta è l'ideale. È anche il periodo favorevole per seminare i cereali, con la Luna crescente, in terreni umidi. Inoltre si potranno seminare frutti della Terra, purché non richiedano molta acqua (pomodori e patate).

Salute e influssi sull'organismo

L'energia che scaturisce dalla Luna in Leone è impetuosa e potente, e agisce sul cuore e sulla circolazione, ma anche sulla schiena e sul diaframma. Quello che farete per il cuore e la circolazione nei due o tre giorni del Leone, avrà un effetto particolarmente benefico, preventivo e terapeutico, tranne gli interventi chirurgici.

Ci viene detto che l'impulso originato dalla interazione della Luna in Leone stimoli in maniera abbondante la circolazione; può accadere, però, che la schiena faccia più male del solito.

Luna in Vergine

Le energie della Vergine stimolano la parte pratica dell'individuo e portano con sé una caratteristica freddo-secca. I giorni della Vergine sono giorni di Terra per eccellenza e sono legati alle radici, con una energia di tipo discendente.

Nell'ambito del giardinaggio e dell'agricoltura questo segno zodiacale riveste un ruolo molto importante. È il periodo migliore per espletare quasi tutti i lavori in giardino, nei boschi e nei campi, come piantare, trapiantare e innestare.

In questo periodo si possono piantare alberi singoli che devono diventare molto alti, arbusti e siepi che devono crescere in fretta, rinvasare e ripiantare piante da balcone o da interno, così come seminare prati.

Salute e influssi sull'organismo

L'energia particolare che si sprigiona durante i giorni della Luna in Vergine, agisce sull'attività dell'apparato digerente. Essa influenza l'intestino tenue e crasso, la milza e il pancreas.

Una cura mirata a rafforzare o curare gli organi elencati, durante l'egida della Vergine, potenziata dall'energia lunare, avrà un effetto benefico raddoppiato.

Luna in Bilancia

L'energia della Bilancia è contraddistinta dall'equilibrio e, in alcuni casi, da una eccessiva indecisione.

La caratteristica del periodo connesso con la Bilancia è la luminosità-ariosità, o forza dinamica in movimento. I giorni della Bilancia sono legati ai fiori e il tipo di energia è discendente.

La Luna in Bilancia crea una sorta di neutralità; per questo motivo, qualunque lavoro di giardinaggio ci si appresti a compiere non sarà favorevole o sfavorevole, ma semplicemente neutro. L'unica eccezione, in tal senso, è costituita dalla semina di fiori ed erbe fiorite, che può essere svolto con un certo successo.

Salute e influssi sull'organismo

Con l'intervento della Luna, l'energia della Bilancia influisce soprattutto sul bacino, la vescica e i reni. Questa lunazione, dunque, può acuire gli eventuali disturbi associati agli organi in questione ma, allo stesso tempo, una cura mirata intrapresa in questo periodo, apporterà un effetto raddoppiato.

Luna in Scorpione

La caratteristica dei giorni legati allo Scorpione è il fresco-umido, accompagnato da un generale risveglio delle emozioni, che vengono convogliate verso direzioni sconosciute, dando vita a una maggiore emotività.

Il tempo dello Scorpione è in sinergia con le foglie attraverso una energia discendente.

La Luna in Scorpione è ideale per seminare, piantare, raccogliere e seccare ogni specie di erbe medicinali. In questo periodo è possibile seminare e piantare verdure a foglia, falciare i prati, potare alberi e arbusti da frutto, in fase di Luna crescente.

Salute e influssi sull'organismo

Questo segno zodiacale agisce con una forza dirompente sui genitali e sulle vie urinarie. La Luna in Scorpione può provocare infiammazioni alla vescica.

Le cure del caso, in tale periodo, risulteranno quindi potenziate in modo benefico.

Luna in Sagittario

L'energia espressa dal Sagittario induce alla poca riflessione e all'eccessivo altruismo, generando atteggiamenti esagerati. I giorni del Sagittario sono in sintonia con i frutti e presiedono al cambiamento di energia, che da ascendente diviene discendente. In questo periodo si potrà piantare con efficacia tutto ciò che deve crescere in altezza, per esempio, il luppolo. Anche i singoli alberi, che devono crescere velocemente, possono essere piantati con successo. Inoltre, è favorita la coltivazione di cereali o l'eliminazione di parassiti che vivono sopra il terreno.

Salute e influssi sull'organismo

I giorni del Sagittario agiscono sulla colonna vertebrale per tutta la sua lunghezza e sulle cosce. In questo periodo i massaggi hanno un'azione particolarmente benefica, specialmente se coadiuvati da lunghe passeggiate.

Luna in Capricorno

Questo segno concreta una energia di tipo fresco-terroso e, nonostante la sensazione sgradevole che può provocare, invita a lavorare con tenacia donando alla mente maggiore lucidità. I giorni relativi al Capricorno sono da porre in relazione con le radici e con una energia di tipo ascendente. Il periodo è ideale, in costanza di Luna calante, per sarchiare le erbe indesiderate e creare sentieri in giardino, piantare e seminare verdure invernali e ipogee, dissodare e sfrondare alberi, concimare fiori con radici deboli.

Salute e influssi sull'organismo

La Luna in Capricorno influenza l'apparato osseo, in modo particolare le ginocchia, ma anche la pelle. In questi giorni un eccessivo sforzo sulle giunture si amplifica e le irritazioni cutanee sono maggiormente frequenti. Le giornate legate al Capricorno sono indicate per la cura della pelle e per le relative terapie.

Luna in Acquario

La caratteristica che distingue i giorni dell'Acquario è la luminosità-ariosità, che conferisce all'intuito una maggiore espansione. La Luna in Acquario interagisce con i fiori, sprigionando una energia di tipo ascendente. Tuttavia, in questo periodo non è consigliabile espletare lavori di giardinaggio o qualunque altro tipo di pratica agricola.

Salute e influssi sull'organismo

La Luna in Acquario influisce sulle gambe e sull'articolazione tibio-tarsiale, sintomo avvertito con più intensità da coloro che svolgono un'attività che costringe a restare in piedi per gran parte del giorno. Durante le giornate legate all'Acquario, non è infrequente che alcune persone vengano colpite da flebiti, un po' di riposo quindi è salutare.

Luna in Pesci

Le vibrazioni legate ai giorni dei Pesci conferiscono una maggiore fluidità di pensiero e consentono, grazie a una sensibilità amplificata, di vedere oltre le cose prettamente materiali. La qualità collegata con il periodo dei Pesci è umida-fresca ed è il tempo delle foglie, con una energia lunare ascendente. Il tutto favorisce le attività correlate con il piantare e seminare verdure a foglia, annaffiare piante da balcone o da interni, tosare i prati, concimare fiori e piantare le patate in fase di Luna calante.

Salute e influssi sull'organismo

La Luna in Pesci influisce su due parti del corpo tipiche di questo segno: i piedi e i denti. È bene dunque porre più attenzione a tutto ciò che può minacciare queste parti, considerando che nei giorni menzionati sono particolarmente a rischio.

✻ Interazione tra la Luna e il ternario di segni zodiacali

Vediamo adesso alcune peculiarità insite nel transito della Luna all'interno dei diversi segni zodiacali. L'analisi che ci apprestiamo a compiere approfondisce ulteriormente alcuni aspetti relativi al passaggio della Luna in gruppi composti da tre segni zodiacali.

Il tempo dei frutti

Si tratta di quei giorni in cui la Luna attraversa i segni zodiacali dell'Ariete, del Leone e del Sagittario. Sono i "giorni caldi", detti anche giorni dei frutti. Ciò si deve al fatto che la Luna, nel periodo in questione, sprigiona irradiazioni energetiche che si riflettono su gran parte delle piante. I giorni dei frutti in Luna crescente si prestano egregiamente per seminare, piantare e innestare alberi che producono frutti epigei. Viceversa, i giorni della frutta in Luna calante sono utilizzabili per seminare, piantare e innestare piante con frutti ipogei.

I giorni delle proteine

I giorni connessi con il ternario zodiacale dell'Ariete, del Leone e del Sagittario sono denominati anche giorni delle proteine, perché in questo periodo i cibi ricchi di proteine, a quanto sembra, sono tollerati particolarmente bene o, al contrario, particolarmente male. Nel momento in cui la Luna si trova nel segno del Leone si palesa una energia discendente, mentre quando si trova nel segno dell'Ariete è ascendente. Se invece transita nel segno del Sagittario si origina un punto di svolta tra le due fasi.

Il tempo dei fiori

Sono i giorni in cui la Luna attraversa i segni zodiacali dei Gemelli, della Bilancia e dell'Acquario. Il nome indica che in questo periodo la Luna stimola energie che agiscono specificamente sull'infiorescenza delle piante. Se si concimerà in questi giorni, sarà favorito soprattutto lo sviluppo di questa parte. L'energia della Luna tende a calare mentre attraversa i segni dei Gemelli e della Bilancia, inizia a salire, invece, quando attraversa quello dell'Acquario. Le giornate relative al ternario zodiacale menzionato sono denominate i giorni della luce e dell'aria. In questo periodo la terra e le piante assorbono più luce rispetto alla consuetudine e l'organismo subisce piacevoli effetti. Inoltre, i raggi del Sole hanno un maggiore potere schiarente durante il dominio della Luna sui tre segni descritti.

I giorni dei grassi e dell'olio

Il periodo legato ai Gemelli, alla Bilancia e all'Acquario è conosciuto anche come i giorni dei grassi e dell'olio, a causa dell'effetto particolare che esercita sui cibi contenenti grassi e olio. Nelle giornate suddette, alcune persone tollerano con maggiore facilità il cibo particolarmente condito e ricco di grassi, perché il loro organismo ha necessità di assumere pietanze con queste caratteristiche. Altre, viceversa, avvertono una sorta di rifiuto nei riguardi degli alimenti ricchi di grassi e non sopportano l'odore di fritto. Coloro che hanno questo tipo di problema avvertiranno maggiormente tali fastidi, visto che l'influsso del ternario zodiacale Gemelli, Bilancia e Acquario amplifica il disturbo.

Il tempo delle radici

Questo periodo vede la Luna attraversare i segni del Toro, della Vergine e del Capricorno. La Luna, in questi giorni, irradia energie che agiscono nell'ambito del regno vegetale, specialmente sulle radici. Chi concima in questi giorni, stimola lo sviluppo delle radici. Le giornate delle radici, con energia discendente, sono quelle in cui la Luna attraversa il segno della Vergine, mentre quando attraversa Toro e Capricorno si origina una energia ascendente. L'influenza della Luna sui segni in questione dà vita ai cosiddetti "giorni freddi", e anche quando il termometro segna temperature alte, la terra è fredda al tatto. Soprattutto quando il Cielo è coperto, si avverte con chiarezza questa sorta di raffreddamento a livello osseo.

I giorni del sale

I giorni connessi con il Toro, la Vergine e il Capricorno, sono definiti anche i giorni del sale, perché in questo momento i cibi ricchi di sale si tollerano particolarmente bene o, viceversa, particolarmente male.

Il tempo delle foglie

È il periodo in cui la Luna attraversa i segni zodiacali del Cancro, dello Scorpione e dei Pesci. La Luna, in questo momento, sprigiona energie che agiscono in modo particolare sulle foglie delle piante. Concimando durante tali influssi, si stimolerà la loro crescita. L'energia in questione tende a calare quando la Luna sta attraversando i segni del Cancro e dello Scorpione, mentre è più vigorosa nel corso del suo transito nei Pesci. Si tratta della fase in cui diviene ascendente. I giorni del Cancro, dello Scorpione e dei Pesci sono definiti dell'umidità e dell'acqua. Il tempo umido e bagnato, relativo al ternario zodiacale che stiamo descrivendo, fa sì che le terra non si secchi quasi mai completamente e favorisce le precipitazioni.

I giorni dei carboidrati

Le giornate relative al Cancro, allo Scorpione e ai Pesci sono definite anche dei carboidrati, perché in tale periodo i cibi particolarmente energetici vengono tollerati facilmente o, al contrario, possono creare intollerabilità.

Termina così questa parte dedicata agli influssi zodiacali-lunari, che ci ha mostrato interessanti correlazioni con i vari segni. È bene rilevare in proposito che abbiamo offerto ai lettori corrispondenze e dati, legati alle diverse patologie associate allo Zodiaco, esclusivamente a titolo informativo, pertanto, qualunque problema di ordine fisico deve essere, in ogni caso, risolto in sede medica, senza aspettare il momento propizio scandito dalla Luna nei vari segni. L'urgenza, in certi casi, assume priorità assoluta. Il tema, per quanto affascinante, deve essere affrontato e assimilato con maturità e intelligenza e, soprattutto, con prudenza. Ricordiamo che esistono in commercio diversi manuali "fai da te", che dispensano certezze assolute per quanto concerne gli influssi della Luna e la loro azione sull'organismo. Come si è potuto constatare nella parte più scientifica da noi esposta su questo tema, anche i medici e i ricercatori, che da anni portano avanti questi studi, non rilasciano dichiarazioni definitive e, pur riconoscendo come autentica l'influenza della Luna su cose e persone, egualmente esprimono un ragionevole dubbio in proposito. Per quanto riguarda l'aspetto associato con la Luna, la semina e gli altri lavori agricoli, provare non costa nulla, è divertente, istruttivo e, soprattutto, non danneggia nessuno. Con la salute, invece, le cose cambiano.

La Luna e i “lunatici”

L’argomento che esporremo tra breve rientra a pieno titolo nel contesto delle influenze lunari sull’uomo, sul suo organismo e soprattutto sulla sua psiche. Ciò nonostante abbiamo ritenuto opportuno parlarne separatamente e non nella parte dedicata alle malattie connesse con le lunazioni, poiché il tema è estremamente importante e affascinante e, pertanto, andava trattato da solo. Lo stesso vale per la licantropia e i lupi mannari, dei quali parleremo più avanti. Insomma, ci sembrava sensato chiudere il ciclo con una escursione nelle zone più buie della mente, dove gli influssi lunari, a quanto pare, agiscono con maggiore intensità, almeno secondo quanto riportato da numerose testimonianze e scritti legati a tale problematica.

✳ Il fascino della Luna sulla mente

L’aggettivo “lunatico”, deriva dal latino *lunaticus* che vuol dire “dura soltanto un mese”. Ma, al di là del suo significato temporale, il senso riposto indica una persona affetta da forme maniacali vicine all’epilessia, il famoso mal di Luna del quale ci siamo già occupati. I Greci solevano indicare coloro che erano in preda a tali influssi come *seleniakòs*, ossia “colui che è folle”.
Fino al secolo XVII, il termine era riconducibile all’influsso nefasto della Luna che si riteneva capace di rendere periodicamente folli. Questa immagine è presente anche nella lingua inglese, dove *lunatic* significa folle, demente. Nell’italiano moderno si nota un’attenuazione del termine,

infatti "lunatico" si riferisce a colui che è incostante, volubile, in pratica, un soggetto che cambia umore con una certa frequenza.
In generale, le tradizioni popolari hanno ritenuto la Luna responsabile di lievi disordini dello spirito, difatti non è certamente nuova la convinzione che la Luna possa avere in qualche modo effetti negativi sul comportamento umano. Da tempo immemorabile essa fa parte del folclore occidentale come di quello orientale. Non a caso viene menzionata nella *Bibbia*, nel *Talmud* della dottrina giudaica e nel *Corano*.
È interessante notare che l'influenza lunare ha rappresentato un punto fermo nell'ambito della letteratura filosofica e medica dell'Occidente fin dal 400 a.C., cioè dai tempi di Ippocrate, il padre della medicina. In tempi relativamente più recenti, il grande giurista inglese Sir William Blackstone (1723-1780), fece riconoscere a livello giuridico gli influssi lunari quali responsabili della scarsa sanità mentale di alcuni individui. Ecco cosa scriveva in proposito:

> "Un lunatico, o *non compos mentis*, è colui che ha perso l'uso della ragione, ma che ha intervalli di lucidità, talvolta in pieno possesso delle sue facoltà, talvolta no, secondo le fasi della Luna".

Si narra che nell'Ottocento, nel corso di un processo per omicidio, l'imputato Charles Hyde si dichiarò innocente affermando che spesso era assalito da una strana forma di pazzia, nel periodo di Luna nuova e durante la Luna piena. Hyde perse la causa, ma in compenso raggiunse una sorta d'immortalità, perché, a quanto pare, il celebre romanziere Robert Louis Stevenson (1850-1894), si ispirò a lui per creare l'alter ego del dottor Jekyll, nel suo famosissimo racconto *Lo strano caso del dottor Jekyll e del signor Hyde*.
Il letterato Pietro Aretino (1492-1556), parlando di coloro che si adombravano diventando di cattivo umore, senza una motivazione apparente, si serviva della frase "avere la Luna", quasi a sottolineare l'aspetto mutevole del carattere, simile, appunto, alle fasi lunari. In tal modo Aretino affermava la realtà degli influssi dell'etereo corpo celeste.
In Francia, nei secoli XVII e XVIII, si esprimeva un analogo concetto utilizzando l'espressione: "*avoir la Lune dans la tête*", ossia "avere la Luna nella testa". I legami simbolici connessi con l'astro notturno, il sogno,

l'immaginario e la poesia appaiono evidenti, invece, nell'espressione "vivere nel mondo della Luna". Mentre coloro che sono assenti, quasi sopiti in un mondo fatto di sogni, il mondo sublunare appunto, sono individui che "cadono dalla Luna", come si evince da questa espressione, sempre di matrice francese; ritroviamo il corrispettivo italiano nella frase "cadere dalle nuvole", che indica una persona perennemente stordita, quasi assente. Questo scivolamento, che parte dalla distrazione e culmina nell'apparente stupidità, ha originato il modo di dire "scemo come la Luna". Metaforicamente, la distanza che separa la Terra dalla Luna e la conseguente impossibilità di raggiungerla, o di conseguire risultatati impegnativi nella vita, è ravvisabile nelle seguenti immagini "volere la Luna", "chiedere la Luna", "promettere la Luna".
Questa allegoria mette in risalto la trama aleatoria della luce lunare, che è luce riflessa e allo stesso tempo l'impalpabilità, l'inconsistenza di ciò che è rivestito di materia onirica, sostanza eterea spesso ingannatrice, che conduce fuori della realtà colui che si lascia affascinare dai raggi di Selene, dal canto mortale e soave delle sirene.

✻ Realtà e leggende sui lupi mannari

Le parole licantropo e licantropia derivano dal greco lycos, (lupo) e ànthropos (uomo). Con questi termini è stata indicata la supposta trasformazione di un essere umano in lupo, il celebre lupo mannaro di tanti racconti dell'orrore e di numerose leggende popolari.
L'origine di tale credenza nacque in Grecia, esattamente in Arcadia, dove si raccontava che il re di quella regione, Licaone, era stato trasformato in lupo da Giove a causa di un terribile atto da lui commesso, ossia avere sacrificato sull'altare un fanciullo.
Una tradizione più antica, che parla della metamorfosi di un uomo in lupo, la ritroviamo nella *Bibbia*, dove si legge che il potente re Nabucodonosor, per colpa della sua vanità, fu trasformato da Dio in lupo. Esempi di esseri metà uomini e metà animali ci vengono invece offerti da divinità con sembianze animalesche, presenti anche nella cosmogonia egizia; una di queste è Anubi, il dio sciacallo, oppure Upuat, il dio-lupo che era pre-

posto a traghettare i morti nell'Aldilà, mentre nella cosmogonia nordica rinveniamo i canidi Freki e Geri, fedeli compagni del dio Odino.
Secondo quanto ci è stato tramandato, tali metamorfosi hanno luogo nella fase di plenilunio, quando gli influssi della Luna raggiungono l'apice energetico. Le storie relative a lupi mannari e licantropi portano alla superficie gli aspetti più sinistri di tradizioni e credenze che ruotano attorno alla Luna, e a quella parte bestiale celata in ciascun essere umano. Non stupirà sapere, quindi, che questa relazione con la parte oscura nasconda, in realtà, un aspetto misterioso legato allo spirito umano, una sorta di essere primigenio e selvaggio che coabita con l'uomo.
Tracce di questa conoscenza sono visibili nella tradizione irlandese, nel cui contesto ruotavano le dee madri raffigurate in compagnia di piccoli cani. In uno dei santuari Celti più importanti, la fonte di Haughey, nei pressi del sito di Emhain Macha, sono state scoperte ossa di lupo, a significare l'importanza che questo animale rivestiva a livello rituale nell'ambito dei culti di sacrificio, con conseguente smembramento. Al termine della cerimonia seguiva la dispersione nei campi delle diverse parti del lupo, finalizzata a propiziare la fertilità, l'abbondanza e la rinascita.
Questo strano fenomeno di trasmutazione ha interessato storici, psicologi e antropologi. Da essi apprendiamo che la licantropia era considerata una forma di lunatismo, una sorta di follia causata dall'influenza della Luna. Gli antichi Romani consideravano tali misteriose metamorfosi come conseguenza dei culti lunari.
Anche stregoni e sciamani, durante i loro riti, mediante pratiche segrete hanno da sempre cercato di assumere sembianze animali; basti pensare agli "uomini giaguaro" dei culti mesoamericani e agli "uomini lupo" legati allo sciamanesimo dell'antica civiltà Tolteca.
Lo scrittore e sciamano Carlos Castaneda nei suoi libri ha descritto spesso questa pratica di magia che vedeva l'iniziato, il Nagual, cambiare forma fino a divenire un corvo, un lupo, una pantera o un serpente. Il lupo, d'altronde, è da sempre in stretta relazione con la Luna e il suo ululato, diretto verso l'argenteo astro nelle notti di Luna piena, conferma tale legame. Sotto il chiaro di Luna i lupi comunicano tra loro ululando e si radunano per la caccia. Si tratta solo di antiche leggende popolari o realmente l'uomo può subire la metamorfosi volta a cambiarlo in un

lupo? Scientificamente non esistono prove concrete al riguardo, anche se la medicina riconosce gli strani sintomi di alcuni soggetti che sembrano comportarsi, in preda a turbe psichiche, come lupi: ululano, camminano a quattro zampe, ringhiano e, a livello somatico, ricordano in alcuni casi un volto animalesco, a causa delle alterazioni che subentrano nei muscoli facciali.
E non è tutto: questi individui si comportano in modo selvaggio e aggressivo, cibandosi di carne cruda, saccheggiando e schivando i contatti umani. Inoltre, come è noto, le leggende contengono spesso frammenti di verità...

IL MISTERO DELLA DONNA LUPA

Un interessante caso di licantropia è stato riportato dall'"American Journal of Psychiatry". Nella fase di plenilunio, una donna di quarantanove anni subiva un crollo psicologico, credeva di essere un lupo e... si comportava di conseguenza. Lo stato nervoso che l'assaliva produceva una strana sovreccitazione, accompagnata da irresistibili pulsioni. Gli psicologi affermarono che la sindrome doveva essere considerata come un sintomo complesso e non come un'entità diagnostica imputabile solo alla Luna. In ogni caso, non negarono del tutto la responsabilità di un influsso scaturito dall'astro notturno.

La maggior parte dei casi di licantropia si registrò in Europa a cavallo tra XVI e XVII secolo. Per i nostri antenati, i quali vivevano in una sorta di isolamento, sparsi in villaggi separati da foreste folte e oscure, il lupo rappresentava una fonte di terrore e un pericolo costante. Oltre alla forza e all'astuzia, che caratterizzano questo animale, gli si attribuivano un'implacabile ferocia e un'insaziabile sete di sangue.
Tracce di tali inquietanti attributi sono tuttora presenti in alcune fiabe; pensiamo, per esempio, a *Cappuccetto Rosso* e al lupo cattivo che ricorda da vicino una specie di licantropo. Fingendosi la nonna della bambina, che con il suo cappuccio rosso dà il nome alla favola, il lupo si esprime e ragiona proprio come un essere umano ma con la furbizia del lupo.
A nostro avviso, comunque, il lupo è un animale ricco di fascino, troppe volte demonizzato ed enormemente importante per l'ambiente.

✻ Strani casi: Pierre Bourgot e altri...

Nel corso dei secoli i casi di licantropia si contano a decine e forse anche a centinaia o migliaia. Tra il 1520 e il 1630, un periodo particolarmente segnato da tali episodi, solo in Francia, nelle cronache dell'epoca, ne vennero registrati ben 30.000. Tra questi destò scalpore e turbamento quello di un certo Pierre Bourgot di Poligny, un pastore che fu processato nel 1521 a causa delle atrocità da lui commesse. Secondo quanto riportato dagli atti, diciannove anni prima Bourgot, mentre cercava alcune pecore smarrite durante un violento temporale, incontrò certi misteriosi personaggi, da lui descritti come cavalieri neri. I sinistri individui chiesero all'uomo cosa lo preoccupava e il pastore spiegò quanto gli era occorso. Uno dei cavalieri rispose: "Abbi coraggio. Se avrai fede, il mio signore proteggerà le pecore smarrite". Bourgot, in effetti, dopo aver creduto in quelle parole, ritrovò in breve tempo il suo gregge.
Qualche giorno più tardi gli uomini vestiti di nero ricomparvero e chiesero a Bourgot di diventare seguace del demonio, in cambio di protezione e ricchezza: "Caddi in ginocchio e giurai fede a Satana", spiegò Bourgot alla Corte. Assumendo le sembianze di un lupo, il pastore perpetrò numerosi feroci delitti, accanendosi di preferenza su giovani donne. Una di queste fu straziata dal licantropo, che le ruppe il collo con i denti prima di lacerarle la gola. Talvolta Bourgot era accompagnato da un altro soggetto affetto da licantropia, un certo Michel Verdung, assieme al quale compiva le sue scorrerie.
Verdung, con le sembianze di un lupo come descritto nei verbali del processo, incontrò un viandante che lo attaccò e lo ferì, allora si ritirò nella foresta lasciando dietro di sé una scia di sangue, che il viandante seguì. Le tracce lo condussero fino a una capanna, dove scovò il licantropo ridiventato uomo, mentre si faceva medicare la ferita da sua moglie. In seguito, Verdung e Bourgot furono condannati a morte.
Un episodio analogo avvenne nel 1573 in Francia, in un villaggio vicino a Dole, dove un essere mostruoso, secondo quanto descritto, aveva ucciso e divorato alcuni bambini. Un giorno i valligiani sorpresero un enorme lupo mentre sbranava un fanciullo e rimasero sorpresi della incredibile rassomiglianza della bestia con un certo Gilles Garnier, un tipo che viveva

in solitudine. Arrestato e processato, l'uomo raccontò una storia curiosa circa uno spirito incontrato nella foresta, il quale, per aiutarlo a soddisfare la sua fame di carne, gli aveva dato da spalmare sul corpo un unguento che gli permetteva di trasformarsi in lupo. Garnier fu condannato al rogo e arso vivo.

Nel 1859, in Germania, si verificò un altro caso di licantropia, anche questo inserito nelle cronache del tempo. Il fatto avvenne nella piccola città di Bedburg, dove una folla di 4000 persone si era radunata per assistere all'esecuzione di Peter Stubb o Stump, indicato in un libello dell'epoca come uno stregone, che, sotto forma di un lupo, aveva commesso diversi delitti uccidendo e divorando, a quanto si diceva, uomini, donne e bambini. Ecco come si svolsero i fatti: la cittadinanza di Bedburg era terrorizzata a causa di un presunto lupo solitario che occasionalmente uccideva pecore e bestiame, ma che mostrava una predilezione per gli esseri umani, nel corso di una battuta di caccia organizzata dalla cittadinanza, con l'aiuto di una muta di cani, era stato scovato Stubb, un rozzo boscaiolo, nascosto nel fitto della foresta. Annaspando a quattro zampe, tentando di mordere e ringhiando come una bestia feroce, Stubb si era difeso con una forza fuori dal comune, fino a che era stato sopraffatto e catturato. Nel corso del processo, che si svolse a Colonia, il licantropo raccontò la medesima storia del patto con il diavolo che, in base alle sue affermazioni, gli aveva donato una pelle di lupo con la promessa di proteggerlo quando uccideva le sue vittime sotto le sembianze del mostruoso animale.

Un nuovo caso che implicava il satanismo, ebbe come protagonista un giovane senza fissa dimora, Jean Grenier, che fu processato come lupo mannaro nel 1603 a Bordeaux, in Francia. Durante la sua confessione, contenuta negli atti processuali del tempo, l'uomo raccontò di avere incontrato per caso un misterioso personaggio, un cavaliere alto e tenebroso, chiamato da Grenier "il signore della foresta". Questa oscura figura gli aveva garantito il suo servizio, offrendogli la possibilità di trasformarsi in un'animale mediante l'uso di un unguento magico e una pelle di lupo. Il giovane, quindi, era andato a caccia innumerevoli volte sotto forma di lupo e, anche dopo essere stato arrestato, continuava a camminare carponi. E non solo, confessò ai giurati che prediligeva la carne delle fanciulle in quanto aveva un sapore più appetitoso. Una giuria, notevolmente evoluta rispetto alle precedenti che avevano condannato a morte gli altri licantropi, decise che Grenier, nonostante tutto, era una vittima piuttosto che un vero criminale, e lo condannò a essere rinchiuso in un monastero. Con il tempo, tale atteggiamento divenne comune fra i giudici chiamati a processare i cosiddetti lupi mannari.

Gli imputati erano dei mostri, è vero, ma anche vittime della loro malattia, la licantropia che, attraverso un comportamento di tipo psicotico, e a volte sotto l'effetto di allucinogeni, li spingeva a convincersi di essere veramente lupi, compiendo atroci misfatti in preda a impulsi irrefrenabili. Questa convinzione, unita a un assurdo bisogno di sangue e di carne, era sufficiente a cambiare un uomo in un mostro, così come, dietro il velo della leggenda e della superstizione, a convincere i numerosi testimoni di trovarsi di fronte a una reale creatura canina, feroce, quadrupede e ringhiante.

Le nuove conoscenze sulla licantropia, in ogni caso, non sono riuscite a dissolvere e a esorcizzare del tutto la figura del lupo mannaro, scacciandolo dalla mente e dal cuore degli esseri umani. Tra i numerosi episodi legati alla licantropia, uno abbastanza recente è degno di nota. In una calda notte estiva del 1949, a Roma, la polizia venne chiamata per indagare su un probabile lupo mannaro avvistato in un giardino pubblico della città eterna. Gli agenti giunti sul luogo si trovarono davanti agli occhi un giovane coperto di fango che camminava carponi, ululando e graffiando il terreno con lunghissime unghie incredibilmente appuntite. Ricoverato in ospedale, spiegò successivamente di avere perso conoscenza nel momento in cui la Luna piena si era alzata luminosa nel Cielo, e di essersi trovato in strada spinto da una bramosia sconosciuta.

Secondo il parere di alcuni studiosi, le persone afflitte da tale misteriosa patologia sono attratte e tormentate da desideri e impulsi impellenti, che ai loro stessi occhi appaiono bestiali; proprio per questa ragione in loro sorge il desiderio di trasformarsi, con lo scopo di sfuggire alla forma umana, la quale impedisce di soddisfare le bramosie più recondite. In poche parole, tramutandosi in bestie, possono infrangere i divieti e le paure insite nell'essere umano, eliminando in tal modo i sensi di colpa tipici dell'uomo, ma assenti in parte, o quasi del tutto, negli animali. Si tratta, insomma, di una sorta di giustificazione inconscia che permette alla parte oscura dell'essere umano di emergere e agire senza tabù (basti

pensare al cannibalismo praticato da alcuni serial killer).
Quanto esposto sinora fa parte di avvenimenti realmente accaduti. Noi ci siamo limitati a riportarli seguendo le cronache e gli atti processuali nei quali sono menzionati, oltre a vari testi che citano episodi inediti e documentati attraverso verbali circostanziati circa la licantropia.
Tornando al mondo antico, lo storico greco Pausania (110 circa-180 d.C.), scriveva che ai suoi tempi gli abitanti dell'Arcadia adoravano il dio-lupo e che in tutta la regione circolavano terribili storie di licantropi. Una leggenda narra inoltre che Romolo e Remo, nel periodo in cui vivevano assieme al branco di lupi, si accoppiarono più volte alle femmine del gruppo dando vita a esseri in parte umani e in parte lupi, caratteristica questa tramandata nelle generazioni successive. Non a caso anche a Roma, dove si venerava la lupa che aveva allattato Romolo e Remo, era diffusa la credenza dei lupi mannari. La parola latina equivalente a lupo mannaro era *versipellis*, ovvero cambiapelle, in quanto si riteneva che all'interno del corpo dell'uomo lupo crescesse il folto pelo della belva e che, perciò, era sufficiente che il licantropo si rivoltasse come un guanto per ottenere la metamorfosi.
Nel *Satyricon* dello scrittore latino Petronio (I secolo d.C.) è narrato un episodio legato a un lupo mannaro:

> "[...] Il mio padrone era partito per Capua, dove doveva sbrigare certi affari più o meno importanti. Approfittai dell'occasione per persuadere uno dei nostri inquilini ad accompagnarmi fino alla quinta pietra miliare. Era quello un soldato, un fegataccio come il diavolo. Partiamo al primo canto del gallo, con una Luna che sembrava essere in pieno giorno, e arriviamo al cimitero. Là il mio uomo si mette a fare un bisogno dietro una stele. Io mi siedo, intanto canticchio e conto le stele. Quando mi volto verso il mio compagno, quello si è spogliato e ha messo tutti gli indumenti lungo la strada. A me si ferma il fiato in gola, a momenti resto secco. Egli però urinò un cerchio attorno ai suoi indumenti e di botto si mutò in un lupo. Non crediate che io stia raccontando balle; neanche per tutto l'oro del mondo sarei capace di mentire. Dunque dicevo, appena trasformato in lupo, quello si mise a ululare e scappò nei boschi. Dapprima non sapevo dove fossi; poi andai a prendere i suoi vestiti: accidenti erano di pietra! Chi se non io era morto di paura? Tuttavia strinsi la mia spada e menai fendenti contro le ombre per tutta la strada finché non arrivai alla villa della mia amica. Vi entrai come uno spettro, mancava poco che rendessi l'anima, il sudore mi colò giù per le natiche, gli occhi smorti, ci voleva del tempo prima che mi riprendessi. La mia amica si meravigliò che fossi per strada a così tarda ora e 'Che peccato',

> disse, 'che tu non sia arrivato prima. Avresti potuto aiutarci: un lupo ha fatto irruzione nella fattoria e ha fatto strage tra il bestiame, come un macellaio l'ha salassato. Ma non l'ha fatta franca, anche se è scappato: il nostro servo gli ha trafitto il collo con una lancia'. Dopo queste parole non riuscii più a chiudere occhio, ma non appena si era fatto giorno, fuggii di corsa, come un oste che ha preso le botte, alla casa del nostro signor Caio. Nel luogo, dove le vesti si erano trasformate in pietra, non trovai che sangue. Ma quando tornai a casa, il mio soldato stava a letto come un bue e un medico gli fasciava il collo. Allora capii che era un lupo mannaro". (Petronio, Satyricon, 61-63).

Nell'antica Roma, la simbologia connessa con la Lupa Capitolina, che aveva allattato Romolo e Remo, e le sue valenze magiche collegate in qualche modo con i lupi mannari, generò un misterioso rito dalle connotazioni di ordine occulto associate anche al concetto di forza e di fecondità, officiato da singolari sacerdoti.

✻ La festa magica degli uomini-lupo

Questa cerimonia, dai contorni animaleschi e selvaggi, dalla gestualità brutale e dalla simbologia primordiale, affonda le sue radici nella notte dei tempi. Il rituale, che si svolgeva in una grotta situata alla base del Palatino (uno dei sette colli della Roma antica), nel periodo in cui la natura incominciava a risvegliarsi dopo i rigori del tenebroso inverno, attirava una folla considerevole.

All'interno dell'antro che aveva ospitato Romolo, salvato dalle acque del fiume al pari di Mosè, si erano riuniti i Luperci, gli uomini-lupo. Uno dei sacerdoti si approssimava verso la statua del dio Fauno, divinità legata ai boschi e ai pastori (da *faveo*, essere benigno), indossando una pelle di capra e stringendo un simulacro. A questo punto, assieme agli altri Luperci, sacrificava ritualmente capre e montoni.

Al termine della cruenta cerimonia uno di loro, brandendo l'arma sacrificale ancora insanguinata, si avvicinava a due fanciulli, che si trovavano in una parte dell'antro e avevano assistito al terribile evento. Quindi, ungeva la fronte degli adolescenti utilizzando il sangue presente sul coltello, mentre un altro sacerdote immergeva alcune bende di lana bianca (il bianco

simboleggiava la purezza) in un recipiente contenente latte, porgendole poi al sacrificante, che con queste ripuliva le fronti dei giovanetti.
Subito dopo, seguendo i dettami di una ritualità millenaria, i ragazzi iniziavano a ridere fragorosamente e gli uomini-lupo scuoiavano gli animali, indossando le loro pelli e mangiando le loro carni. Terminato il pasto sacro si apprestavano a uscire, attesi da un gran numero di donne. Una volta fuori correvano urlando selvaggiamente (imitando il verso del lupo) e, brandendo lunghe fruste, colpivano le Romane, che volutamente si paravano davanti agli scudisci. In questo modo, se ancora non erano riuscite ad avere figli, potevano sperare che il sogno in futuro si sarebbe avverato. Un rito di fecondità, insomma, ma con profondi risvolti simbolici che ora analizzeremo.
In primo luogo, appare evidente la trasformazione del sacerdote in lupo mannaro che, una volta divenuto un licantropo, assaliva capre e montoni per cibarsene. La parte bestiale dell'uomo, in tal modo, si manifestava pienamente. Il montone, uno degli animali sacrificati, incarnava una divinità primordiale e gli uomini-lupo, nutrendosi con le sue carni, ne assumevano anche i poteri divini.
Già in epoca preistorica i guerrieri mangiavano il cervello di un uomo anziano con l'intento di appropriarsi della sua esperienza, astuzia e conoscenza; sebbene in modo differente, il pasto sacro si ripeteva nei Lupercalia. In quanto all'atto compiuto sugli adolescenti, che erano segnati con il sangue, esso simulava la loro morte sacrificale. Un'uccisione simbolica, che il latte cancellava purificando le presunte vittime, che in tal modo ritrovavano pace e tranquillità interiore, sottolineata dalle allegre risate che copiose risuonavano nel Lupercale, la sacra grotta.

La Luna Nera e l'Asse del Dragone

Il tema che ci accingiamo a trattare racchiude in sé elementi di notevole interesse, e fa capo a quella concezione astrologica che per secoli ha illuminato le antiche classi sacerdotali della lontana Persia, ma anche quelle babilonesi, sumeriche, caldee e, per finire, cinesi.
Questa scienza astrologica non va confusa con gli oroscopi fittizi pubblicati sui quotidiani a grande diffusione, che assumono valenze generali e sono quindi diretti alla grande massa; o con quelli dispensati dalle varie emittenti televisive, che, in molti casi, sono totalmente inventati. Spesso, in questi contesti gli oroscopi sono elaborati da persone incompetenti, che mettono insieme le nozioni più disparate e a volte prive di qualunque valore conoscitivo. Lo stesso vale per gli oroscopi radiofonici che, utilizzando informazioni superficiali basate su criteri assolutamente arbitrari, pretendono di offrire un servizio attendibile e veritiero. Gli astrologi dell'antichità, al contrario, erano sapienti esperti di matematica, astronomia, astrologia, scienza, filosofia e di altre branche del sapere.

* L'energia lunare e la psiche

L'astrologia occulta inerente alla Luna Nera assume carattere psicologico che, unito alle attuali conoscenze di fisiologia, psicoanalisi e psicosomatica, origina un tipo di oroscopo che potremmo definire una vera e propria "radiografia della psiche" e, quindi, un valido strumento di conoscenza interiore. In tal senso, l'aspetto psicologico inerente alla Luna Nera e alla

Testa del Dragone consente di pervenire a una più profonda comprensione della strutturazione e della dinamica dell'inconscio. A tale riguardo è bene chiarire che non è nostra intenzione offrire al lettore un manuale operativo con il quale compilare oroscopi, ma semplicemente fornire notizie utili e serie riguardanti la Luna Nera, senza allontanarci dal tema centrale del testo: la Luna e i suoi muliebri aspetti. Se il lettore desidera approfondire nella pratica le nozioni astrologiche allo scopo di cimentarsi in questo campo, potrà farlo per proprio conto. Dopo questa premessa, a nostro avviso indispensabile, proseguiamo nella trattazione.

I due elementi appena analizzati, legati all'astrologia occulta, sono astronomicamente definiti e matematicamente determinabili nello spazio, ed entrambi rappresentano, a livello psicologico, gli aspetti della personalità inconscia con cui l'uomo prima o poi deve fare i conti. Per tale motivo, la Testa del Dragone e la Luna Nera corrispondono a quelle due componenti interiori della psiche che il grande psicologo, analista e psichiatra svizzero Carl Gustav Jung (1875-1961), ha chiamato rispettivamente "ombra" e "anima" (*animus* per la donna), quest'ultima, però, considerata esclusivamente nel suo aspetto negativo (vedi il libro da noi pubblicato *Medium e Medianità*, al capitolo: Jung e lo Spiritismo).

Si tratta, quindi, di due realtà cosmiche che corrispondono a simboli fondamentali dell'inconscio collettivo, di cui l'astrologia si avvale per stabilire come un individuo percepisce e vive la propria vita istintiva e se nella sua personalità sono presenti contenuti psichici rimossi. In questo caso, attraverso le posizioni occupate dalla Testa del Dragone e dalla Luna Nera, e mediante i loro aspetti con i pianeti, si potrà determinare dove ristagna il rimosso e dove è bloccata l'energia che presiede al conflitto psichico, il quale sfocia il più delle volte nell'ansia, nell'angoscia e nella nevrosi. La Testa del Dragone e la Luna Nera assumono, pertanto, nell'elaborazione dell'oroscopo individuale di nascita, un significato psicologico profondo, intimamente legato all'energia lunare.

✻ L'Asse del Dragone e i "nodi lunari"

Abbiamo già visto che per il verificarsi di una eclissi di Sole o di Luna,

è necessario che questa, nel suo moto di rivoluzione attorno alla Terra, si trovi in congiunzione, o in opposizione, con il Sole e su uno dei due "nodi lunari". In astronomia si definiscono "nodi lunari" i due punti nei quali l'orbita della Luna interseca il piano dell'orbita terrestre. Essi sono, quindi, due punti virtuali dello spazio, ma perfettamente definiti e matematicamente determinabili.
Dei due nodi, quello ascendente verso l'emisfero celeste boreale è detto "nodo lunare nord" o Testa del Dragone; quello discendente verso l'emisfero celeste australe si chiama, invece, "nodo lunare sud" o Coda del Dragone. Gli astrologi indiani tengono in grande considerazione i "nodi lunari", che secondo il loro giudizio rivestono un'importanza eccezionale. Essi chiamano *Rahu* la Testa del Dragone e *Ketu* la Coda del Dragone.
L'asse che congiunge i due nodi coincide con la retta d'intersezione fra i due piani orbitali e prende il nome, in astronomia, di "linea dei nodi" o Asse del Dragone. Esso ruota da est verso ovest con un moto retrogrado, il cui periodo di rotazione è di 6793 giorni (circa 18 anni, 7 mesi e 10 giorni) ed è quindi il solo elemento astronomico (oltre all'asse degli equinozi), che rimonti la fascia zodiacale in senso contrario al moto diretto dei pianeti. Le posizioni della Testa del Dragone sono generalmente nelle Effemeridi, le tabelle che riportano le longitudini dei pianeti. Le corrispondenti posizioni della Coda del Dragone si troveranno, ovviamente, in opposizione alle prime.

❋ Il Dragone nella mitologia

Il tema del Dragone ricorre con una certa frequenza nell'ambito della mitologia legata alle antiche civiltà. In genere esso era considerato un animale appartenente all'elemento umido e freddo (valenza lunare), o al mondo ctonio (regno sotterraneo, infero) e, come nemico della luce, spesso era associato a ciò che ha carattere magico, occulto, primordiale, notturno, tenebroso e pericoloso.
Nelle mitologie più antiche quali la sumerica, la babilonese, l'assira, la cinese, la peruviana e altre ancora, è il Dragone celeste che divora il Sole o la Luna nel corso delle eclissi. Le lotte mitiche e leggendarie che si gene-

rano fra le divinità babilonesi e assire (Marduk, Enlil, Sin ecc.) e i draghi spaventosi e feroci (Tiamat, Labbu, Drago di Babele ecc.), hanno sempre un carattere astrale, che allude all'eterno conflitto fra luce e tenebra. Nella mitologia greca il Drago era il custode del celebre Vello d'Oro, appeso a una quercia situata in un bosco sacro a Marte, nella Colchide. Similmente, nel Giardino delle Esperidi un Drago con numerose teste, Ladone, era posto a guardia delle magiche "mele d'oro". Proprio a questi miti si riferiscono le parole incise sull'architrave della famosa Porta magica-alchemica, o Porta d'Oro, che si trova nei giardinetti di Piazza Vittorio, a Roma (vicino alla stazione Termini: *Horti magici ingressum Esperidum custodit Drago sine Alcide Cholchidas delicias non gustasset Iason*, vale a dire: "Un Drago custodisce l'ingresso del magico giardino delle Esperidi e, senza Ercole, Giasone non avrebbe gustato le delizie della Colchide". Nella tradizione mitica germanica un altro Drago, il terribile Fafnir, viene ucciso dall'eroe dei Nibelunghi, Sigfrido, che bagnandosi nel suo sangue diviene invulnerabile e acquisisce la facoltà di parlare il linguaggio degli uccelli. Anche la religione cristiana è costellata di leggende e rappresentazioni associate a Draghi che lottano con angeli o santi, basti pensare a san Michele, san Giorgio e così via.

Temibile e pericoloso custode di tesori, il Drago simboleggia le difficoltà che devono essere superate, allo scopo di conquistare qualcosa che riveste un grande valore per l'umanità intera: l'eterna giovinezza, un più alto livello spirituale, una maturazione psichica, la saggezza, l'immortalità. L'eroe che riesce a uccidere il Drago rappresenta il trionfo dell'uomo sulle sue tendenze istintive e regressive e sulla sua natura animalesca, oscura e lunare.

✻ Il simbolismo del Dragone

Sotto il profilo psicologico il Drago, o Dragone, rappresenta l'incarnazione della parte oscura e primitiva dell'essere umano, il mondo degli istinti (aggressività, sessualità, asocialità, amoralità ecc.), rimossi nelle profondità dell'inconscio. Quando ne emerge, il Dragone porta con sé tutto il terrore delle esperienze primordiali della vita. Essere inghiottito e sparire nelle fauci del mostro, come accadde al biblico Giona e a Giasone, rientra nell'ambito della simbologia archetipa universale, che allude, in termini psicologici e funzionali, a una regressione nelle viscere materne o una discesa agli inferi (la discesa agli inferi è presente anche nelle prove iniziatiche e nei riti massonici). Questo ritorno nel grembo materno è in analogia con quanto accade al Sole, o alla Luna quando questa, giunta su uno dei suoi nodi, causa una eclissi. Tale fenomeno è sempre contraddistinto da un graduale affievolimento della luce e da un silenzio quasi irreale che l'umanità percepisce come uno sconvolgimento dell'ordine cosmico, capace di provocare, con la morte dell'astro, quella di tutti gli esseri viventi. A livello di inconscio individuale, l'eclissi è avvertita come un evento drammatico, in cui l'Io conscio viene ghermito dalle tenebre dell'inconscio per essere in seguito distrutto dalle potenze del Male. L'elemento astronomico Testa del Dragone rappresenta quindi alcune analogie con quella parte della personalità umana ritenuta inferiore e negativa dalla coscienza, e da essa rimossa nell'inconscio. Jung considerava questa componente della psiche come una specie di alter ego o di fratello gemello sconosciuto (sorella gemella per la donna), l'uomo interiore, o uomo antico, che Jung chiamava "ombra" e che abbiamo in parte descritto nel paragrafo dedicato alla licantropia. La Testa del Dragone rappresenta, in poche parole, la proiezione inconscia sullo Zodiaco dell'"ombra", che spesso oscura la rimanente parte della personalità dell'uomo, quella ritenuta luminosa a livello conscio. Questo semplice punto virtuale dello spazio assume in tal modo un profondo significato psicologico che racchiude valori inestimabili.

❊ La Testa del Dragone e i suoi aspetti astrologici

Questo elemento astrologico fa parte della più antica tradizione, infatti la Testa del Dragone riveste notevole importanza per l'elaborazione degli oroscopi. Attraverso la determinazione della sua posizione nel "tema natale", e la relativa interpretazione, è possibile prendere consapevolezza dell'aspetto negativo, e rimosso, della propria personalità e, talvolta, assimilarlo all'Io conscio in una benefica e salutare integrazione psichica,

capace di liberare dall'inconscio quelle energie creatrici che sono il fulcro dell'esistenza. Nell'ambito di ogni "tema oroscopico" la Testa del Dragone rappresenta sempre un conflitto da risolvere, una difficoltà da superare, una soglia che il destino ci impone di varcare allo scopo di realizzare il nostro essere, dando in questo modo un senso alla vita. Nelle tappe fondamentali del nostro percorso umano l'Asse del Dragone ci indica, con la sua ciclicità, quattro momenti o tappe importanti: diciannove, trentotto, cinquantasette e settantacinque anni. A causa di una fatalità ineluttabile, queste tappe ci pongono di fronte a particolari problemi, i più importanti della nostra esistenza, difficoltà da superare che si frappongono alla nostra realizzazione sotto forma di "ombra" da assimilare e integrare, oppure di Dragone da vincere, o ancora di porta da varcare.
Un atteggiamento adeguato nei confronti di questa prova, di fronte alla quale si è sempre soli e assillati dai dubbi, diventa determinante. Si può tentare di tornare indietro, di rimanerne fuori in attesa di un aiuto miracoloso, oppure di mobilitare tutte le energie più profonde che si possiedono e oltrepassare la soglia, il guardiano oscuro celato nell'intimo del nostro essere. Superare la soglia significa correre rischi, combattere e vincere. L'unica certezza per la riuscita è costituita dal libero arbitrio, da un potente atto di volontà, dalla giusta scelta. In caso di vittoria si potrà proseguire il cammino, per avviarsi verso la meta, padroni della propria personalità.
Secondo l'astrologia anche la Coda del Dragone rappresenta una porta da varcare, ma, al contrario di quella che raffigura la Testa del Dragone, è sempre aperta e sprovvista di guardiani minacciosi, quindi facilmente accessibile. Oltrepassarla significa rinvenire quei mezzi che la vita, o la fortuna, metto a disposizione, quelle opportunità offerte gratuitamente proprio per superare le difficoltà frapposte dalla Testa del Dragone.

✻ Simbologia dei "nodi lunari"

Come abbiamo appurato, la Testa e la Coda del Dragone prendono anche il nome di nodi, "nodi lunari" naturalmente, o cosmici. Logicamente, in astrologia il simbolismo dei "nodi lunari" corrisponde a quello dell'Asse del Dragone e per l'inconscio simboleggia un legame, o un impedimento,

che mantiene l'essere umano in una situazione energetica stagnante, nella quale dominano l'incertezza e lo smarrimento, che impediscono l'evoluzione di un processo psichico affettivo. In termini psicoanalitici, quindi, il "nodo" costituisce un blocco mentale, o un attaccamento morboso nei riguardi di qualcuno o qualcosa, la cui presenza nella costellazione psichica di un individuo raffigura un complesso, che impedisce la realizzazione della personalità, un limite che deve essere superato per raggiungere uno stato o un livello superiore.
Sotto questo profilo, il "nodo" è un simbolo ambivalente in quanto, se da un lato lega, impedisce o incatena, dall'altro permette all'essere umano di liberarsi dalle limitazioni e dagli impedimenti e di raggiungere le proprie mète, così come di realizzare i progetti. In sostanza, il significato ermeneutico del "nodo" è quello di una trasmutazione che può dare luogo a una involuzione psichica o, al contrario, a una evoluzione o liberazione.
Il "nodo lunare" e la Testa del Dragone sono quindi simboli in stretta analogia tra loro, quasi identici, entrambi rappresentano un ostacolo che si oppone alla realizzazione dei progetti e, nel contempo, forniscono un aiuto per il superamento dell'ostacolo stesso.

Il simbolismo dell'Asse del Dragone

Il "nodo" e il Dragone, in sintesi, sono simboli che racchiudono al loro interno un duplice aspetto, al quale si lega in modo sinergico l'intero Asse del Dragone. Questo rappresenta l'unica vera potenza cosmica astrale che lega e, contemporaneamente, libera l'uomo da qualunque necessità. Il fatto che l'Asse del Dragone sia l'unico a rimontare lo Zodiaco in senso inverso al moto dei pianeti, esprime di per sé questa contraddizione del simbolo, caricandolo di una valenza non solo astrologica, ma soprattutto psicologica, esistenziale e anagogica..

* La Testa del Dragone nelle Case astrologiche

Considerata l'importanza che la Testa del Dragone riveste e i differenti significati che può assumere, secondo la sua posizione nel "tema oroscopico", forniremo ora alcune interpretazioni sintetiche relative alle diverse Case, o settori dello Zodiaco. Questi dodici settori che procedono in senso antiorario, devono essere considerati come le tessere di un mosaico, ognuna delle quali rappresenta un lato del carattere umano, una parte della costituzione fisica, psichica e morale.

• Prima Casa o *Domus Vitae* (Casa della Vita)

Conflitto interiore che sottrae alla personalità unità, forza ed equilibrio. È necessario che il soggetto si riconcili con la sua parte profonda: l'"ombra", che si comporta in opposizione all'Io.

• Seconda Casa o *Domus Substantiae* (Casa delle Finanze)

L'attività del soggetto è rivolta principalmente all'acquisizione di beni materiali. L'aspetto venale espresso caratterialmente e il rapporto morboso con il denaro, provocheranno sovente difficoltà nell'instaurazione di rapporti sentimentali.

• Terza Casa o *Domus Fratrum* (Casa dei Fratelli)

La presenza della Testa del Dragone in questa casa origina dipendenza mentale, materiale e affettiva dai fratelli, rendendo difficoltoso nel soggetto lo sviluppo psichico e l'adattamento alla vita. Immaturità psichica.

• Quarta Casa o *Domus Parentum* (Casa dei Genitori)

Immaturità psichica. Eccessivo attaccamento alla famiglia e ai valori tradizionali. Nevrosi ossessiva.

• Quinta Casa o *Domus Filiorum* (Casa dei Figli)

La personalità del soggetto è assorbita da legami sentimentali o affettivi, e da una vita vissuta all'insegna del divertimento. Questa situazione impedisce alla persona in questione di dedicarsi a qualunque attività creativa e, di conseguenza, di realizzarsi in qualsiasi campo artistico, letterario, scientifico e così via.

- **Sesta Casa o *Domus Aegritudinum* (Casa della Salute)**

Attaccamento morboso a un lavoro di routine vissuto dal soggetto in maniera totalizzante, allo scopo di nascondere a se stesso la sua generale insoddisfazione nei confronti della vita.

- **Settima Casa o *Domus Matrimonii, Uxoris* (Casa del Matrimonio)**

Bisogno assoluto di libertà e di indipendenza, che a livello inconscio provoca il rifiuto di legarsi stabilmente a un'altra persona. Difficoltà di intesa con il proprio partner.

- **Ottava Casa o *Domus Mortis* (Casa della Morte)**

Paura ossessiva delle malattie. Ipocondria. Rifiuto di accettare la morte come realtà che sovrasta tutti gli esseri viventi.

- **Nona Casa o *Domus Religionis*, Longorum Itinerum (Casa della Religione, dei lunghi Viaggi)**

Difficoltà di contatto con tutto ciò che è straniero. Incapacità di adattarsi a vivere lontano dal paese natale.

- **Decima Casa o *Domus Regia, Praelaturae, Dignitatum* (Casa della Carriera e degli Onori)**

Scarse qualità per ascendere nella scala sociale e professionale. Difficoltà a trovare un impiego stabile e duraturo.

- **Undicesima Casa o *Domus Amicorum* (Casa dell'Amicizia)**

Amicizie superficiali e non basate su veri e maturi sentimenti. Senso di solitudine e di sconforto.

- **Dodicesima Casa o *Domus Inimicorum, Captivitatum* (Casa degli Affanni)**

Narcisismo e bisogno di sentirsi giovani e attraenti. Ricerca di rassicurazioni attraverso frequenti rapporti amorosi. Relazioni sentimentali segrete.

Le interpretazioni astrologiche fin qui analizzate, e relative alla Testa del Dragone, ovviamente possiedono valenze esclusivamente indicative e vanno quindi approfondite nel contesto della personalità globale del soggetto, in base al pianeta dominante, all'Ascendente e ai segni occupati dal Sole e dalla Luna, nonché dai relativi aspetti.

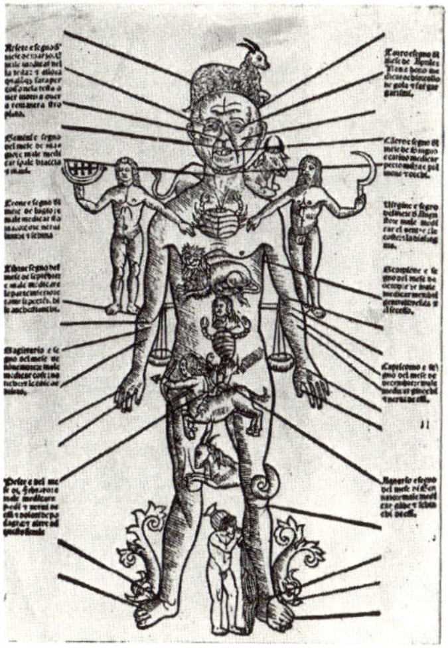

Antica incisione raffigurante le corrispondenze tra i segni dello Zodiaco e le varie parti del corpo umano

✻ Aspetti negativi della Testa del Dragone associati ai pianeti

Come abbiamo appurato, la Testa del Dragone è un punto virtuale dello spazio, astronomicamente ben determinato, che si muove con una velocità costante. Nel corso del suo spostamento tale punto viene a formare con i pianeti alcuni aspetti, ai quali è possibile fornire un'interpretazione psicologica, basata essenzialmente sul significato simbolico dei due elementi astrologici in gioco.

Fra gli aspetti in questione, naturalmente, rivestono importanza pratica solo quelli disarmonici, ovvero congiunzione, quadrato e opposizione; ossia quelli che sono in grado di provocare disturbi della personalità. In ogni caso, sarà il pianeta in aspetto disarmonico con la Testa del Dragone a esprimere il carattere o la natura di tali disturbi. Attraverso la loro conoscenza è possibile per l'individuo stabilire quali sono le funzioni psichiche interessate nell'ambito del conflitto interiore e, nel caso, adottare un'adeguata terapia.

Se la Testa del Dragone non ha, nel "tema natale", alcun aspetto dissonante, la vita del soggetto scorrerà tranquilla e senza difficoltà, a patto che nell'oroscopo anche gli altri elementi astrologici siano, nel loro insieme, decisamente favorevoli.

Con il Sole

Inflazione dell'Io, egocentrismo, narcisismo, tirannia, orgoglio smisurato e in alcuni casi paranoia. Contestazione nei confronti della figura paterna e dei valori tradizionali legati alla famiglia, alla società, alla moralità e alla religione.
Per quanto riguarda il soggetto maschile, si prevede l'origine di contrasti con i propri figli e possibili manifestazioni ambivalenti con l'altro sesso. Inoltre, si può presumere una scarsa forza di volontà e un rapporto alterato con la realtà oggettiva. Si potrebbero profilare anche ostacoli nella vita sociale e professionale, come anche nel raggiungimento delle aspirazioni più nobili ed elevate. Per la donna, le difficoltà potrebbero consistere nella non accettazione dell'uomo quale compagno della sua vita.

Con la Luna

Forte impulsività, instabilità psichica, eccessiva sensibilità, emotività esagerata, eccitabilità. E ancora, scarsa maturità psichica, affettiva e sentimentale. Sessualità disordinata e incontrollata, pigrizia e inerzia a livello energetico con fasi di stagnazione. Rapporti difficili con la figura materna e, a volte, rancore e odio nei suoi riguardi. Incapacità da parte dell'uomo di accettare la donna come compagna della propria vita. Per ciò che concerne la donna, si potrebbero manifestare difficoltà nei rapporti materni o con le proprie figlie. Problemi sentimentali e probabile frigidità o sterilità.

Con Mercurio

Disturbi legati alla strutturazione del pensiero e nei rapporti con l'ambiente circostante. Ostacoli nella vita di relazione. Scarsa capacità di comprendere e valutare con obiettività qualunque situazione. Difficoltà nell'esprimere un'idea o un'opinione, incapacità di giudizio. Eccessiva curiosità, superficialità e improvvisi mutamenti di umore. Tendenza a ingannare il prossimo e a mentire. Difficoltà nel districare situazioni difficili. Probabili disturbi di espressione quali, balbuzie, contrazioni muscolari, tic di vario genere.

Con Venere

Atteggiamento asociale, difficoltà ad adattarsi alla vita comune e a instaurare rapporti affettivi, sentimentali e amorosi, armoniosi ed equilibrati. Mancanza di dolcezza, tenerezza, bontà, altruismo, cortesia e senso artistico. Attrazioni sessuali tempestose. Amori chimerici, instabili e di breve durata. Incapacità di legarsi a livello stabile con una persona appartenente all'altro sesso, di provare stima nei suoi confronti e di amarla in maniera matura e consapevole. Nevrosi a sfondo erotico.

Con Marte

Collere improvvise, impulsività, agitazione ed eccitazione psicomotoria. Tendenza inconscia che può sfociare in comportamenti violenti e aggressivi. Litigiosità, anarchia e ribellione. Avidità, ossessività, gelosia morbosa, brutalità. Passione dei sensi. Tendenza alla tirannia e a sfruttare gli altri.

Con Giove

Sopravvalutazione narcisistica della propria personalità, ego smisurato, immaturità psichica. Instabilità sentimentale. Scarso senso di responsabilità. Insoddisfazione generale. Conflitti familiari e mancanza del senso di giustizia.

Con Saturno

Nascita difficile e talvolta drammatica. Problemi di svezzamento e di crescita. Svalutazione della propria personalità, mancanza di fiducia in se stessi e nei confronti della vita. Ambizioni segrete. Tendenza alla rinuncia, al sacrificio e alla castità. Insensibilità, indecisione, pessimismo, durezza. Inibizioni di ogni genere, astenia, sterilità, frigidità per la donna e impotenza per l'uomo. Sensi di colpa, regressioni affettive, disadattamento sociale, mancanza di calore umano. Difetto di funzionalità dell'organo corrispondente al segno in cui si trova Saturno: artrosi, nevralgie, artrite ecc.

Con Urano

Scarso senso pratico, accompagnato dalla mancanza di idee e di scopi nella vita. Difficoltà a maturare psichicamente. Incapacità di inserirsi nel contesto sociale e di costruire un avvenire e una posizione professionale solida e duratura. Eccentricità, disturbi psicosomatici (tic nervosi, spasmi, crampi ecc.), nevrosi. Raramente episodi di epilessia (mal caduco o mal di Luna), soprattutto se è presente un aspetto poco armonico della Testa del Dragone con Marte e se Mercurio è afflitto da Urano o Nettuno.

Con Nettuno

Mancanza di plasticità psichica, scarsa sensibilità dell'animo, poca disponibilità verso il prossimo. Morbosità e fantasia delirante. Idealismo, illusioni, utopie. Dissolutezza, amori chimerici, passione per il gioco e i divertimenti. Attività illecite o immorali. Perdita di contatto con la realtà (autismo). Probabile uso di sostanze stupefacenti, tendenze schizofreniche. Sonnambulismo, allucinazioni, fenomeni catatonici.

Con Plutone

Problemi di carattere psicologico, difficoltà di autocontrollo. Mancanza di ambizione. Sensi di colpa, manie, tendenze piromani. Cleptomania, bisogno di cambiare tutto con molta frequenza.

Con la Luna Nera

Conflitto interiore a livello inconscio, indecisione, dubbi e incertezze. Difficoltà di rapporti con l'altro sesso di ordine istintivo e sentimentale. Individuo possessivo, geloso, ansioso e angosciato. Probabile tendenza a somatizzare i conflitti psichici (il segno nel quale si trova la Luna Nera generalmente indica l'organo colpito). Se a questo aspetto si aggiungono le dissonanze del Sole o della Luna, il soggetto difficilmente desterà attrazione, o interesse amoroso, da parte dell'altro sesso.

Il simbolismo di Lilith, la Luna Nera

Dopo avere scandagliato gli aspetti dissonanti della Testa del Dragone con i diversi corpi celesti, siamo giunti all'argomento più significativo, relativo alla Luna Nera. In questo senso è bene precisare che non è possibile parlare di questo aspetto astrologico senza approfondire le origini e la simbologia connessa con la figura di Lilith, l'incarnazione della Luna Nera.

✳ Origine e significato del nome Lilith

Lilith è un nome misterioso circondato da un'aura magica e, per alcuni aspetti, sinistra. Esso evoca arcane suggestioni e risveglia ancestrali terrori. La sua origine, inoltre, si perde nella notte dei tempi. La fonte più antica alla quale si può fare risalire la sua incerta etimologia è, con ogni probabilità, il poema sumero *Sha nagha imuru*, che, a quanto pare, risale al terzo millennio a.C., tradotto in italiano con il titolo di *Epopea di Gilgamesh*. Nell'ambito di questo leggendario poema, dai risvolti ermetici e di stampo iniziatico, si parla infatti di una certa Lìllà o Lilitu, la quale si era costruita una casa nel tronco di un *huluppu*, un salice. In seguito era stata costretta a lasciare la sua casa e a fuggire nel deserto inseguita dall'eroe Gilgamesh, che si apprestava a tagliare l'albero. La natura di Lilitu traspare da due elementi fondamentali, di carattere psicologico e mitologico. Nella lingua sumera, *Lìllà* significava Gran sacerdote o Sacerdotessa, mentre *lilitu* era un sostantivo che significava civetta, animale associato alle tempeste, ai fantasmi, alla morte, al tradimento e alle streghe. Con ogni probabilità

Lilitu alludeva, allora come oggi, alla donna vanitosa e leggera, che manca di riservatezza e si mette in mostra con lo scopo di adescare gli uomini e farsi corteggiare. In ogni caso la civetta, animale lunare per eccellenza, simboleggia da sempre le tenebre, l'oscurità della notte, il peccato e, in termini moderni psicoanalitici, le pericolose tendenze istintive rimosse nelle profondità dell'inconscio umano. Il secondo elemento, che chiarisce maggiormente la natura di Lilitu, è rappresentato dal tipo di albero in cui ella dimorava, il salice. Fin dai tempi più antichi, questo albero fu ritenuto sacro a tutte le dee della guerra e dell'amore, tra cui la dea sumerica Anatha (o Anth o Inanna); la dea babilonese-assira Ishtar, considerata la prostituta degli dèi; la dea libica Neith o Lamia; la dea greca Atena, nata, secondo una versione primitiva del mito, da un uomo-salice di nome Itono.
Lilitu continuò a comparire in altri miti babilonesi e assiri sotto forma di demone femminile che, all'approssimarsi delle notte, usciva dal deserto, o dal mare, per sedurre gli uomini con la sua bellezza, oppure per istigare le donne alla ribellione e all'odio nei loro riguardi. Questo archetipo femminile-lunare costituiva per i Babilonesi un elemento perturbatore dell'ordine familiare e sociale, la trasposizione terrestre della divinità femminea Tiamat (dal termine babilonese *tiamtu*, mare, oceano). In una società costruita su modello patriarcale, entrambe personificavano il disordine e il caos. Ma mentre Tiamat veniva uccisa dal dio solare Marduk, e quindi definitivamente cancellata, Lilitu continuava a sconvolgere la vita degli uomini sulla Terra.
Nella iconografia mesopotamica Lilitu veniva rappresentata come una donna dai capelli lunghi, provvista di ali e di artigli, in piedi su due leoni e con una civetta sul lato sinistro e un'altra su quello destro. Il nome Lilith pare derivare dal sostantivo *lajil*, utilizzato dai popoli semitici per indicare la notte. Questa etimologia è analoga alla voce sumerica *laylah*, che significa notte e configura un demone femminile che, all'approssimarsi delle tenebre, si mostra per far insorgere negli uomini la lussuria.
Anche gli ebrei si servivano delle parole *layla*, per definire l'angelo della notte e *layl*, per notte, termini che si avvicinano notevolmente a quelli della lingua araba, nel cui contesto ritroviamo il nome lìlak scuro, tenebroso; e ancora *lailat*, che significa notte e indica genericamente una donna misteriosa e perversa. Làila è invece il nome proprio femminile arabo

corrispondente all'italiano Leila. È proprio in alcuni testi ebraici quali la *Bibbia*, il *Talmud*, il *Sefer ha Zoar* (*Libro dello splendore*, testo cabalistico ed ermetico), alcune *Haggadah* (tradizioni popolari ebraiche) e alcuni *Midrash* (libri di indagine esegetica dei sacri testi ebraici), che incontriamo per la prima volta il nome Lilith, come appellativo della compagna di Adamo in una versione quasi identica a quella sumerica a noi già nota.
Anche se il contenuto psicologico è rimasto identico, non è semplice fornire un'adeguata versione del mito ebraico di Lilith, diverso e maggiormente elaborato rispetto a quello sumerico più antico, a causa delle numerose contraddizioni che si riscontrano nei testi ebraici citati. Le fonti, in ogni caso, sono in linea di massima concordi nell'affermare che Lilith sia stata la prima donna comparsa sulla Terra, creata da Dio direttamente dal fango come Adamo, contemporaneamente e indipendentemente da lui.
Lilith e Adamo iniziarono a litigare fin dal primo momento. Adamo voleva avere la supremazia su tutta la Terra e comandare anche su di lei, che, a sua volta, pretendeva di avere gli stessi diritti e rifiutava di sottomettersi alla sua volontà. Non riuscendo a ottenere la parità di dominio con Adamo, Lilith fu presa dalla collera e abbandonò il suo compagno, conducendo in seguito una vita errabonda. Dio la relegò in fondo al mare (in termini psicologici, nelle profondità dell'inconscio dell'uomo), e da una costola di Adamo generò Eva.

La "costola" di Adamo

Le modalità relative alla nascita di Eva, assai differenti da quelle connesse con la nascita di Lilith, stabilirono, fin dal principio della creazione biblica, un rapporto di stretta dipendenza della donna dall'uomo. Eva rappresenterebbe, in effetti, un'emanazione, un riflesso di Adamo: nata da lui e per lui, rappresentava esclusivamente la compagna devota, fedele e sottomessa, senza avere un'esistenza propria.
Unioni del genere non costituiscono un evento eccezionale nell'ambito della mitologia, soprattutto in quella dei popoli la cui civiltà era basata su un modello prettamente patriarcale. Basti pensare, in tal senso, a Iside e Osiride, in Egitto; Berenice e Tolomeo Emergete, nella Fenicia; Tanit, che portava l'epiteto di faccia di Ba'al e l'omonimo dio solare.
Nel mondo greco, invece, troviamo Giunone e Giove, Penelope e Ulisse, Andromaca ed Ettore. E ancora, in India Parvati e Shiva.

Totalmente diversa da Eva, Lilith non accetta la superiorità che Adamo vuole imporle e, al pari di una moderna femminista, esige da lui parità di diritti. Ella rappresentava, e rappresenta tuttora, l'archetipo e l'immagine della donna libera, emancipata, che è in grado di assumere una personalità propria e un ruolo indipendente, rifiutandosi in tal modo di farsi soggiogare dall'uomo o di vivere alla sua "ombra".

Il Rilievo Burney, altorilievo in terracotta risalente al II millennio a.C. e di probabile fattura paleobabilonese. Secondo alcuni studi si tratta della raffigurazione di Lilith

Esempi di personaggi simili sono presenti in numerosi miti, che, nella loro essenza, non sono altro che proiezioni inconsce di contenuti psichici umani e di archetipi universali e primordiali. Si tratta di divinità che non fanno coppia con alcuna divinità maschile e che conducono un'esistenza libera e indipendente. Artemide (che abbiamo già incontrato nella parte dedicata ai simboli e ai miti), dea greca della vegetazione e della fecondità, era una vergine casta, cacciatrice e guerriera raffigurata a livello iconografico con molte mammelle, ma più spesso con arco e frecce. Il fatto che fosse una dea dei boschi, a livello simbolico ci suggerisce che viveva in una condizione psichica fuori della norma. Infatti, Artemide (Diana per i Romani), appare come il ritratto di una donna ribelle (non dimentichiamo che si tratta di una divinità lunare), ombrosa, vendicatrice e crudele, che rifiuta la sua femminilità e, di conseguenza, il maschio e l'amore.
Questa dea della vegetazione arriverà perfino al punto di uccidere il giovane cacciatore Atteone e il gigante Orione, solo perché avevano osato posare il loro sguardo su di lei. Proprio ispirandosi al nome romano di questa divinità, Sigmund Freud (1856-1939), padre della psicoanalisi, denominò "complesso di Diana" la tendenza inconscia che spinge alcune donne a comportarsi in modo virile e ostile verso il sesso opposto.
Per queste sue caratteristiche negative, Diana talvolta viene identificata

L'IMBATTIBILE ATENA

Anche Atena (la Minerva dei Romani), dea greca, vergine, fiera e sdegnosa rivestiva analogo significato ed era raffigurata armata di lancia, scudo ed elmo. Atena, inoltre, era una guerriera difficile da battere, tanto che ferisce in combattimento perfino Marte, il dio della guerra. Alla stregua delle altre divinità della notte, Atena assume carattere notturno, come testimonia la civetta, animale simbolico a lei attribuito. Con il tempo, la dea subirà una trasformazione, perdendo le sue caratteristiche di crudeltà e oscurità e divenendo divinità della vegetazione e della fecondità, nonché dea della sapienza.
La nuova personalità della dea viene creata attraverso la sua seconda esistenza, che si origina dalla testa di Giove mediante partenogenesi. Ma nonostante questa rinascita, nella dea restano alcuni elementi dissonanti; per esempio, il fatto che ella sia nata solamente dal padre (Giove), senza la presenza e il concorso di una madre. Tutto ciò, in termini simbolici esprime una mancata accettazione della propria femminilità.

con la dea Ecate, la strega infera che creava gli incantesimi e provocava l'apparizione di spettri notturni e di mostri terrificanti.
Altre divinità femminili, legate alla nascita e alla morte, alla Terra e alla natura, alla guerra, alla fecondità e all'amore sono Anatha e la dea frigia Cibele. A proposito di quest'ultima, è interessante notare che il culto di Cibele, introdotto a Roma intorno al 204 a.C., racchiudeva inquietanti usi rituali. Sul Palatino, dove era stato edificato un tempio in suo onore, i sacerdoti a lei consacrati (Coribanti, Galli e Arcigalli), nel corso dei riti e dei festeggiamenti offerti a Cibele, e nel momento di maggiore esaltazione, si infliggevano profonde ferite e, in alcuni casi, si autoeviravano. Ciò conferma il carattere dominante e castrante della dea.
Secondo la mitologia, gli stessi dèi che ebbero la ventura di accoppiarsi con Anatha, Cibele e Ishtar, (rispettivamente Dumuzi, Attis e Tammuz), ebbero tutti un eguale destino, segnato da una morte violenta. È facile comprendere la ragione per la quale una simile immagine della femminilità assuma per l'uomo un aspetto freddo, oscuro e talvolta terrificante e castrante. Dai tempi biblici a oggi, l'uomo non pare avere integrato alla coscienza questo contenuto rimosso nel suo inconscio: il mito di Lilith ha così assunto, per la psiche umana, un'importanza sempre crescente, della quale esistono prove tangibili in ogni epoca. In base a quanto scritto nella

Cabala, il grande libro magico-esoterico, i Babilonesi e gli Assiri durante la notte pronunciavano scongiuri per impedire a Lilith di emergere dalle profondità del mare e di avvicinarsi alle loro case: "Fermati, fermati! Non entrare [...] ritorna, ritorna nel mare. Le sue onde ti chiamano", G. Scholem, *La Kabbale et sa symbolique*.
Allo scopo di proteggersi dagli attacchi di Lilith, fino al Medioevo gli ebrei indossavano amuleti non potendo fare a meno di rinnovare il mito che la riguardava, sempre presente e attivo nella loro anima, attraverso altre leggende e con i medesimi contenuti simbolici. Un esempio ci viene offerto da Dàlila (in ebraico Delilah), che porta un nome simile a quello di Lilith e incarna l'immagine della donna perversa, che attraverso l'inganno carpisce il segreto della forza a Sansone, taglia i suoi capelli e lo consegna nelle mani dei Filistei. Ancora ebrea è la storia di Giuditta (Yehudit in ebraico), la giovane e ricca vedova di Betulia, che taglia la testa di Oloferne, generale di Nabucodonosor, dopo avergli fatto credere di amarlo.
Si evince, quindi, che Lilith continua a vivere in ogni tempo e luogo, con le sembianze di Euridice, presso i Greci o sotto le spoglie di una sirena. Nella mitologia slava, invece, prendeva il nome di Rusalka e nella leggenda teutonica quello di Lorelei. In tempi più recenti, l'immagine intramontabile di Lilith appare nel celebre romanzo dello scrittore Antonio Fogazzaro (1842-1911), pubblicato nel 1910 e dal titolo *Laila*, la cui protagonista è una ragazza strana, enigmatica e infedele, che incarna perfettamente le caratteristiche legate a Lilith. Anche nell'ambito musicale ritroviamo questo archetipo, come nella famosa opera musicale del compositore austriaco Alban Berg (1855-1935), dal titolo *Lulù*, una fanciulla dalla bellezza infernale, che travolge nella più sfrenata passione ogni uomo che incontra, costringendo poi i suoi spasimanti al suicidio.

✳ Valenze psicologiche del mito di Lilith

Secondo quanto espresso dalla psicanalisi, un uomo che non è in grado di integrare a livello cosciente le esperienze sgradevoli avute con l'altro sesso è portato a proiettare, su ciascuna donna che incontra successivamente, le qualità negative rimosse nel suo inconscio. Per questo motivo, l'immagine

che il soggetto ha della figura femminile equivale a quella di una donna che odia l'uomo e lo contesta, oppure, che non è capace di comunicare a livello affettivo ed è eccentrica, anticonformista, ribelle, falsa, gelosa, tormentata. Inoltre, egli vede in lei un soggetto che esprime lussuria, seduce e rifiuta la maternità.
L'immagine di Lilith, al contrario, assume per la donna un significato completamente diverso rispetto a quello vissuto dall'uomo, visto che quest'ultima si identifica con tale archetipo e con la sua personalità individuale, a sé stante, che trascende i valori di Eva. Questo vuol dire che l'uomo, da parte sua, deve sacrificare la divinità interiore che risiede in lui. Ciò significa che deve rinunciare alla sua supremazia, connessa con le valenze mascoline-solari, in favore della supremazia mascolino-femminea lilithiana. In questo modo la sua virilità passa in secondo piano. Il suo ruolo di maschio dominante, in poche parole, viene a decadere.
Tale sacrificio è stato simbolizzato, nei vari miti, con la castrazione o con la morte di detta divinità. In termini psicoanalitici questo evento si traduce, per ciascun individuo maschile, nel prendere consapevolezza, accettare e integrare nei recessi profondi della coscienza, l'aspetto femminile inconscio che dimora nella sua psiche.

Significato astrologico di Lilith

Alla luce delle ultime scoperte della fisiologia, della psicologia e della psicoanalisi, la moderna astrologia ha potuto realizzare quel processo di evoluzione psichica che Jung definì: "processo di individuazione", prendendo in considerazione un valore astrologico spesso trascurato dalla tradizione, chiamato, appunto, Lilith.
In astrologia questo valore è detto anche Luna Nera, quasi a rilevare con maggiore vigore il significato cupo, oscuro e profondo che si cela in tale archetipo femmineo che, in sostanza, rappresenta per l'uomo l'aspetto oscuro e inquietante della donna, racchiudendo in sé l'insieme di tutte le esperienze negative vissute, prima con la madre e, in seguito, con le altre donne. Essa incarna, inoltre, i desideri del maschio insoddisfatto nei confronti del mondo femminile, così come i problemi di coppia rimasti

Dove si trova la Luna nera?

Prima di procedere all'interpretazione vera e propria, è utile comprendere che cosa sia esattamente la Luna Nera sotto il profilo scientifico e astronomico. Per evitare di originare confusione, cominciamo col dire che la Luna Nera, nella realtà, non rappresenta né un pianeta (come affermato da alcune scuole astrologiche), né alcun altro corpo celeste (stella, satellite, asteroide ecc.). Si tratta, viceversa, di un punto virtuale dello spazio, e precisamente il punto in cui la Luna, durante il suo movimento attorno alla Terra, verrebbe a trovarsi alla massima distanza da questa. Cerchiamo ora di scoprire di quale punto si tratta servendoci delle conoscenze che ci derivano dall'astronomia e dalla meccanica.

La prima legge di Keplero, da noi esposta nella parte astronomica, afferma che: "La Luna ruota attorno alla Terra, descrivendo un'orbita ellittica, di cui la Terra occupa uno dei fuochi". I punti estremi dell'asse maggiore dell'elisse, descritta apparentemente dalla Luna, si chiamano apsidi o absidi e rappresentano: uno, il punto in cui la Luna verrebbe a trovarsi più vicina alla Terra (perigeo lunare) e l'altro, il punto in cui la Luna verrebbe a trovarsi più lontana dalla Terra (apogeo lunare). La retta che congiunge il perigeo e l'apogeo lunare, in astronomia si chiama "linea degli absidi" e ruota apparentemente attorno alla Terra nello stesso senso dei pianeti con un moto diretto, il cui periodo è di circa 8 anni, 10 mesi e 4 giorni.

In astrologia, l'apogeo lunare è stato chiamato Luna Nera o Lilith, mentre il perigeo prende il nome di Priapo (divinità romana legata alla fecondità e alla sessualità ma anche controparte grottesca di Eros). Trattandosi di due punti astronomici, naturalmente è stato possibile compilare delle tabelle (Effemeridi) dalle quali si può desumere, giorno per giorno, la loro longitudine celeste e, di conseguenza, la loro posizione nello Zodiaco.

insoluti e le paure di carattere sessuale e amoroso. Per la donna la Luna Nera rappresenta, invece, quella parte della sua femminilità rimossa, che Jung chiamava "ombra", in contrapposizione con il suo Io ideale, cosciente, simbolizzato dalla Luna. Fintanto che l'uomo e la donna non avranno integrato a livello conscio questi valori negativi, incarnati dalla Luna Nera, questa agirà nella loro vita, influenzando soprattutto l'atteggiamento e il comportamento nei confronti dell'altro sesso. Come un insidioso sabotatore, manderà all'aria qualunque rapporto di coppia. Nell'iconografia che raffigura le antiche divinità femminili libere e indipendenti, da noi già descritte, queste appaiono con le sembianze simboliche di un serpente. Questo simbolo rappresenta l'animale tentatore e ingannatore, condannato a strisciare sulla Terra e a essere calpestato: "E io porrò inimicizia tra te e la donna e fra la tua progenie e la progenie di lei: essa ti calpesterà il capo e tu le ferirai il calcagno" (*Genesi*, 3,15). La donna, in questo caso, è la Eva occulta e il serpente è la trasposizione di Lilith. Tale, in sostanza, l'ambivalenza e la ricchezza psicologica espressa dalla Luna Nera, che assume pertanto un'importanza fondamentale nell'interpretazione di un oroscopo.

Per rappresentare la Luna Nera, l'astrologia ha elaborato un simbolo costituito da una croce sormontata da una falce lunare, elemento simbolico che esprime pienamente tutti gli aspetti ambivalenti dei valori di Lilith, colorandoli e arricchendoli del significato profondo e della forte carica emotiva racchiusa nei due componenti. Mediante la posizione nel "tema oroscopico" della Luna Nera, è possibile stabilire l'atteggiamento inconscio di una persona nei riguardi dell'amore e del sesso, diagnosticando l'eventuale esistenza e la natura dei conflitti psichici e di malattie psicosomatiche. A tale riguardo, assumono particolare importanza gli aspetti che la Luna Nera forma con il Sole e con la Luna, allo scopo di stabilire se esiste un corretto rapporto tra genitori e figli; con Venere e Marte, per evidenziare alcune modalità del comportamento amoroso, invece con Mercurio, Saturno, Urano, Nettuno e Plutone per rilevare eventuali tendenze nevrotiche, paranoiche, schizofreniche ecc.

✻ Aspetti dissonanti della Luna Nera

Attraverso la Luna Nera la pratica astrologica consente quindi di penetrare nella parte più profonda della psiche umana, nei recessi insondabili dell'inconscio, al fine di rischiararlo e di realizzare, nei limiti del possibile, una personalità più armoniosa ed equilibrata.

In proposito, pensiamo che sarà utile fornire una interpretazione della Luna Nera, sia pure sintetica e a carattere prevalentemente psicologico, per ciò che concerne i suoi aspetti dissonanti (congiunzione, quadrato, opposizione) con i pianeti e le posizioni da essa occupate all'interno delle varie case di un qualsiasi "tema oroscopico" di natività.

Con il Sole

Per l'uomo

Mancata identificazione con l'immagine paterna. Svalutazione a livello conscio della propria personalità. Tendenza a tradire gli amici con la loro moglie o amante. Passioni travolgenti nei riguardi di donne seducenti, misteriose, lussuriose, che trascinano alla perdizione e alla rovina.

Per la donna

Mancanza di un modello inconscio da assumere come immagine dell'uomo da amare. Odio nei riguardi dell'uomo in generale. Atteggiamento da donna superiore, appassionata e dai sentimenti sublimi.

Per entrambi

Rifiuto del padre, o da parte del padre. Conflitto con la figura paterna. Immaturità accompagnata dall'incapacità di fronteggiare le difficoltà di tipo affettivo e sentimentale. Tendenza ad avere rapporti umani solo a livello cerebrale e a svalutare tutti gli aspetti dell'esistenza. Mancanza di spontaneità e volubilità.

Con la Luna

Per l'uomo

Mancanza di un modello inconscio da assumere come immagine della donna da amare. Castrazione psichica da parte della madre, oppure tendenza all'autocastrazione. Odio nei riguardi della donna in generale. Paura morbosa della donna, probabile misoginia o ginecofobia. In alcuni casi omosessualità o impotenza.

Per la donna

Mancata identificazione con l'immagine materna. Contestazione del proprio essere. Autodegradazione. Disturbi endocrini e, qualche volta, manifestazioni legate alla ninfomania, sterilità e predisposizione agli aborti.

Per entrambi

Rifiuto della madre, o comunque da parte della figura materna. Immaginazione morbosa. Impulsi a confessare, sensi di colpa e bisogno di punirsi.

Con Mercurio
Mentalità contorta. Cerebralità eccessiva e inquietante.
Animo malsano e rifiuto di comprendere gli altri o comunicare con loro.
Talvolta blocchi mentali e squilibrio nervoso.

Con Venere
Rifiuto inconscio ad amare.
Per l'uomo
Rifiuto della donna, tendenza all'omosessualità, impotenza.
Per la donna
Rifiuto della propria condizione femminile, frigidità, inibizioni.

Con Marte
Scarsa forza di volontà e talvolta abulia.
Tendenza all'obesità e alle disfunzioni tiroidee. Tosse e afonia.
Predisposizione agli incidenti.
Per l'uomo
Rifiuto inconscio a essere virile.
Per la donna
Ostilità nei confronti dell'altro sesso e tendenza a castrare l'uomo.

Con Giove
Instabilità psichica. Incostanza nei propositi.
Condotta contraddittoria.
Tendenze anarchiche.

Con Saturno
Tendenza inconscia alla solitudine e all'autodistruzione.
Depressioni e frustrazioni.
Scrupoli eccessivi.
Talvolta, disturbi addominali e dolori alle articolazioni.

Con Urano

Mancanza del senso di opportunità. Carattere capriccioso e impulsivo. Reazioni esagerate alle emozioni. Esplosioni di aggressività assai pericolose.

Con Nettuno

Fantasia esaltata e talvolta delirio dell'immaginazione. Confusione mentale e, in alcuni casi, perdita totale della coscienza. Vita irregolare e immorale. Qualche volta schizofrenia e uso di droghe.

Con Plutone

Tendenza alle menzogne, alle simulazioni e al tradimento.

✻ La Luna Nera nelle Case astrologiche

Il valore astrologico delle Case è stato da noi esposto in precedenza, specificando il nome e la valenza zodiacale di ciascuna di esse. Per esempio, riferendoci alla Prima Casa, abbiamo definito il suo profilo denominandola *Domus Vitae*, ovvero Casa della Vita, e così di seguito per le undici restanti. Per tale ragione, nel presente paragrafo, le dodici Case saranno indicate semplicemente come Prima Casa, Seconda Casa e così via.

Prima di proseguire è bene fornire una spiegazione per la corretta interpretazione dei diversi significati presenti nei dodici settori. Nella Prima Casa saranno menzionati i differenti influssi caratteriali sia per l'uomo sia per la donna, mentre nelle altre Case tale differenziazione non sarà presente. Il motivo è da ricercarsi nel fatto che la *Domus Vitae* contiene in sé gli elementi più importanti del "tema oroscopico" e consente di penetrare sia l'Universo maschile sia quello femminile. Negli altri settori, invece, assume carattere generale riconducibile ai due sessi. Ciò non vuol sostenere che le Case che seguono rivestano minore rilievo, tutt'altro. Solo che la Prima Casa è quella che dà inizio all'intera sequenza, così come l'ultima, che chiude il ciclo.

Nella Prima Casa

Per l'uomo

Narcisismo, desiderio di essere diverso dagli altri, rifiuto delle regole convenzionali, sociali, religiose ecc.; gelosia morbosa, ossessività, misoginia o rifiuto della donna, disturbi sessuali, tra cui impotenza, complesso di castità, omosessualità latente, specialmente se la Luna Nera è vicina all'Ascendente.

Per la donna

Personalità forte, indipendente, narcisista e autoritaria, eccentrica, ribelle, gelosa, invidiosa, falsa, tormentata. Donna che ha continuo bisogno inconscio di adescare, sedurre e castrare ogni uomo che incontra; rifiuto inconscio ad allattare e a prendersi cura dei figli. È interessante notare che la Luna Nera si trova sull'Ascendente (fino a 2° o 3°) nel "tema natale" di quasi tutte le persone che possiedono un temperamento o un destino fuori dell'ordinario.

Nella Seconda Casa

Scarse capacità personali o deboli possibilità offerte dalla vita nell'acquisizione di beni materiali. Mancanza di fiuto negli affari, difficoltà economiche che comportano spesso rinunce e sacrifici, disprezzo per tutto ciò che è venale o si riferisce al denaro.

Nella Terza Casa

Infanzia poco felice, difficoltà nei rapporti sociali, soprattutto nei riguardi degli amici, scarsa volontà negli studi; rifiuto inconscio verso qualunque tipo di insegnamento. Possibile attaccamento morboso nei confronti dei consanguinei, in particolare verso i fratelli.

Nella Quarta Casa

Introversione e animo molto sensibile; natura inquieta, tormentata e talvolta angosciata. Instabilità familiare e problemi di identificazione con il padre o la madre.

Nella Quinta Casa

Rapporti sentimentali instabili e poco duraturi; atteggiamenti fuori dal comune e strani nei confronti dell'amore; rifiuto in amore di tutto ciò che viene considerato normale. Frustrazioni e inibizioni a livello creativo; rifiuto inconscio ad avere figli; *impotentia generandi* (impossibilità ad avere figli).

Nella Sesta Casa

Predisposizione a disturbi psicosomatici che assumono carattere di punizione da parte del Super-Io; rifiuto di rapporti non paritari e del lavoro di routine quotidiana.

Nella Settima Casa

Atteggiamento ambivalente nei riguardi del matrimonio e di ogni legame a carattere stabile e duraturo, scelta della persona con cui condividere la propria vita non rispondente alle proprie istanze interiori. Facilità di rottura di ogni rapporto d'amore, rifiuto di qualunque collaborazione nell'ambito della vita in comune, probabile infedeltà da parte del partner, problemi di carattere giuridico (cause, arresti ecc.).

Nell'Ottava Casa

Immaginazione morbosa ed erotismo inquietante. Problemi psicologici relativi al distacco forzato dalle persone amate: nevrosi d'abbandono, frustrazioni e crisi.

Problemi finanziari relativi a eredità o lasciti, o alla gestione di beni in comune con altri, tendenze autodistruttive. Predisposizione a malattie psicosomatiche, caratteristiche del segno dove si trova la Luna Nera, se questa contiene aspetti negativi.

Nella Nona Casa

Scarsa attitudine all'acquisizione di conoscenze intellettuali e spirituali di livello superiore. Mancanza di ideali e di aspirazioni etiche o artistiche, tendenza all'introversione, rifiuto di tutto ciò che è straniero o lontano.

Nella Decima Casa

Scarse capacità e possibilità di realizzarsi nei normali campi o attività professionali; difficoltà di affermazione personale nella vita sociale e professionale.

Nella Undicesima Casa

Mancanza di scopi nella vita, introversione e tendenza a chiudersi volontariamente in luoghi isolati (conventi o eremi), egoismo, pregiudizi, incomprensione, intolleranza e deboli capacità di adattamento nella vita sociale, delusioni da parte di amici.

Nella Dodicesima Casa

Contestazione dei grandi problemi umani, atteggiamento negativo di fronte alla vita, tendenza all'evasione, in genere per mezzo di droghe, relazione sentimentale segreta.

Come abbiamo visto, sia la Testa del Dragone sia la Luna Nera rappresentano i due elementi fondamentali di un oroscopo. In particolare la Testa del Dragone ci permette di prendere coscienza dell'eventuale esistenza del nostro Io più profondo, così come di quei meccanismi mentali che ci impediscono di accettare, e di superare a livello emotivo ed esistenziale, taluni aspetti della vita e della realtà circostante.
La Luna Nera, invece, rappresenta valenze squisitamente femminili, che esercitano sull'essere umano un potere sottile e una malia talvolta pericolosi che possono assumere un ruolo determinante nel risveglio della coscienza, nell'eliminazione dei conflitti interiori e nella creazione della personalità.
Più avanti forniremo un oroscopo campione, relativo a un celebre personaggio, nel quale la presenza della Testa del Dragone e della Luna Nera

hanno avuto un'importanza vitale. Prima, però, esamineremo in maniera dettagliata il significato delle dodici Case astrologiche, a prescindere dalla Luna Nera e dalla Testa del Dragone.

✻ Le dodici Case astrologiche

Prima Casa

La Prima Casa viene assegnata dalla tradizione all'Ariete. Con il suo nome, vuole indicare tutti quei fermenti e quegli impulsi formativi che consentono di trasformare la parte istintiva dell'individuo.
In sostanza, esprime l'Io, la costituzione del corpo e del carattere, e l'intero bagaglio di esigenze e di tendenze individuali che guidano verso l'affermazione della personalità.

Seconda Casa

Questa casa si riferisce al lato materiale e pratico dell'esistenza, inteso più che altro come mezzo per dare un sostentamento all'individuo durante il suo cammino nella vita. Il segno che presiede a questa Casa è il Toro.
Questo settore vuole indicare, inoltre, le forze individuali utili al superamento di tutti quei blocchi che possono essere causati da tutte le preoccupazioni materiali.
Essa indica anche i mezzi che ogni persona riceve, e

Antica mappa cinquecentesca che mostra i vari settori dello Zodiaco (Case), i segni zodiacali e le costellazioni

sa conquistarsi consapevolmente o inconsciamente, mezzi che trovano es-pressione sia nelle forze materiali sia in quelle psichiche.

Terza Casa

Nonostante questa Casa, in base alla tradizione, cada sotto il segno dei Gemelli, ciò non determina esclusivamente i nostri rapporti con i fratelli e neanche, come suggeriscono altre interpretazioni, il numero di viaggi che compiremo nel corso della nostra vita. Infatti, la Terza Casa va vista come la manifestazione di tutti quei vincoli che ci legano a un determinato modo di pensare e di agire, o ancora come espressione delle particolari affinità che ci vincolano all'ambiente in cui viviamo. Per quanto riguarda i viaggi, invece, essi possono essere interpretati, in alcuni casi, come le avventure del nostro pensiero e della nostra fantasia.

Quarta Casa

Questa Casa, attribuita all'influenza del segno zodiacale del Cancro, racchiude notevole importanza, visto che esprime la parte cosiddetta ereditaria, presente in ogni soggetto. Tuttavia non bisogna pensare che esprima unicamente i vincoli che ci legano ai genitori, poiché comprende anche tutti quei doveri che ogni individuo ha nei riguardi della società e del prossimo.

Quinta Casa

La Quinta Casa è posta sotto l'egida di un segno molto energico e volitivo, il Leone. Questo segno, la cui caratteristica è la forte individualità e consapevolezza, unite alla voglia di vivere i piaceri che offre la vita, conferisce alla Casa in questione particolari valenze. Nell'ambito di tale settore astrologico rientrano i rapporti con i figli e con la gioventù in genere. Rappresenta, inoltre, la capacità di vivere fino in fondo le cose belle che si incontrano nell'esistenza e i frutti che ci vengono donati, ovvero i figli, che tale Casa generosamente offre.

Sesta Casa

Nonostante questa Casa, tradizionalmente associata al segno della Vergine, venga spesso interpretata come un barometro che segnala lo stato di salute di una persona, si può estendere il suo significato fino a farla diventare un indice delle maggiori o minori possibilità di conquistare un benessere tanto fisico, quanto materiale. Essa simboleggia anche le circostanze, le occasioni, i mezzi personali, o forniti dagli altri, che consentono, in linea di massima, di avere una vita tranquilla, ordinata e serena.

Settima Casa

Il segno dominante all'interno di questa Casa è quello della Bilancia. Il suo ruolo non è semplicemente quello relativo ai legami sentimentali, ma comprende anche tutti quei contatti che sono necessari per raggiungere una perfetta armonia con il nostro prossimo. Esprime inoltre l'atteggiamento assunto da una persona nei riguardi della comunità.

Ottava Casa

Il nome di questa Casa (Casa della Morte), può suscitare sentimenti contrastanti e infondere paura. In realtà, il concetto espresso da tale settore non si riferisce unicamente alla morte fisica, ma assume piuttosto il significato di rinnovamento, che ritroviamo anche nell'ambito della Nigredo alchemica (morte simbolica o putrefazione della materia vile o natura inferiore).

Tale concetto viene rafforzato anche dalla XIII Lama dei Tarocchi, la Morte, che allude proprio al cambiamento, alla trasformazione e alla rinascita. In sostanza, si tratta della morte di quei vincoli connessi con il passato o con la vecchia personalità, meno evoluta rispetto a quella attuale.

Essa raffigura le soste forzate nel cammino individuale, quei sacrifici, dolori e rinunce che devono necessariamente essere vissuti pienamente, allo scopo di liberare e arricchire lo spirito con nuovi valori. Tale concezione rispecchia abbastanza correttamente il carattere dello Scorpione, il segno dominante nella Ottava Casa.

Nona Casa

La Nona Casa, relativa sia alla religione sia ai viaggi, cade sotto l'egida del segno del Sagittario. Questo settore astrologico riveste carattere filosofico-religioso e condensa in sé tutte le strade che la vita offre, allo scopo di sviluppare il mondo spirituale presente in ciascun essere umano e quegli elementi che, al di sopra di qualunque dogmatismo, sostengono l'uomo durante la conquista e il raggiungimento delle sue aspirazioni. L'aspetto legato ai viaggi, invece, può essere inteso come lo spaziare del nostro spirito nel mondo delle idee, e la capacità di penetrare, mediante la riflessione, nella parte più profonda della psiche: l'inconscio.

Decima Casa

La Casa che analizzeremo adesso è legata al segno del Capricorno e riassume in sé tutte quelle forze e poteri individuali che spingono un soggetto, inconsciamente o consapevolmente, verso la conquista del successo esteriore. La Decima Casa, insomma, offre la possibilità di riuscire, mediante il concorso della volontà unita a una lenta maturazione, a conquistare le occasioni offerte dalla vita. Essa allude al successo, un successo autentico e duraturo ottenuto esclusivamente con le sole capacità dell'Io.

Undicesima Casa

Il segno zodiacale dell'Acquario è intimamente legato all'Undicesima Casa, la quale vuole indicare tutte quelle circostanze fortunate capaci di rendere realizzabile qualsiasi speranza o progetto. Tali circostanze appartengono alle mete e agli obiettivi insiti nell'essere umano, qualcosa che si adatta perfettamente alle capacità di un individuo. Questo settore astrologico, dunque, indica tutto ciò che di positivo il destino può donare gratuitamente sotto forma di forze amiche e un pizzico di fortuna al momento giusto.

Dodicesima Casa

Dopo le circostanze fortunate, analizzeremo ora eventi meno positivi, o sfortunati, relativi alla dodicesima Casa, posta sotto l'egida del segno dei Pesci. Quali possono essere gli elementi negativi associati al settore in questione? Sicuramente le forze contrarie connesse con il fato, le barriere che rendono sempre difficile il corso della vita. Impedimenti esterni, ma anche interiori creati dalla persona stessa, sovente provocati da ipersensibilità e dalle limitazioni caratteristiche del segno dei Pesci.

✻ L'oroscopo relativo a Toulouse-Lautrec

Come anticipato, analizzeremo adesso un oroscopo campione. Per questo studio, e in generale per quello relativo all'astrologia occulta della Luna Nera, oltre alla nostra personale esperienza e competenza in questo campo, ci siamo avvalsi anche del lavoro di Francesco Monte, il cui testo è citato nella bibliografia.

La potente influenza esercitata dalla Luna Nera e dalla Testa del Dragone sulla vita e sulle opere di ogni essere umano risulta con particolare evidenza anche dall'oroscopo natale del celebre artista impressionista francese Henry-Marie-Raymond Toulouse-Lautrec. Nato ad Albi, nella Francia meridionale, alle ore 6 del 24 novembre 1864, Lautrec era un Sagittario, malaticcio, deforme e con un aspetto poco gradevole.

Egli cercava di cogliere e fissare sulla tela l'essenza stessa della vita, che da lui sfuggiva lentamente. Le gravi dissonanze astrologiche che erano presenti nel suo "tema natale", specialmente quelle relative alla Luna Nera e alla Testa del Dragone, confermano la profonda disperazione esistenziale e il travaglio interiore che traspaiono anche dalle sue opere pittoriche. La Luna Nera, in quadrato con Mercurio e con Marte, conferirono a Lautrec debolezza di carattere, mentalità bizzarra e squilibrio nervoso. Ma a portarlo all'assuefazione da alcool e, infine, al *delirium tremens* con conseguente ricovero in manicomio, contribuì la Testa del Dragone posta nella Dodicesima Casa, o *Domus Inimicorum*, *Captivitatum* (Casa degli affanni), in opposizione con Plutone in Sesta Casa o *Domus Aegritudinum* (Casa della salute). Entrambe le Case riguardano la salute, le prove e il ricovero. Quando il grande artista affermò che: "La vita è una cosa sfrenata", aveva con ogni probabilità già preso coscienza delle tendenze che lo portavano a ogni genere di eccessi e alla perdizione. Nonostante ciò non fu in grado di evitare che questo avvenisse.

✳ Afeta (o Hyleg) e Anareta

La vita di ciascun uomo veniva considerata dagli antichi astrologi intimamente collegata a una specifica configurazione astrale, sulla base della misteriosa relazione di analogia che, fin dalla notte dei tempi, si pensava intercorresse fra l'evoluzione cosmica e il destino umano, come ritroviamo anche nella famosissima *Tavola Smaragdina* o *Tavola di Smeraldo* (attribuita al "tre volte grande" Ermete Trismegisto).
La *Tavola* era costituita da uno splendido smeraldo, sul quale erano incise le sette leggi che racchiudevano tutti i segreti del mondo e della sua creazione. Tra queste, la legge dell'analogia così affermava: *Quod est inferius est sicut quod est superius et quod est superius sicut quod est inferius, ad perpetuando miracula Dei unius* ovvero "Ciò che è in basso è come ciò che è in alto e ciò che è in alto è come ciò che è in basso, per perpetuare i miracoli dell'unico Dio". In altre versioni troviamo scritto nel finale: "[...] per creare il miracolo della cosa unica".
Quindi, secondo questa antichissima legge segreta, fra l'ordine celeste e quello terrestre, fra il macrocosmo (Universo) e il microcosmo (uomo), fra il corso degli astri e il destino umano, esiste una relazione di analogia, in virtù della quale ciascun pianeta è dotato di un certo potere, una sorta di influenza che agisce sugli esseri umani.
La durata della vita dell'uomo, in particolare secondo l'astrologia tradizionale, era commisurata alla lunghezza dell'arco zodiacale compreso fra i due punti sui quali, al momento della nascita, si trovavano due caratteristici pianeti. Il punto iniziale di tale arco celeste veniva chiamato "punto afetico" e il pianeta che si trovava su di esso Afeta. L'estremità finale dello stesso arco, e il pianeta che si trovava su di esso, venivano invece chiamati rispettivamente "punto anaretico" e Anareta. In pratica, nell'elaborazione di un oroscopo, questi due punti e i corrispondenti pianeti, erano oggetto di studio accurato e approfondito da parte degli antichi astrologi.
A tale riguardo, sembra che per la determinazione dei due pianeti questi

dotti conoscessero alcuni metodi complessi ma precisi, dei quali purtroppo ci sono giunti solo alcuni frammenti, a volte contraddittori. La matrice comune, che ha generato tali concetti astrologici risale a epoche remote, quando i primi astrologi Caldei (classe sacerdotale di sapienti versata nell'astrologia, nella *Cabala*, nella magia, nell'astronomia, nella geometria e nella matematica), studiavano con successo la scienza astrologica. In seguito, queste ricerche si estesero anche agli Egizi, ai Greci e agli Arabi, solo con il tempo, e in maniera frammentata, tale studio è giunto fino a noi. L'estremo interesse contenuto in questa forma di conoscenza, così importante per l'uomo, ci spinge ad approfondire l'argomento. L'etimologia del termine Afeta risale, molto probabilmente, alla parola ebraica *aphec* che significa forza, vigore. O ancora, a una delle seguenti parole greche: afètes (colui che da forza o vita) e *afetos* (colui che lascia partire).

✳ Tommaso Campanella *Magister astrologiae*

Nel XVI secolo il filosofo-iniziato Tommaso Campanella (il quale si definiva *Magister astrologiae*), in numerosi suoi scritti si serve del termine Afeta, con lo scopo di indicare il punto in cui ha origine la vita e dal quale si determina il destino. Nella sua celebre opera *La Città del Sole*, egli afferma, inoltre, nel verso 462 che: "Il Sole e la Luna sono Afete", ed elabora l'oroscopo di quella che dovrebbe essere una moderna città ideale.

> "Onde quando edificaro la città, posero i segni fissi nelli quattro angoli del mondo. Il Sole in Ascendente in Leone, e Giove in Leone orientale dal Sole, e Mercurio e Venere in Cancro, ma vicini che facean satellizio; Marte nella nona in Ariete, che mirava di sua Casa con felice aspetto l'Ascendente e l'Afeta, e la Luna in Tauro, che mirava di buono aspetto Mercurio e Venere, e non facea aspetto quadrato al Sole. Stava Saturno entrando nella Quarta, senza dar malo aspetto a Marte e al Sole". (La città del Sole versi da 927 a 937).

In astrologia, la parola Afeta venne usata generalmente per indicare il pianeta che innesca il processo vitale di una particolare persona, liberandola dal grembo materno e facendola quindi nascere. In base a un'antica versione, Afeta era il pianeta che, trovandosi nello stesso segno del Sole alla

nascita di ogni individuo, era in grado di dispensargli il potere e l'energia necessari per vivere, crescere, riprodursi e compiere il suo destino.
Secondo altri astrologi, invece, Afeta era il pianeta dotato di poteri divini e di particolari influenze astrali, che aveva il compito di far nascere (*afetos*, che lascia partire), in un dato momento e luogo un certo individuo, stabilendo in tal modo il suo destino, sottoponendolo alla volontà del fato, tenendolo sotto il proprio dominio dandogli luce e forza nella vita, accompagnandolo e vegliando su di lui, proteggendolo nel suo cammino, e, infine, spegnendosi assieme a lui.
La funzione di Afeta, che veniva identificato in genere con il pianeta che sorgeva all'Ascendente (o si trovava da 5° sopra a 25° sotto l'Ascendente), sarebbe stata quella di esecutore dei voleri del Creatore, governatore, protettore, guardiano, conduttore e regolatore. Nei dizionari inglesi di astrologia si trova ancora oggi: "*Apheta: the prorogator*" (colui che differisce nel tempo la scadenza di qualche cosa); o anche "*Apheta: the giver of life*" (colui che dà la vita). Ciò significa, come confermano anche alcune statistiche, che a dare il via alla nascita di un individuo sia appunto un astro specifico, Afeta, che, oltre alle caratteristiche succitate, sarebbe in armonia con le virtualità psicofisiche di un essere umano e con il suo corredo genetico. Tale concezione è confermata anche nell'*Antico Testamento*, precisamente all'interno dei *Libri Didattici*: "Ogni cosa ha il suo tempo, e dentro i termini loro assegnati passano tutte le cose sotto il Cielo: tempo di nascere e tempo di morire", (*Ecclesiaste* 3,1-2). Queste parole comunemente sono conosciute anche nella seguente versione: "Esiste sotto i cieli un tempo giusto e un luogo giusto per ogni cosa, uno per nascere e uno per morire". Attualmente, alcuni astrologi moderni hanno utilizzato un sinonimo di Afeta, si tratta della parola Hyleg, la cui incerta etimologia è riconducibile, con ogni probabilità, all'ebraico *Hel-Hay*, nome attribuito a Dio quale creatore dell'Universo, o all'arabo *El-hayah*, che significa "vita". Secondo altre versioni, il termine Hyleg, deriverebbe dal greco *ile* (latino *hyilo*), che viene usualmente tradotto in italiano con una di queste parole: selva, albero o legno. Il senso riposto di questi termini assume valenze più profonde, che alludono al "principio della vita" insito nella materia.
In termini puramente filosofici Hyleg rappresenterebbe l'eterno "principio della vita" nel quale sono racchiuse tutte le virtualità dell'"essere", come

accade al seme di un albero che concentra in sé potenzialmente la materia, la forma e la specie dell'albero stesso.
In un oroscopo, quella che viene definita la "dominante" indica il pianeta che caratterizza la struttura psichica dell'individuo e, di conseguenza, il suo atteggiamento generale nei confronti della società e del mondo, mentre Hyleg, o Afeta, rappresenta il pianeta che ha maggiore influenza positiva sull'essere umano. Nel caso in cui Afeta domini nel "tema natale" di una persona, questa avrà nel complesso un'esistenza felice e lineare, orientata positivamente, e supererà le difficoltà e gli ostacoli che si frappongono alla sua realizzazione.
Se, al contrario, nel "tema astrologico" domina il pianeta Anareta, spesso la vita di questo individuo sarà soggetta a influenze negative e a ogni genere di prove. Anareta, in pratica, incarna valenze negative, ed è il pianeta che si oppone alle influenze positive sprigionate da Hyleg o Afeta. Anareta, secondo quanto espresso dalla tradizione astrologica, presiede agli eventi più infausti quali gli incidenti, le malattie e la morte.
Tali prerogative nefaste dell'astro possono essere dedotte anche dall'etimologia del termine Anareta o Anereta, che deriva dal sostantivo greco *anairetes* (distruttore o uccisore). Gli antichi Latini chiamavano questo pianeta *Abscissor Vitae*, che proviene dal verbo *abscindere*, che significa tagliare, troncare, uccidere, riferendosi probabilmente alle tre Moire della mitologia greca, assimilate alle Parche latine.

Il filo del destino...

Il loro nome rispettivamente era Cloto, che filava con il fuso il filo della vita, Lachesi, che lo misurava, e infine Atropo, che lo recideva. Secondo la mitologia, solo Giove poteva intervenire in favore di chi veniva da lui prescelto e, anche se il filo della vita di costui stava per essere reciso dalle forbici di Atropo (Abscissor Vitae), egli avocava a sé la prerogativa di misurare personalmente la lunghezza del filo e, quindi, la vita dell'uomo, assumendo in tal modo la funzione di Afeta quale prorogatore. Ciò spiega perché un uomo può affermare (in base a motivazioni inconsce), di essere nato sotto una buona o cattiva stella.

Il fatto che un individuo associ e leghi la sua nascita e il suo destino a un pianeta benefico (Afeta o Hyleg), riveste un profondo significato simbo-

lico, oltre a una valenza psicologica notevole. Infatti, così facendo egli si inserisce nei grandi ritmi cosmici e si armonizza a livello inconscio con essi, partecipando così sia alla regolarità sia alla perfezione insita nel moto del pianeta stesso e, nel medesimo tempo, anche dei suoi attributi positivi quali, forza, vigore, privilegi, protezione, amore ecc.
Tuttavia, oltre ad Afeta, sullo Zodiaco si trovano molti altri pianeti, stelle e costellazioni soggetti a eventi non sempre favorevoli (eclissi, aspetti negativi ecc.), nei quali l'uomo proietta sovente le sue esperienze più tristi, le speranze disattese o le aspirazioni che richiedono il superamento di prove e di ostacoli a volte insormontabili.

Il simbolismo esoterico della Luna

Finora abbiamo cercato di fornire un'idea, nei limiti del possibile chiara e completa, di quegli elementi della tradizione astrologica occulta che contengono un certo fondamento scientifico e, per tale ragione, sono universalmente riconosciuti dall'astrologia moderna.
Per ciò che concerne la Luna Nera e la Testa del Dragone, abbiamo dimostrato come esse rappresentino due realtà astronomiche tangibili, che simboleggiano contenuti psichici inconsci proiettati sullo Zodiaco, i quali, se non sono integrati a livello conscio, tengono l'uomo prigioniero di se stesso, impedendogli di disporre liberamente della sua volontà e delle proprie forze.
Allo scopo di rendere completo l'argomento sinora esposto, ci è sembrato giusto approfondire ulteriormente tali tematiche parlando di alcuni valori meno conosciuti, legati all'insegnamento astrologico tradizionale. Questi, pur non mostrando attualmente quelle valenze scientifiche che hanno formato le precedenti argomentazioni, vengono tuttavia presi in considerazione da alcuni autorevoli trattati di astrologia. Ci riferiamo per l'esattezza alle parti planetarie, ai decani, ai gradi zodiacali e alle stelle fisse.

✳ Le parti planetarie

Le parti planetarie (o punti sensibili) sono alcuni punti particolari del "tema oroscopico" di nascita ai quali l'astrologia, fin dai tempi del grande Tolomeo, attribuiva estrema importanza. Si conoscono oggi circa un

centinaio di parti: punto dell'amore, punto della professione, punto della bellezza, punto del potere, punto della ricchezza, e così via. Solo due di essi, però, vengono presi in considerazione dall'astrologia dei nostri giorni: il punto della fortuna e il punto della morte.
Gli ideogrammi che raffigurano questi quattro punti sono rispettivamente un piccolo cerchio circoscritto a un segno di moltiplicazione e una piccola croce a braccia uguali. Il punto della fortuna si calcola riportando, a partire dall'Ascendente, la distanza angolare in gradi esistente fra il Sole e la Luna, misurata seguendo l'ordine di successione dei segni. Se, per esempio, l'Ascendente è a 10° della Vergine, il Sole a 15° del Toro e la Luna a 15° dei Gemelli, la distanza angolare fra il Sole e la Luna sarà di 30°, che sommati ai 10° della Vergine darà, per il punto di fortuna, 10° della Bilancia.
Sostituendo al Sole e alla Luna i vari pianeti, e facendo calcoli analoghi a quello appena riportato per il punto di fortuna, si possono ottenere le altre parti planetarie. È evidente a questo punto che tali parti non sono realtà astronomiche, ma semplici punti del "tema oroscopico", estrapolati da calcoli che non si basano su alcuna dimostrazione logica o scientifica.
In base all'esperienza pratica effettuata dagli odierni astrologi pare, inoltre, che dette parti non rivestano particolare importanza nell'interpretazione di un oroscopo.

✻ I gradi zodiacali

Come è noto lo Zodiaco è la fascia circolare di Cielo, larga circa 16°, che circonda l'eclittica e lungo la quale si muovono il Sole, la Luna e gli altri pianeti. Esso consta di 360°, ciascuno dei quali, secondo la tradizione astrologica, corrisponderebbe a un'immagine simbolica (Calendario tebaico, Sfera barbarica ecc.). Basandosi su tale corrispondenza, mediante la posizione in cui si trovano nel "tema oroscopico" l'Ascendente, il Medio Cielo, il Sole, la Luna e i vari pianeti, è possibile trarre una serie di raffigurazioni che si ritiene possano esprimere, in maniera sintetica e simbolica, le caratteristiche essenziali di una persona. Queste raffigurazioni, a quanto pare risalenti al tempo dei Sumeri e in alcuni casi sibilline, ma più spesso suggestive e cariche di valenze ermetiche, si differenziano tra loro a secon-

da delle scuole astrologiche che le hanno prese in considerazione. Esse sono state successivamente riprese, in una sorta di trattato di astrologia, da un personaggio misterioso, l'*homme rouge des Tuileries* che, secondo la *Cabala*, sarebbe il padrone della luce della conoscenza.
È interessante notare in proposito che le Tuileries erano le fabbriche di tegole che si trovavano a Parigi, sulla riva destra della Senna.
Su quello stesso terreno Caterina de' Medici (appassionata di astrologia e non solo...), fece costruire la sua residenza reale che ne prese il nome.
L'interpretazione simbolica di tali gradi fornisce sovente degli elementi preziosi, anche se da sola non è sufficiente per un'adeguata e completa elaborazione oroscopica.

✻ I decani

I decani sono i 36 settori in cui può essere suddiviso lo Zodiaco. Ciascuno di essi, come indica il nome, comprende un arco zodiacale di 10°. La tradizione astrologica attribuisce l'invenzione dei decani agli antichi Egizi, i quali se ne sarebbero serviti per determinare le ore della notte, osservando le costellazioni che corrispondevano a ognuno di essi e che apparivano in un certo momento all'Ascendente.
In realtà esistono rappresentazioni di decani su alcuni sarcofagi egizi della X Dinastia (2000 a.C.), ma di essi fa menzione anche il poema assiro-babilonese *Enuma Elis*, che, a quanto sembra, risale al terzo millennio a.C. In tutti i casi, i decani hanno rivestito in passato un ruolo molto importante in astrologia. Ognuno di essi era governato e regolato da un luminare o da un pianeta, ed esercitava il suo potere e la sua influenza per dieci giorni consecutivi.
Ogni segno zodiacale comprendeva, in tal senso, tre decani, a ciascuno dei quali era attribuito un simbolo particolare e un significato specifico. Per esempio, il simbolo del terzo decano dei Pesci, al quale viene associato il pianeta Marte, è raffigurato, nell'astrologia indiana, dall'immagine di un giovane che abbraccia una bella donna. Questo decano esprime il bisogno e il desiderio inconscio da parte dell'uomo di godere, dopo la sua attività (talvolta anche bellica), di un po' di amore, tranquillità,

benessere e prosperità. I decani, che ancora oggi vengono maggiormente presi in considerazione nell'interpretazione di un oroscopo, sono quelli che si trovano nell'Ascendente, il Medio Cielo, il pianeta dominante, il Sole e la Luna. Combinando tra loro i significati dei simboli corrispondenti a questi decani, si può avere un'indicazione utile per la determinazione, insieme con gli altri fattori astrologici, delle tendenze psichiche dalle quali è dominato l'inconscio della persona alla quale si fa l'oroscopo.

✳ Le stelle fisse

Le stelle sono corpi celesti che, a differenza dei pianeti, sono costituiti di materia in fase di reazione nucleare, che sottende in genere alla trasmutazione di idrogeno in elio; di conseguenza brillano di luce propria. Per i popoli antichi, invece, le stelle erano corpi celesti fissi nello spazio mentre i pianeti erano gli astri erranti, ossia i corpi celesti che si muovevano lungo la fascia zodiacale. I Sumeri chiamavano i pianeti con il nome di *Ilani Stimati* e cioè le "divinità dei destini", che determinavano con il loro movimento le azioni, la fortuna e la sorte degli uomini. La tradizione astrologica, però, estese ben presto tali prerogative anche alle stelle, che furono dette stelle fisse per distinguerle, appunto, dai pianeti.
L'influenza dell'uomo sulla vita era considerata particolarmente forte quando la stella fissa era di prima grandezza, vicina all'eclittica e in congiunzione stretta (orbita inferiore ai 2°) con l'Ascendente, il Medio Cielo, con i luminari (Sole e Luna) o con un pianeta dominante sul "tema oroscopico" di nascita.
L'azione di ogni stella, a ogni modo, sarebbe stata quella di rinforzare, o di attenuare, gli effetti del pianeta con il quale essa si trovava in congiunzione, a seconda che quest'ultimo fosse rispettivamente della stessa natura o di natura opposta a quella della stella.
Alcuni trattati di astrologia citano più di duecento stelle fisse aventi influenza sugli esseri umani. Abbiamo ritenuto opportuno elencare in questo paragrafo quelle che ancora oggi rivestono maggiore importanza rispetto all'interpretazione oroscopica, precisando a riguardo che le

stelle vengono qui indicate in base all'ordine decrescente di luminosità, e anche mediante lettere dell'alfabeto greco seguite dal genitivo latino della costellazione alla quale appartengono.

Stelle fisse pericolose

Elenchiamo di seguito le stelle ritenute pericolose per la salute o in grado di ostacolare il successo.

Algol (dall'arabo *al-ghul*, demonio): *Beta Persei*, situata a 25° del Toro (grandezza 2,2). Essa è considerata la più dannosa di tutte, probabilmente a causa della notevole variazione di splendore che subisce periodicamente, ogni 69 ore circa.

Alcione: *Eta Tauri* è la più splendente delle Pleiadi ed è situata a 29° del Toro (grandezza 2,9).

Asellus Australis: è una stella della costellazione del Cancro, posta sull'eclittica, a 6° dal Leone.

Antares (dal greco Antares, rivale di Marte): *Alpha Scorpii*, la più luminosa della costellazione dello Scorpione, sita a 9° del Sagittario (grandezza 1,2). I popoli mesopotamici la chiamavano il "becchino delle carovane", si tratta di una delle stelle più nefaste dopo Algol.

Stelle fisse benefiche

Elenchiamo di seguitole stelle benefiche che assicurano benessere, prosperità e fortuna.

Aldebaran (dall'arabo al-dabaran, quella che segue le Pleiadi): Alpha Tauri, della costellazione del Toro, situata a 9° dei Gemelli (grandezza 1,1). È particolarmente efficace nell'affermazione sociale e professionale.

Betelgèuse (dall'arabo Yad al-giawza, la "mano del gigante"): Alpha Orionis è la stella più splendente della costellazione di Orione, situata a 28° dei Gemelli (grandezza variabile da 0,5 a 1,1).

Sirio (dal greco seiros, ardente): Alpha Canis è la stella più brillante del Cielo (grandezza-1,4) della costellazione del Cane Maggiore, posta a 13° del Cancro. Il sorgere eliaco (termine astronomico riferito ad astro che sorge e tramonta rispettivamente prima o dopo il Sole) di Sirio coincideva nell'antico Egitto con i giorni più caldi dell'anno e segnava l'inizio dell'anno astronomico.

Regulus (dal latino regulus, piccolo re): Alpha Leonis la più luminosa della costellazione del Leone. Posto a 29° del Leone, è considerata la più benefica fra tutte le stelle fisse e si trova quasi sull'eclittica (grandezza 1,3).

Spica: Alpha Virginis, è la stella principale della costellazione della Vergine. Sita a 23° della Bilancia, si trova vicino all'eclittica (grandezza 1,2).

Vega (dall'arabo an nasr al-wagì, aquila cadente): Alpha Lyrae è la stella più brillante della costellazione della Lyra ed è situata a 14° del Capricorno (grandezza 0,14).

Fomalhaut (versione francese dall'arabo fam al Lut, "bocca del pesce"): Alpha Piscis Austrini è la stella principale della costellazione del Pesce Australe, sita a 3° dei Pesci (grandezza 1,3).

✳ L'antica sapienza dei Tarocchi

La sapienza, quella autentica, si cela tra milioni di simboli, e in ciascuna configurazione viene criptato un linguaggio segreto noto solo agli iniziati. Figure, disegni e segni grafici compongono un gigantesco mosaico, il cui senso riposto contiene i referenti di una scienza antichissima, conosciuta a fondo dalle antiche classi sacerdotali e sapienziali dell'antico Egitto. Le tessere di questo mosaico, una volta ricomposte, sono in grado di fornire un quadro unitario di tale conoscenza attualmente dispersa, ma ben conosciuta dai sapienti di ogni parte della Terra.

Sotto questo profilo, i Tarocchi si rifanno a questa dottrina sapienziale e racchiudono simbolismi arcani, riconducibili ad antichissime scuole iniziatiche. L'unitarietà espressa dai Tarocchi si sposa perfettamente con l'unità totale e universale, insita nelle dottrine ermetiche, alchemiche, esoteriche e magiche che si snodano nel regno metafisico.

Prima di entrare nell'ambito del simbolismo lunare, e in particolare nel contenuto della XVIII Lama dei Tarocchi, analizzeremo le origini di questo libro illustrato mediante figure allegoriche, contenente i semi di un pensiero filosofico-occulto nel quale è rinvenibile tutto lo scibile esoterico universale, la cui origine risale ai primordi dell'umanità. Il nome originario dei Tarocchi (o Lame) è *Libro di Thot*, denominazione coniata da Antoine Court de Gebelin.

✳ Antoine Court de Gebelin, il massone archeologo

Antoine Court de Gebelin (1719-1784) non fu semplicemente un pastore protestante appassionato di archeologia, come talvolta viene riferito nei manualetti pratici dedicati ai Tarocchi. In effetti, egli fu Censore Reale, carica insolita per un uomo che professa una fede protestante, e presidente del Musèe, una società letteraria parigina. Ma, cosa più importante, per dieci anni fu a capo di una loggia massonica, "Les Neuf Soeurs", che accoglieva gli illustri pensatori di quell'epoca, come gli enciclopedisti Diderot e D'Alembert, gli scienziati Franklin e Lalande, i teorici della rivoluzione francese Danton e Desmoulins e, infine, l'eroe della rivoluzione americana Lafayette.
Oltre a ciò, de Gebelin strinse alleanze con alcuni collegi di ispirazione rosacrociana e martinista (società iniziatiche ed ermetiche), e, soprattutto, divenne amico di J.B. Willermoz (1730-1824), ideatore del "Rito Scozzese Rettificato", in seno alla Massoneria francese e di L.C. de Saint Martin (1743-1803), che con la sua opera ispirò le correnti occultistiche più importanti dell'Ottocento. E ancora, fu affiliato all'Ordine dei Filateti, la società segreta che nel 1871 avrebbe ereditato gli archivi del disciolto Ordine degli Eletti Cohen, fondato da Martines de Pasqually.
In ogni caso, de Gebelin passò alla storia per altri motivi, ed esattamente per la sua opera o, per meglio dire, il saggio *Du jeu des Tarots*, apparso nell'ottavo volume di *Monde Primitif, analisè et comparè avec le monde moderne* (1773-1784). Nove volumi che miravano a ricondurre le tradizioni dei vari popoli alla presunta unità primitiva. A tale scopo, egli studiò in modo comparato parabole sacre, miti, nomi propri, radici linguistiche, geroglifici, blasoni, dipinti, monumenti e quant'altro potesse servire al fine di confermare la sua tesi.
Per quanto riguarda i Tarocchi, invece, de Gebelin, affiancato da un ignoto collaboratore, prese in esame un tarocco marsigliese e ne stabilì, senza una prova circostanziata, l'origine egizia. Egli indicò, dal suo punto di

vista, le molteplici capacità operative del tarocco, non escluso l'aspetto ludico e divinatorio. In questo senso, mise in luce le corrispondenze degli emblemi con l'alfabeto ebraico, e, di conseguenza, implicitamente con la *Cabala*. Accennò ai rapporti del gioco con l'Opera dei Filosofi Egizi, ovvero la Grande Opera Alchemica o *Opus Magnum* di stampo ermetico-alchemico. In seguito, applicò al tarocco la formula del settenario, una sorta di codice universale utilizzato dai popoli antichi allo scopo di regolare in ogni sua parte la vita della Nazione (non dimentichiamo che il numero sette racchiude valenze esoteriche e simboliche molto profonde). Rispetto al *Libro di Thot*, la visione di de Gebelin è riconducibile alla figura leggendaria del dio egizio Mercurio (l'Hermes dei Greci), considerato uno dei primi monarchi, colui che ha dato vita alle emissioni sonore che presiedono al linguaggio, generando il Verbo (inteso anche come spirito che si cela dietro al linguaggio, il Verbo, appunto) e inventore della scrittura, assimilabile per certi versi al grande Ermete Trismegisto, autore della celebre, e già menzionata, *Tavola di Smeraldo* o *Tabula Zaradi*. È interessante sapere che il testo della *Tavola di Smeraldo* è stato riportato per la prima volta dall'arabo Jabir Ibn Hay-Yan (Geber), iniziato alchimista dell'VIII secolo.

❋ Il *Libro di Thot*

Ma torniamo al *Libro di Thot*. La vera origine storica che lo riguarda è velata dal mistero. Le carte (o Lame) nacquero, per quanto si sa, intorno al 1300 e cioè in epoca medioevale. Taluni le hanno associate alla comparsa in Europa degli zingari, pare dopo la loro espulsione dall'India all'inizio del 1400. Nonostante le date non combacino, a ben guardare, tra la fine del 1300 e l'inizio del 1400, il lasso di tempo non è poi così ampio, quindi niente vieta che migrazioni anteriori abbiano preceduto il "grande esodo". In base a un'altra supposizione, le carte sarebbero state importate in Europa dai Crociati. Anche in questo caso le date coinciderebbero, visto che l'ultima crociata si svolse nel 1291 e, per giungere alla fine del 1300, vi è un arco di tempo di circa un secolo.

Il più antico mazzo di carte conosciuto, e usato per giocare, proveniva da

Venezia. Le carte contenevano 78 elementi, di cui 22 chiamati Tarocchi (o 22 Arcani maggiori) e 56 divisi in quattro serie (bastoni, spade, coppe e denari). Ogni serie, composta da 14 elementi, era costituita da 10 carte numerali (da 1 a 10) e 4 figure (fante, cavaliere, regina e re). La parola Tarocchi, come già accennato, è collegata a Thot, un termine ancora oggi velato dal mistero.

Il retro delle prime carte era decorato con righe incrociate trasversali (*tarotée*), mentre altre erano bordate da una striscia d'argento decorata con una spirale costituita da minuscoli punti, simili a fiori, denominati Tares. Alcuni studiosi sono convinti che l'etimologia legata alla parola Tarocchi sia da ricondurre alle scritture egizie. Come si può notare abbiamo numerose spiegazioni e relative congetture.

Nell'ambito della tradizione ermetica occulta, il loro significato, al di fuori del gioco, è racchiuso soprattutto nelle 22 carte meglio conosciute come Trionfi. Il grande esoterista e iniziato francese Alphonse Louis Constant (1810-1875), divenuto celebre con il nome di Eliphas Lévi, le collegò all'alfabeto sacro e occulto attribuito dagli ebrei a Enoch, primo figlio di Caino, dagli Egizi al dio Thot (Hermes) e dai Greci a Cadmo fondatore di Tebe.

L'interpretazione di Lévi pone in relazione i 22 Arcani con la *Cabala* (i 22 sentieri dell'Albero della Vita), nonché alle 22 lettere dell'alfabeto ebraico. La parola Tarot, relativa ai 22 Arcani, proviene anch'essa dalla *Cabala*, dove ritroviamo il termine *taro* che significa la "Chiave della Potenza Divina", ove è compreso Dio e l'uomo. Da *taro* deriva anche *rota*, la ruota, il cerchio. Le carte, infatti, possono essere disposte anche in cerchio e formare così il ciclo universale: la carta zero è posta tra la carta numero 1 e la numero 21, che configurano il principio e la fine, l'Alfa e l'Omega.

Prima ancora di Lévi (che conferirà ai 22 Arcani una più autentica concezione unitaria e iniziatica), lo studioso ed esoterista francese Etteilla, legato come de Gebelin all'Ordine dei Filateti (ma non iscritto come quest'ultimo), riprenderà gli studi iniziati dal suo predecessore (lo stesso de Gebelin), pubblicando alcune opere a carattere misteriosofico come: *Zodiaque Mystérieux* (1772), *Instructions sur le loto des indiens* (1772), *La seule manière de tirer les cartes* (1773), *Perfection des métaux* (1781). Questi testi attirarono sull'autore l'attenzione dei Filateti, che organiz-

zarono per lui una serie di conferenze ed esperimenti magici e alchemici. Dopo la pubblicazione di un altro libro, *Manière de se recréer avec un jeu de cartes nommées Tarot*, la fortuna di Etteilla raggiunse livelli esponenziali, superando i confini delle confraternite massoniche. Il testo, suddiviso in quattro quaderni, venne pubblicato tra il 1783 e il 1785 e, nonostante Etteilla sostenesse di avere preceduto di circa vent'anni la scoperta di Court de Gebelin, di fatto le idee fondamentali espresse dallo studioso erano riconducibili sostanzialmente al testo di de Gebelin *Le Monde Primitif*.
L'unica differenza consisteva nella fonte ispiratrice, infatti, mentre de Gebelin si era servito per le sue ricerche di un tarocco marsigliese, Etteilla reinventò completamente il gioco. Secondo lui, il tarocco era un antico libro egizio, le cui pagine contenevano il segreto di una medicina universale, della creazione del mondo e del divenire della razza umana (molti, in ogni caso, la pensano ancora in questo modo). Sempre in base alle affermazioni di Etteilla, questo libro era stato ideato nel 2170 a.C., ovvero 171 anni dopo il Diluvio, durante un convegno al quale parteciparono diciassette sapienti-iniziati, presieduti dal grande Ermete Trismegisto (figura mitica e leggendaria).
In seguito, il prezioso testo venne inciso su lamine d'oro, che furono poste attorno al fuoco centrale (fuoco sacro) del Tempio di Menfi. Infine, dopo varie peripezie, venne riprodotto da vili incisori medievali (così li definisce Etteilla), in maniera tanto inesatta da snaturarne completamente il valore e il senso originario.
Per questo motivo lo studioso si sentì autorizzato a restituire al gioco la forma primigenia, rimodellandone l'iconografia e battezzandolo, ovviamente, *Libro di Thot*. Etteilla lasciò intatta la divisione del mazzo in *atouts* (nei giochi di carte, carta a cui si attribuisce un valore convenzionale, in italiano è conosciuta come la Matta) e carte numerali, solo che nei primi 8 *atouts* riprodusse le fasi della creazione; nei 4 successivi evidenziò le virtù, cardini della reintegrazione delle anime in seno alla divinità, mentre gli ultimi 10 *atouts* rappresentavano i condizionamenti a cui sono sottoposti gli esseri umani.
Le 56 carte numerali, invece, riguardavano le sentenze scritte per i mortali. In poche parole, il *Libro di Thot* concepito da Etteilla, rappresentava il ricettacolo di una "medicina filosofale" applicabile ai diversi livelli del-

lo spirito umano. Un gioco psicoterapeutico in sostanza, ma anche un manuale magico o mistico nonché un mezzo grazie al quale scrutare nel futuro.

✳ I theraphim, misteriosi simboli ideografici

Osservando attentamente i Tarocchi, ciò che cattura immediatamente l'attenzione è il numero 22, che è esattamente il numero delle lettere dell'alfabeto ebraico. Tale constatazione fa sorgere spontanea una domanda: non è per caso che le 22 figure cabalistiche rappresentano l'eredità culturale e magica degli ebrei? È noto che i grandi sacerdoti di Gerusalemme interrogavano l'oracolo dell'Urim e del Thumin servendosi dei theraphim, simboli ideografici e geroglifici. Eliphas Lévi spiega a riguardo che le consultazioni avvenivano nel tempio, sulla tavola d'oro dell'Arca Santa (la biblica Arca dell'Alleanza) e aggiunge:

> "Quando il sommo sacerdozio smise di esistere in Israele, quando tutti gli oracoli del mondo tacquero alla presenza del Verbo che parlava attraverso la bocca del più popolare e del più dolce dei saggi, quando l'Arca andò perduta, quando il santuario fu profanato e il tempio distrutto, i misteri dell'Ephod e dei theraphim, che non erano più tracciati sull'oro e sulle pietre preziose, furono scritti o più esattamente raffigurati dai saggi cabalisti sull'avorio, sulla pergamena, sul cuoio argentato o dorato, e poi finalmente su semplici carte. Da queste carte sono venuti i Tarocchi, la cui antichità, rivelata allo scienziato Court de Gebelin dalla stessa scienza dei geroglifici e dei numeri, ha suscitato più tardi la dubbiosa perspicacia e la tenace indagine di Etteilla".

Le notizie relative ai misteriosi theraphim sono molto scarse, assai vaghe, ma la *Cabala* era certamente nota agli studiosi dei Tarocchi, che erano iniziati alle scienze misteriose del loro tempo. A tale riguardo, ancora una volta Lévi ci illumina con le sue parole:

> "È un'opera monumentale e singolare, semplice e forte come l'architettura delle piramidi, e di conseguenza duratura quanto le piramidi stesse; un libro che riassume tutte le scienze, e le cui infinite combinazioni possono risolvere tutti i problemi; un libro che parla e fa pensare; ispiratore e regolatore di

tutte le concezioni possibili; forse il capolavoro dello spirito umano, e senza alcun dubbio una delle cose più belle che ci ha lasciato l'antichità; chiave universale, il cui nome è stato compreso e spiegato soltanto dallo scienziato illuminato Guillaume Postel; un testo unico i cui primi caratteri sono bastati a mandare in estasi lo spirito religioso di Saint-Martin, e hanno reso la ragione al sublime e sventurato Swedenborg".

L'IRRESISTIBILE FASCINO DEI TAROCCHI

Guillaume Postel (1510-1581), studioso di ermetismo e autore del libro *Clef des choses cachées*, associò, nell'abito dei Tarocchi, le parole *taro*, *rota* o *ator*, al Tetragramma (il nome segreto di Dio). Il marchese Claude de Saint-Martin, detto il filosofo sconosciuto (1743-1803), fu iniziato ai misteri e autore di numerose opere a carattere metafisico, connesse tra l'altro con i Tarocchi. Emanuel Swedenborg (1688-1772), naturalista e teosofo svedese, allievo del grande matematico e fisico inglese Isaac Newton, fu un precursore dello spiritismo e veggente, anch'egli si occupò del *Libro sacro dei Tarocchi*.

Tra gli altri significati, insiti nel nome che riveste di mistero queste carte, ve ne sono alcuni che meritano di essere menzionati e che vanno aggiunti a quelli già esposti. Abbiamo visto che *taro*, vuole dire ruota, ma, allo stesso tempo, può significare *tora*, che in ebraico significa legge. Anche la parola ungherese *torok* è assimilabile ai Tarocchi, in quanto si traduce mazzo di carte e, inoltre, deriva dall'indù *taru*. Ma non è tutto, infatti, se analizziamo il termine *tara* scopriremo che nell'ambito della religione tibetana indica "incarnazione della saggezza". *Tara*, a sua volta, è riconducibile all'arabo *tariqa*, ossia "corso della vita" o "via del viaggiatore". Mentre la parola araba *turuq*, significa "quattro vie". Appare chiaro a questo punto che i Tarocchi, soprattutto gli Arcani maggiori, sono la chiave di volta che consente di pervenire alla conoscenza di quel linguaggio simbolico e primigenio di cui si parlava al principio di questo capitolo. Un linguaggio capace di condurci nel regno degli archetipi, alla scoperta delle nostre vere origini. Essi ci trasportano all'interno del patrimonio inconscio, quell'inconscio collettivo che abbiamo esplorato nella parte legata all'astrologia occulta e alla Luna Nera, dove la condivisione di tutte le esperienze umane si unifica e rende partecipe l'uomo del Tutto.

Il ricco tessuto simbolico presente negli Arcani maggiori è composto da un filo invisibile, che ha lo scopo di riunificare l'intero patrimonio sapienziale e misterico rappresentato dalle diverse correnti esoteriche quali la *Cabala* (o *Qabbalah*), la magia, l'alchimia, l'astrologia, la divinazione. Ogni cosa è in corrispondenza con le altre. Si spiega in tal modo perché i simboli e i miti, da noi esposti nel primo capitolo dedicato alla mitologia e alle sue corrispondenze con la Luna, è presente anche nella simbologia celata nei Tarocchi, come un comune denominatore in grado di raccontarci la coinvolgente storia delle Origini.
Le Lame Sacre apparvero per la prima volta in Italia alla fine del 1300 e vennero chiamate Naibi. Questi erano composti da cinquanta immagini suddivise in cinque serie di dieci carte e simboleggiavano le "condizioni della vita" (il mendicante, il servitore, il cavaliere, il gentiluomo, il doge, il monarca, l'imperatore e il Papa). La parola *naibi*, *nahipi* o *naibes* secondo alcuni studiosi deriverebbe dall'arabo *na'ib*, che è sinonimo di vice, di capo oppure da nabi, che nelle lingua araba vuol dire profeta (in ebraico il medesimo significato è ravvisabile nel termine *nabiah*).
È indispensabile precisare a questo punto che gli Arcani maggiori ricoprono una duplice valenza: simbolica e divinatoria. La prima, che abbiamo tratteggiato sinteticamente, come spiegato si snoda nel contesto archetipico, mentre la seconda è mirata alla conoscenza pratica del futuro mediante la divinazione. Per avere una visione ampia, il più possibile attinente all'argomento che stiamo trattando, vedremo in sintesi quali sono i 22 Arcani maggiori, il loro significato occulto e quello prettamente pratico (divinatorio). Partendo dal primo arriveremo fino al ventiduesimo, soffermandoci sul diciottesimo (la Luna), che riveste per noi particolare importanza.

✻ Le 22 Lame o Trionfi degli Arcani maggiori

1 - Il Bagatto

Il primo Arcano è rappresentato dal Bagatto, un giocoliere maestro di inganni. Il termine Bagatto è di origine orientale (*pagad*) e vuol dire

capo, maestro, signore, mentre *gad*, da solo, significa fortuna. In sintesi, il Bagatto rappresenta il destino che gioca abilmente con gli strumenti del suo potere, composti da: la bacchetta posta nella mano sinistra, simbolo di comando; il coltello, emblema del coraggio (si tratta di una delle armi elementari con la quale lo Jerofante pratica l'Alta Magia operativa); la coppa, simbolo del sesso femminile e dell'elemento acqueo lunare, ma anche indice di sapienza (il Sacro Graal). Il fuoco di questo Arcano è solare, giacché deve illuminare le tenebre della non conoscenza del Grande Tutto, quindi il quinto strumento è il pentacolo, elemento terrigeno che contiene diversi aspetti della conoscenza universale.
In sostanza, questi elementi simboleggiano le quattro forze elementari:

Strumento	***Elemento***
Bacchetta (o Verga)	*Fuoco*
Coltello o (Spada)	*Aria*
Coppa	*Acqua*
Pentacolo	*Terra*

Il Bagatto non è un semplice prestigiatore, come potrebbe sembrare a prima vista, ma un autentico iniziato. Incarna anche l'uomo posto tra Cielo e Terra, l'Adam Kadmon della tradizione cabalistica, il sapiente pronto a intraprendere il cammino che lo porterà a raggiungere il compimento della Grande Opera di stampo alchemico.

2 - La Papessa

Questa figura emblematica viene spesso posta in relazione con la dea egizia Iside. Guardiana delle tenebre, la Papessa rappresenta l'inconscio, la forza occulta latente in ciascun essere umano, la distruzione di tutti i dualismi di pensiero. Essa, coronata da una tiara papale, è seduta su un trono, il suo volto è parzialmente velato e gli occhi sono socchiusi. Nella sua mano si trova un libro aperto, mentre alle sue spalle, fra due colonne, è posto un drappo, simboleggiante la vita interiore, l'intuizione e la conoscenza. La chiave che stringe nell'altra mano, invece, simboleggia l'iniziazione, la

chiave dei Misteri.
Tale figura è assimilabile anche alla celebre e leggendaria Papessa Giovanna. Questa Lama, o Arcano, è riconducibile anche al Grande Agente Magico, il mediatore plastico che forma la base comune per tutte le differenti manifestazioni del Verbo Creatore. Secondo gli Indù questo principio indifferenziato si chiamava Akasha, per gli ermetisti Quintessenza, per i mistici Spirito di Dio. Per tale motivo la Papessa, nonostante sia muta, simboleggia il Verbo o parola creatrice, il Pensiero-Atto da cui nasce l'idea.

3 - L'Imperatrice

Questa figura angelica con le ali, sinonimo di intelligenza creatrice, rappresenta la Venere Urania degli antichi Greci. L'Imperatrice, anch'essa seduta in trono, guarda dinanzi a sé, ma a differenza della Papessa i suoi occhi sono bene aperti, a voler significare le facoltà razionali e la capacità di elaborazione logica.
L'Imperatrice vive nei cieli e viene rappresentata nell'*Apocalisse* dell'Apostolo Giovanni come la donna rivestita di Sole, colei che incarna il principio di fecondità (non a caso, in alcune Lame è raffigurata incinta), la Natura stessa, la Madre di tutta la creazione. Sotto i suoi piedi si trova la falce lunare, che allude al dominio sul regno sublunare, ossia terreno (materia). Attorno al suo capo sono collocate dodici stelle. Sovrana risplendente di luce, è la Vergine Immacolata dei cristiani, che si libra nelle altezze più sublimi dell'idealità, al di sopra di ogni contingenza oggettiva. La sfera connessa con questo Arcano corrisponde alle Acque Superiori, oceano luminoso dove risiede la suprema Saggezza.

4 - L'imperatore

L'Imperatore rappresenta la potenza dell'elemento Aria e, nel suo athanor (il fornello alchemico), arde il fuoco generatore dell'antica sapienza alchemica. Sovrano degli inferi, è riconducibile a Plutone. Egli personifica il fuoco vitale che brucia a spese dello zolfo degli alchimisti, il cui simbolo è configurato da un triangolo sotto la cui base è posta una croce. Le sue gambe si incrociano, fino a formare un triangolo equilatero, mentre la

posizione del busto, del capo e delle braccia danno vita a una croce. Il suo trono è un cubo d'oro sul quale campeggia un'aquila nera che contrasta singolarmente quella dello stemma dell'Imperatrice. Questo rapace, in sostanza, si ricollega con l'egoismo radicale generatore di ogni individualità. L'Imperatore, infatti, è il Principe di questo mondo e regna sul concreto, su tutto ciò che è corporeo. Da questa valenza simbolica scaturisce il contrasto fra il suo impero inferiore, di conseguenza infernale nel senso etimologico della parola, e il dominio celeste relativo all'Imperatrice, che essa esercita in maniera diretta sulle anime e sui puri spiriti. I corpi, invece, sono sottoposti all'influenza dell'Imperatore e a lui sottomessi. Egli li anima e li governa dopo averli costruiti, incarnando in tal modo il Demiurgo dei platonici e il Grande Architetto dei Massoni.
Il suo trono è indice di stabilità, riconducibile alla Pietra Filosofale degli alchimisti. Questa pietra misteriosa, legata alla ricerca sapienziale dei Saggi, è assimilabile anche alla Pietra Cubica dei Massoni, il cui blocco viene tagliato sotto il controllo della squadra. Se l'Imperatore corrisponde sia nel macrocosmo (Universo), sia nel microcosmo (uomo) a ciò che possiamo definire immutabile, ciò è dovuto al fatto che egli è assiso sul cubo perfetto, sintesi della stabilità costruttiva. Sotto questo aspetto, l'Imperatore rappresenta in modo esemplare il "principio di fissità", che entra in attività a livello embrionale allo scopo di costruire l'organismo.
Il globo del mondo, che l'Imperatore regge nella mano sinistra, è l'insegna della dominazione universale. Non a caso, questo non è il simbolo dell'Universo fisico (materia), ma dell'Anima del Mondo (*Anima Mundi*), entità potente attraverso la quale si compiono tutti i miracoli della Natura e dell'Arte. Nella mano destra, invece, stringe uno scettro massiccio, che ricorda in qualche modo (sopratutto a livello simbolico), la mitica clava di Ercole. La clava, comunque, non esprime violenza o forza bruta, ma è il simbolo del sovrano potere iniziatico o magico.

5 - Il Papa

Questa Lama rappresenta il potere di comando espresso dal Sommo Sacerdote dei Misteri, Padre della vita e della morte, Maestro dei segreti della divinità, egli è il sacro Jerofante. Raffigurato in trono con la tiara, la cappa, il manto e il pastorale, rappresenta colui che rivela le "cose sacre". Il Papa è l'iniziatore ai misteri religiosi, intesi nel senso tradizionale di porte che conducono verso la vita superiore dello spirito. Incarna inoltre l'immagine di Giove, il re dell'Olimpo sospeso nel tempo, l'incarnazione del Verbo Divino, guida sulla via della Verità.

Egli è il depositario delle "cose arcane", decide e compie ogni accadimento. Sotto questo profilo rappresenta l'inconfutabile Legge divina. L'altissima simbologia racchiusa in questa Lama induce a meditare sul "profondo", inducendo a una ricerca introspettiva all'interno del proprio Io.

Esotericamente il Papa raffigura l'iniziato che deve riuscire a riconoscere il sacro in se stesso e nell'Universo, allo scopo di sviluppare la visione profetica che lo porrà in contatto con l'aspetto trascendente dell'essere. Solo allora potrà diventare un *Pontifex*, parola che a livello etimologico significa costruttore di ponti. Questi sono necessari per unificare l'Alto e il Basso, il Cielo e la Terra, così l'iniziato sarà, a tutti gli effetti, il tramite tra il divino e l'umano.

Nell'ambito della *Cabala*, come sottolinea Eliphas Lévi nel suo testo *Il Rituale Magico del Sanctum Regnum*, il Papa, o Jerofante, riassume in sé il significato riposto di "vita psichica", "atto del sentire perfetto" e del "valore compiuto ed efficace".

6 - L'Innamorato

Questa Lama, conosciuta anche come gli Amanti, rappresenta la duplicità dell'anima umana, quella spirituale e quella animale, formata simbolicamente dall'Angelo e dal Demone che pongono l'iniziato a un bivio, visto che egli dovrà scegliere tra il Bene e il Male. L'Amore sacro e l'Amore profano si incontrano e il "magista" deve decidere quale strada seguire.

La contrapposizione delle forze presente in questo Arcano allude all'equilibrio, la via di mezzo additata dal Buddha.

Vizio e virtù sono i due poli che contraddistinguono l'Innamorato e costringono colui che ha intrapreso il percorso iniziatico a ponderare il cammino da compiere.

Da una parte la virtù, rappresentata da una splendida donna, fa intravedere un'esistenza di lotte, di sforzi incessanti volti a condurre l'iniziato verso il

trionfo del coraggio e dell'energia.
Dall'altra, invece, una donna, altrettanto bella, raffigura il vizio, la mollezza ed esorta l'iniziato a godere in pace la vita, abbandonandosi alle sue dolcezze e approfittando dei vantaggi che offre a chi sa limitare le proprie ambizioni.

7 - Il Carro

Il Carro è legato simbolicamente al sette, numero magico che sta nel mondo, ma non appartiene al mondo. L'Auriga, rappresentato in questa Lama, è il simbolo dell'energia solare e dell'uomo rigenerato, quindi divino. Egli guida il Carro che simboleggia la Luna, Signora del potere segreto e sconosciuto delle acque dell'Universo. Secondo Eliphas Lévi si tratta del Carro di Ermete, settima chiave o clavicola del tarocco. L'utilizzo di questa chiave, nell'antichità, era concesso solo ai Sacerdoti e il segreto a essa legato non poteva essere svelato nemmeno all'eletta schiera degli iniziati.
Il Carro, sempre secondo Lévi, è trascinato da due sfingi, una bianca e una nera, a indicare le forze interiori differenziate e divergenti, che il vero iniziato ha saputo aggiogare e quindi piegare al proprio volere. Si tratta, in sostanza, di forze elementari che è necessario domare e che servono a fornire la spinta indispensabile per poter proseguire il cammino. Questa è una vittoria dell'iniziato, la prima, ottenuta per mezzo dell'autocontrollo, ma la stabilità duratura è ancora lontana.

8 - La Giustizia

Il significato celato in questa Lama allude alla discesa agli inferi, vera e propria prova iniziatica che ritroviamo in alcune opere a carattere ermetico. Basti pensare all'*Odissea* del sommo Omero, dove si narra che Ulisse fu costretto a discendere nell'Ade (nome che significa l'invisibile e che i Greci davano sia alla divinità dell'Oltretomba sia al regno dei morti), per poter consultare lo spirito del famoso indovino Tiresia sul proprio destino, (vedi in proposito il volume da noi già pubblicato *Medium e Medianità*).
Il viaggio agli inferi, che l'iniziato si appresta a compiere, lo porterà presso il tribunale di Osiride, per gli antichi Egizi dio dell'Oltretomba, ma anche

divinità solare legata al corso del Nilo e quindi alla fecondità, quale dio della vegetazione e delle acque. Qui l'anima verrà soppesata e, se il peso delle colpe sarà maggiore rispetto a quello delle virtù, il piatto della bilancia penderà dalla parte della materia con un conseguente pesante verdetto. La Giustizia rappresenta anche un tratto del percorso iniziatico, nel corso del quale l'iniziato ha fatto giustizia dentro e fuori di sé, ovvero ha riconciliato gli opposti presenti nella sua essenza profonda e nella natura umana (il bene e il male, l'azione e l'inerzia, il piacere e il dolore); non annullando l'uno o l'altro, ma, al contrario, equilibrandoli per mezzo di una sintesi rigorosa. Solo a questo punto egli sarà immediatamente proiettato su un piano superiore. Tale è la configurazione della Giustizia, nell'antico senso classico che è sinonimo di "esatto" e "perfetto equilibrio".

9 - L'Eremita

L'Eremita raffigura il grande illuminato Diogene intento nelle sua ricerca, mirata a scovare il mitico uomo ermetico. Ma, approfondendo il simbolismo racchiuso in questa Lama, potremo scorgere alcune valenze iniziatiche estremamente complesse, riconducibili alle società segrete detentrici dell'antica conoscenza sapienziale, come sottolineato anche dal numero che presiede all'Arcano in questione. Si tratta del numero nove che contiene elementi e significati di notevole interesse. Infatti, esso rappresenta le grandi realizzazioni mentali e spirituali, essendo l'ultima e la più alta delle cifre elementari. Inoltre, è apportatore di rinnovamento e connesso con il concetto di fecondità.
Mediante l'unità del tre (numero perfetto) che moltiplica se stesso (tre per tre), si origina la triplicità dei "tre mondi": materiale, spirituale e animico. Il numero nove, dunque, è simbolo di verità totale e completa. La figura del vecchio (Diogene), che rischiara il cammino con la sua lanterna, allude all'iniziato che dirada le tenebre con la luce della conoscenza, mentre il bastone al quale si poggia simboleggia la verga magica, lo scettro di Aronne. Attorno al bastone si avvolge un serpente (simbolo degli istinti), che l'Eremita non uccide lasciandolo al suo posto: ciò allude alla padronanza degli istinti legati alla natura inferiore.

10 - La Ruota della Fortuna

L'Arcano numero dieci rappresenta la sfinge che presiede al giro della Ruota della Vita (la biblica Ruota di Ezechiele), dominata dai principi del Bene e del Male (Tifone e Anubi) nel loro avvicendarsi.
La Ruota di Ezechiele racchiude la soluzione del problema della quadratura del cerchio e dimostra la perfetta corrispondenza tra parole, immagini, lettere ed emblemi. Questa figura simboleggia anche il moto perpetuo, l'equilibrio tra le forze contrarie dell'espansione e della contrazione.

11 - La Forza

Come enuncia Eliphas Lévi nel suo *Sanctum Regnum*, il segreto della forza è paragonabile a una goccia perenne che scava la roccia fino a perforarla. In questo Arcano è raffigurata una fanciulla che, senza sforzo apparente, spalanca le fauci di un leone. Il senso riposto espresso nell'undicesima Lama allude al controllo delle proprie forze e alla sottomissione degli istinti brutali ottenuto mediante l'autodisciplina; come l'iniziato che riesce a domare l'ardore delle sue passioni, senza spegnere tuttavia il loro fuoco stimolatore.
Comunque, tale dominio si concretizza senza bisogno di esercitare alcuna azione violenta e coercitiva, essendo il risultato di una evoluzione nella quale la volontà è sinonimo di potenza e il pensiero si tramuta subitaneamente in atto.

12 - L'Appeso

L'immagine di questo Arcano ricorda la figura del *Thau* ebraico. La sua parola chiave è "capovolgimento", e pone l'attenzione sull'emblematico aspetto del sacrificio. La lettera *Thau* ricorda in maniera impressionante il triangolo sulla croce, simboleggiante la fine e il perfezionamento della Grande Opera Alchemica.
Questo segno alfabetico è anche rappresentato da una forca alla quale è appeso un uomo, come si evince dall'iconografia che compone la dodicesima Lama. In essa si vede un individuo (l'iniziato) appeso per un piede a una forca, con le mani incrociate dietro la schiena, e, parimenti incrociate

in maniera anomala, appaiono le sue gambe, che in questa disposizione indicherebbero una croce.
Eliphas Lévi paragona l'appeso a Prometeo, altri invece vi scorgono la figura di Giuda Iscariota. Nell'ambito della tradizione del "tarocco egiziano", invece, raffigura il dio Sole che muore sacrificandosi per il bene del mondo. Tradizionalmente l'elemento legato all'Appeso è l'acqua, che allude al sacrificio compiuto dall'iniziato, il quale affoga se stesso nei flutti della sua intima essenza allo scopo di morire e rinascere, metaforicamente parlando, per iniziare una nuova vita.

13 - La Morte

L'Arcano mostra uno scheletro cristallizzato, simbolo del disfacimento del corpo materiale. Questa immagine è riconducibile alla trasformazione compiuta mediante la rinuncia alla propria apparenza (non apparire ma essere). In tal modo la paura dell'annientamento sarà risolta, poiché sta per iniziare un ciclo di rigenerazione volto a privilegiare la vera personalità dell'essere interiore. La paura della morte è ormai superata, il risveglio iniziatico in tal modo è compiuto.

14 - La Temperanza

La figura rappresentata su questa Lama è quella di un angelo intento a versare da una coppa all'altra (oppure in due vasi) un liquido che simboleggia l'"Elisir di lunga vita". Il liquido in questione viene travasato da un recipiente piccolo d'argento in uno più grande tutto d'oro. Mediante tale mescolanza prende vita il prezioso elemento che sottintende una trasmutazione. In questo modo, l'iniziato passerà da una forma di vita inferiore a una superiore.
Il quattordicesimo Arcano è riconducibile pure all'androgino alchemico, custode della fonte che sgorga dal profondo della vita. Ciò significa che l'iniziato, dopo aver bevuto il nettare dell'essenza, è destinato a divenire un autentico Maestro. L'immagine dell'angelo che presiede alla trasformazione è ornato dal simbolo del Sole e sul suo petto appare il quadrato sormontato da un triangolo, che a livello simbolico è riconducibile al

Settenario, il cui senso riposto è il dominio dello Spirito sulla Materia.

15 - Il Diavolo

Nei Tarocchi il diavolo viene raffigurato con le sembianze del Baphomet dei Templari: ha testa e zampe di capro, seni e braccia di donna. Apparentemente mostruoso, questo idolo deriva dal mitico Becco di Mendes e dal grande dio Pan, l'androgino degli Gnostici. Analogamente alla sfinge greca, riunisce in sé i quattro elementi, di cui il diavolo rappresenta il principio animico.

Le sue gambe nere sono riconducibili all'elemento Terra e di conseguenza agli Gnomi, spiriti delle profondità senza luce del periodo medioevale e anche agli Annumaki, temuti dai Caldei.

I fianchi di Baphomet, ricoperti di scaglie verdi, alludono invece alle Ondine, spiriti elementari legati all'elemento Acqua. Le ali azzurre, invece, sono riconducibili alle Silfidi, gli spiriti dell'aria, mentre la sua testa rossa simboleggia i Geni e le Salamandre, spiriti del fuoco. Anche il diavolo, come l'angelo della Temperanza, è androgino e viene definito "Principe di questo mondo", perché domina sui desideri terreni, le passioni umane, gli istinti inferiori. Questi devono essere domati dall'iniziato, per poter proseguire sul sentiero che conduce al pieno possesso dei suoi poteri. Solo allora il diavolo sarà vinto.

16 - La Torre

L'immagine che appare nel sedicesimo Arcano è in analogia con la leggendaria Torre di Babele, e rappresenta l'ambizione dell'uomo deciso a raggiungere il divino seguendo la via sbagliata.

Simbolicamente l'errore consiste nel tentativo di erigere la Torre servendosi di mezzi esclusivamente umani. Questa Lama raffigura anche la Casa di Dio, il Fuoco del Cielo.

La celebre Torre, il cui nome era Etemenanki, già scomparsa all'epoca di Hammurabi (che regnò dal 1792 al 1750 a.C.), venne in seguito riedificata da Assurbanipal, il quale affermava, come risulta dalle famose tavolette di argilla costituenti la sua biblioteca: "Mi accinsi a costruire la cima di

Etemenanki, perché gareggiasse con il Cielo". Tali parole ricordano da vicino quelle contenute nella *Genesi* di Mosè (XI, 4). La splendida Torre fu in seguito distrutta da Serse. Allo stesso modo, nella *Bibbia* è descritta la distruzione del monumento, orgoglio dei suoi costruttori, eretto per gratificare il folle e colpito dalla folgore divina: "Il Signore li disperse di là su tutta la faccia della Terra" (*Genesi*, XI, 8).

17 - Le Stelle

Nella presente Lama, come raffigurato anche nell'Arcano della Temperanza, si può scorgere una splendida donna che, inginocchiata sulla riva di uno stagno, con una mano versa a terra un liquido ardente, contenuto in un'anfora d'oro. Egualmente, con l'altra mano versa un altro liquido, racchiuso in un'anfora d'argento, in questo caso si tratta di acqua fresca, capace di fertilizzare. Ciò che esce dalle due anfore è inesauribile e simboleggia il germe della vita universale che si espande sulla Terra. Alta nel Cielo brilla una stella a otto raggi (Sothis o Sirio), intorno alla quale sono disposte altre sette stelle, emblema sublime dell'effusione del pensiero, dell'influenza morale che interagisce per mezzo dell'idea sulle forme e simbolo elettivo di immortalità.

18 - La Luna

Siamo giunti finalmente al diciottesimo Arcano, la Luna, la cui simbologia risulta estremamente complessa e che, attraverso una serie di allegorie, rappresenta le facoltà psichiche latenti, le quali si risvegliano per mezzo dell'estasi tipica degli sciamani e nel furor religiosus: l'intuizione, l'immaginazione, la sensibilità magica, sublimate mediante la contemplazione del divino.

Secondo Eliphas Lévi, la Luna racchiude simbolicamente la chiave dei dogmi religiosi, che sono tutta poesia e tutto mistero. Allo scopo di mostrare gli splendori del Cielo, la Notte immerge la Terra nelle tenebre, perché in questo modo ciò che si trova in alto si possa rivelare alla nostra vista a discapito delle cose che sono in basso, cioè di ciò che è terreno. Questo astro, che si associa alle stelle senza annullare completamente il loro fulgore, illumina solo per metà gli oggetti che bagna con la sua incerta luce riflessa, presa in prestito dal Sole. La Luna non consente di distinguere i colori, anzi, essa tinge di grigio argenteo, o di un azzurrino evanescente, tutto ciò che colpisce con i suoi raggi, lasciando che il nero opaco, generato dalle ombre della notte, regni sovrano, mentre il ricordo del giorno si insinua come un sogno dentro questo Arcano notturno. Il riflesso della luce lunare evoca fantasmi, nella sua fosforescenza si muovono le creature dell'oscurità, incubi e illusioni.

La Luna nella raffigurazione dei Tarocchi di Marsiglia

Osservando gli effetti del chiaro di Luna, la mente corre verso i lidi dell'immaginazione, che promana una luce analoga, riflesso illusorio di ciò che appare senza mai essere. Il visionario, colui che vive nella perenne influenza dell'immaginazione lunare, percepisce le cose in maniera alterata e non veritiera. Soggiogato e affascinato da Ecate (dea della Luna), si distoglie dal poetico scintillio delle stelle, per dedicare attenzione ai contrasti dei chimerici chiaroscuri lunari. La Lama notturna simboleggia la preparazione che bisogna effettuare per ricongiungersi con l'unità superiore, rappresentata dal Sole nascente dello Spirito. Ma dentro il cerchio opalescente di questo pianeta è celato l'occhio iniziatico, che rischiara il cammino del viandante solitario (l'iniziato), e se egli non si lascerà assalire dallo sgomento e dall'indecisione, la Regina del silenzio notturno allontanerà le sue malie e accompagnerà "colui che cerca" verso il chiarore dell'alba.

Analisi zodiacale e cosmologica del XVIII Arcano lunare

È impensabile non collegare all'astronomia il simbolismo di certi Arcani dei Tarocchi. Il diciottesimo Arcano, da questo punto di vista, è particolarmente notevole. In questa Lama si scorge un Gambero che corrisponde al Cancro, segno zodiacale che gli astrologi assegnano come domicilio alla Luna, e due Cani (un lupo e un cane). Il lupo e il cane ricordano due costellazioni vicine, il Cane maggiore e il Cane minore, che segnano la Canicola, i cui astri principali sono Sirio e Procione. Abbaiando, questi due cani pretendono di obbligare la Luna a mantenersi nella zona relativa all'eclittica, i cui limiti sono raffigurati da due torri che si levano ai punti dei solstizi.

In questa Lama la Luna appare come un disco d'argento, sul quale spicca il profilo di un volto femminile dai lineamenti un po' turgidi e gonfi, mentre dal disco lunare si dipartono lunghi raggi di colore giallo e altri più corti di colore rosso. Questi colori attribuiscono alla Luna una lieve attività spirituale (rosso), e una grande influenza nel campo della materialità (giallo).

Tornando al Gambero rosso, associato al segno zodiacale del Cancro, è interessante notare che il suo modo di camminare all'indietro simbolicamente allude al suo campo d'azione che è il passato, non l'avvenire dal quale rifugge. Il suo colore è il rosso a causa del fuoco interiore, che è l'espressione di una attività incessante, volta a compiere la sua missione salutare: divorare tutto quanto è corrotto. E ancora, il segno del Cancro cela importanti valenze di ordine occulto, rintracciabili astronomicamente nel cammino del Sole, che nel suo circuito annuale raggiunge questa divisione dello Zodiaco, iniziando poi a declinare repentinamente.

Il Gambero veniva sostituito dagli antichi Egizi con lo Scarabeo zodiacale, simbolo della rigenerazione morale e psichica. Presso la palude di acqua stagnante dove regna il Cancro, una coppia di cani, come abbiamo visto, sorveglia la strada. Si tratta dei temibili "Guardiani della Soglia", riconducibili agli opposti, femminile e maschile, racchiusi nell'uomo interiore e assimilabili all'uomo antico, il "Maestro Occulto" che risiede nei recessi più insondabili della coscienza umana. Alla stregua di due Cerberi, essi difendono le regioni proibite, dove l'immaginazione si smarrisce. Il piccolo cane bianco, posto a sinistra, abbaia rabbiosamente contro gli empi che rifiutano di credere alle profonde verità spirituali. Il grosso lupo nero, collocato sulla destra, è legato alla Terra ed è il difensore dell'ordine e della proprietà. Esso latra contro chi vorrebbero sovvertire e inquinare, con idee rivoluzionarie, l'equilibrio al quale presiede (simboleggiato dal quaternario o quadrato magico).

Altri due elementi rilevanti all'interno di questa carta sono le due Torri di forma quadrata che si stagliano verso il Cielo notturno. Il colore delle mura, che ricorda l'incarnato umano, vuole indicare che si tratta di edifici viventi, mentre le merlature d'oro, sorrette da corsi rossi, le assimilano agli esseri intelligenti, capaci di agire con discernimento. Le costruzioni, simili a corpi viventi, come due sentinelle avvertono l'imprudente dei pericoli che lo minacciano nel caso in cui, dopo aver superato i cani, decidesse di proseguire verso la steppa foriera di pericoli, nella quale la Luna tenta di attirarlo. La Torre di destra, che appare illuminata, mette in guardia il viaggiatore dalle influenze lunari, che possono portare alla follia, alla perdita della salute fisica e morale e, in casi estremi, della vita. La Torre di sinistra esorta a non cercare di carpire il frutto dell'"Albero della Conoscenza", poiché è apportatore di un sapere maledetto, che può condurre alla rovina e rammenta le conseguenze subite da Adamo ed Eva nel Paradiso perduto. Ma se colui che sfida i pericoli è un predestinato, allora nulla potrà fermarlo e le prove iniziatiche che lo attendono, una volta superate, gli consentiranno di pervenire all'illuminazione e di vedere il Sole, raggiante di luce, che sorge fecondo all'orizzonte.

19 - Il Sole

Dopo la diciottesima Lama relativa alla Luna troviamo il diciannovesimo Arcano, il Sole. Principio di rigenerazione, il Sole racchiude in sé gli elementi attivi legati al percorso solare che l'iniziato ai misteri di Mithra deve compiere per rinascere nella luce, abbandonando le tenebre (la Luna). I raggi solari rappresentano, a livello simbolico, la gloria, la spiritualità, l'illuminazione e la conoscenza divina, che scende dall'alto su chi sa accoglierla.

Il Sole, inoltre, è il magnete centrale e universale delle stelle e possiede due poli, il primo dotato di forza attrattiva, il secondo di forza repulsiva. È solo in virtù dell'equilibrio di queste due energie che esso perpetua l'equilibrio cosmico e il moto universale.

È il Sole che conferisce luminosità ai pianeti, alle meteore e che risveglia le energie dormienti di tutti gli esseri a primavera, favorendo così il ridestarsi delle energie sessuali che presiedono ai misteri dell'amore e della riproduzione.

20 - Il Giudizio

Questa Lama, conosciuta anche come l'Angelo, pone un'affermazione finale alla ricerca interiore dell'iniziato. Raffigura l'Arcangelo Gabriele che, con il suo terribile fuoco, tutto purifica affinché ognuno sia degno di avvicinarsi alla natura divina. Il Giudizio sembra portare a compimento la promessa di risurrezione contenuta nel tredicesimo Arcano, la Morte. L'Arcangelo suona la tromba e i morti escono dalle loro tombe. Questi morti tornati alla vita sono un uomo, una donna e un fanciullo: il ternario dell'esistenza umana. Si tratta della rigenerazione dell'Io dal sepolcro del corpo e dei desideri umani, provocata da un richiamo giunto dall'alto, lo squillo di tromba, appunto. Il Giudizio, in poche parole, interviene per fare in modo che si possa distinguere ciò che è spirituale da ciò che è materiale, permettendo in tal modo di comprendere il significato profondo della forma espressiva: "Il Verbo vivo della lettera morta".

21 - Il Mondo

Questo Arcano approda alla Coscienza Cosmica. Qui termina il percorso esoterico e iniziatico delle ventuno Lame. In ogni caso, non bisogna dimenticare che dopo permane il mistero del Caos, simboleggiato dalla ventiduesima Lama, lo Zero iniziatico incarnato dal Matto, l'Arcano che segue.

Il Mondo rappresenta la struttura della creazione, il microcosmo (l'uomo) e il macrocosmo (l'Universo). L'iconografia riporta alla mente Demetra, Grande Madre della Natura avvolta dal fuoco divino. Il Mondo, inoltre, allude al capovolgimento della grande distanza che separa l'uomo dalla donna e concreta in tale maniera l'equilibrio tra Yin e Yang, che porta alla fusione totale con l'Universo. Nella ventunesima Lama, appare una fanciulla appena coperta da un velo che, mentre danza all'interno di una ghirlanda di foglie e fiori, stringe una bacchetta nella mano sinistra e una nella mano destra.

Le bacchette sono il simbolo della polarizzazione. Stringendole in mano, la giovane indica che l'iniziato ha ormai superato il principio di dualità, conciliando interamente gli opposti nella sua natura e giungendo, in questo modo, a una sintesi superiore. Per tale ragione, in lui il tempo,

l'eternità, la materia e lo spirito sono definitivamente riconciliati e trascesi. Il quaternario cosmico (o tetramorfo), rappresentato dalle quattro figure poste ai quattro angoli esterni della ghirlanda, è latore di un importante messaggio fatto di simboli.
Si tratta di un angelo, di un'aquila, di un leone e di un toro, che simbolicamente incarnano anche i quattro evangelisti. Tale messaggio allude al fatto che l'adepto, ormai non più a livello di iniziato ma giunto ai massimi livelli della conoscenza, ha raggiunto infine il Polo Centrale e si identifica con il centro dell'Essere.

22 - Il Matto

Questo è l'ultimo Arcano, il ventiduesimo, riconducibile anche allo Zero Cosmico. Lo Zero rappresenta l'energia vitale quale era prima della incarnazione, quando la sua purezza non era stata ancora inquinata dalla materia, l'elemento pesante della scala spirituale. Senza questa Lama gli altri ventuno gradini degli Arcani maggiori non avrebbero ragione di esistere, in quanto esso è necessario alla completa evoluzione dello Spirito. Nell'ambito della numerologia, l'antica scienza relativa ai numeri e alle loro valenze simboliche e universali, lo Zero riveste particolare importanza, dato che il suo valore e il suo significato stanno a indicare che corrisponde all'Essenza di Dio nella sua perfezione e all'avvento della creazione.
La figura del Matto (o Folle) contiene da sempre riferimenti legati alla percezione ultraterrena, tanto che nell'antichità si pensava che il Folle fosse ispirato da Dio, e quindi considerato un simbolo divino. Si credeva, in proposito, che le sue parole fossero profetiche, non a caso le celebri Sibille profetavano solo se "invasate", e quindi possedute, dal dio. Per tale ragione sia Davide sia San Francesco si proclamavano "giullari di Dio".

✳ L'Albero cabalistico della Vita

Parleremo ora, in maniera sintetica, di un argomento che, per la sua complessità, necessiterebbe di molto spazio. In questo senso tenteremo di tratteggiarlo brevemente. Stiamo parlando dell'*Otz Chiim*, l'Albero

cabalistico della Vita, legato alla scuola esoterica ebraica.
Esso fa parte di quel corpo di dottrine filosofiche e teosofiche noto come *Cabala*. Il nome significa "dalla bocca all'orecchio" e allude all'insegnamento trasmesso oralmente da maestro a discepolo. Questo corpus di sapienza tradizionale si propone di trattare *in exstenso* gli oscuri quesiti relativi alle origini e alla natura della vita, dell'evoluzione dell'uomo e dell'Universo. Il termine ebraico *Qabbalah* vuol dire anche ricevere e il mito narra, a tale proposito, che il nucleo centrale di questa filosofia è costituito dagli insegnamenti impartiti da un Demiurgo a un gruppo eletto di "intelligenze spirituali" di rango elevato le quali, dopo la "caduta", comunicarono i divini precetti agli uomini, che in realtà altri non erano se non le "intelligenze spirituali" stesse incarnatesi. La si conosce anche come *Chokmah Nistorah* che vuol dire Sapienza occulta e allude alla sua trasmissione orale da adepto a novizio, che avveniva nei "segreti santuari" dell'iniziazione. L'Albero della Vita è composto da dieci *sephiroth* (al singolare *sephirah*) o cerchi, uniti insieme da ventidue linee che seguono determinati moduli. I cerchi e le linee formano le trentadue Vie della Sapienza Eterna. Le *sephiroth* rappresentano i Poteri e le Forze dell'Universo, e anche i punti della coscienza individuale di una persona, che giungono in contatto con tali forze. Le linee che unificano le sephiroth, di norma, vengono dette Vie, e sono riconducibili al mondo soggettivo interiore, che è comune sia alla coscienza di un individuo sia al Pianeta in cui egli vive. Questo assunto non deve stupire, giacché nell'ambito della dottrina cabalistica, e più in generale in quella ermetica, la Terra è considerata alla stregua di un essere vivente e non come una sfera inerte. Secondo tale concetto, nulla nell'Universo è privo del fluido vitale, al contrario, in ogni luogo esiste la vita, dal più piccolo atomo alla stella più grande. Del Glifo cabalistico o Albero della Conoscenza prenderemo in esame solo le dieci *sephiroth*, allo scopo di non ampliare ulteriormente l'argomento, rischiando in tal modo di uscire dai termini di questa trattazione.

1 - Kether

La prima *sephirah* viene denominata *Kether*, la Corona. *Kether* rappresenta la Monade impenetrabile, origine di ogni cosa, punto metafisico e centro di energia spirituale privo di estensione e quindi indivisibile; colmo di vita, di attività e forza incessanti. In sostanza, è il prototipo di ogni realtà spirituale e di tutto quanto esiste nel cosmo. La prima *sephirah*, inoltre, contiene, in essenza e in potenzialità, le altre nove.

2 - Chokmah

La seconda *sephirah* è conosciuta come *Chokmah* o Sapienza maschile. È vigorosa e attiva. *Chokmah* corrisponde al Padre e nel pantheon egizio era assimilabile a Tahuti o Thot, dio della scrittura, del sapere e della magia (colui che avrebbe dato vita alle Lame dei Tarocchi). *Chokmah* è l'elemento vitale ed energizzante dell'esistenza, Spirito, o Purusha nel sistema filosofico indiano del Sankhya, con il quale indica la realtà fondamentale soggiacente a tutte le manifestazioni della coscienza.
Il *Sepher Yetzirah*, il *Libro della Formazione*, scritto tra il III e il VI secolo, noto anche con il nome di *Ma'ase Bereshith*, legato al misticismo ebraico primordiale e relativo alla speculazione cosmogonica, definiva Chokmah l'Intelligenza Illuminante.

3 - Binah

Questa terza *sephirah* si chiama *Binah*, la Madre (*Aimah*), negativa, femminile e passiva. *Binah*, l'Intelligenza, è connessa anche con la dea Shakti, consorte del dio Shiva, il "distruttore della vita". Shakti, invece, incarna l'energia vitale che pervade tutte le cose, che unisce e assicura la coesione di tutte le forme. *Binah*, inoltre, è il veicolo sostanziale di ogni fenomeno possibile, sia fisico sia mentale.

4 - Chesed

Chesed è la quarta *sephirah*. Il suo nome vuol significare misericordia e la sua valenza è maschile e positiva. Nonostante questo, tra le sue attribuzioni troviamo anche la qualità femminile legata all'elemento acqueo. Il *Sepher Yetzirah* la definisce Intelligenza ricettiva.
Dato l'aspetto umido-acquoso di tale *sephirah*, essa viene posta in relazio-

ne con Poseidone, signore del mare nella mitologia greca e con Jupiter, o, per meglio dire, con quell'aspetto di divinità elementale, o tutelare, con il quale era conosciuto nella Roma dei primordi, dove veniva adorato quale dio della pioggia, delle tempeste e del tuono. *Chesed* rappresenta anche l'autorità e la divina guida che trae l'ordine dal caos, dispensando in tal modo la libertà, ma solo entro certi limiti ben definiti.

5 - Geburah

Geburah, Forza o Potere, è la quinta *sephirah* la cui valenza è femminile e alla quale viene imposto anche il nome divino di *Elohim Gibor*, ovvero Dio possente o Dèi (maschio e femmina) di potenza. Essa rappresenta anche la distruzione e il disfacimento, non a caso è posta in relazione con il pianeta Marte, legato a livello mitologico al dio della guerra. *Geburah* è riconducibile poi a Nephtys, Signora della Severità, sorella (ma anche doppio eterico) della dea egizia Iside.

6 - Tiphareth

Questa *sephirah*, il cui nome è *Tiphareth*, rappresenta la Bellezza e l'Armonia. Essa racchiude in sé l'equilibrio e sull'Albero della Vita risulta essere la *sephirah* centrale, il cui settore è il più importante dell'intero schema relativo al Glifo della Conoscenza. *Tiphareth*, in sostanza, è equidistante da *Kether* e da *Malkuth*, ed è collegata con ogni altra parte dell'Albero.
Le immagini simboliche e magiche, che conferiscono a questa *sephirah* un profondo significato di ordine ultradivino ed ermetico, sono riconducibili agli dèi della risurrezione di ogni epoca e Paese quali Osiride, Cristo, Ra (dio egizio del Sole, raffigurato come un disco rilucente, dorato e munito di ali, oppure come una divinità con la testa di falco), Apollo (dio del Sole dell'antica Grecia a cui era dedicato il santuario di Delfi o Delfo), è ancora, Shri Krishna, l'Avatar (incarnazione). Il simbolo astrologico connesso con *Tiphareth* è il Sole e il suo nome divino *Eloah ve-Daath*, che nella lingua ebraica vuol dire Dio, Signore della Conoscenza.

7 - Netzach

Netzach significa Vittoria, Trionfo, Eternità. Il suo nome divino è *Tzabaoth*, che in ebraico significa Dio Signore degli Eserciti. Astrologicamente, invece, essa è in analogia con Venere, Afrodite e Astarte, tutte divinità femminili legate alla bellezza, alla sensualità, all'erotismo e al piacere. *Netzach* si riferisce anche alle emozioni, ai sentimenti e al desiderio-natura, che in Oriente viene chiamato kama, ossia desiderio, bisogno, brama. Fra le divinità egizie che vengono attribuite a questa *sephirah*, troviamo la dea Hathor, un aspetto secondario della Madre Iside, rappresentata in veste di dea-vacca (espressione lunare, femminile), simboleggiante le forze generative della Natura.

8 - Hod

Questa ottava *sephirah*, che precede quella lunare, vuol significare Gloria ed è considerata la sfera del mentale e dell'intellettuale. Essa è in analogia con l'elemento acqua, che viene riflessa da *Chesed* (la quarta *sephirah*). In tal modo si origina una connessione con Giove, la cosiddetta Mente Superiore e Mercurio, l'insieme delle forme inferiori, o concrete, di attività mentale. *Hod*, inoltre, è in analogia con Hermanubis, combinazione del greco Hermes (Mercurio) con l'Anubis egizio (signore dell'Oltretomba, che conduceva le anime dei morti nei regni ultraterreni). Da tale fusione nasce l'ermafrodito e ciò significa che Mercurio (*Hod*) è l'area delle forme-pensiero, neutra e priva di sesso come l'androgino alchemico.

9 - Yesod

Yesod, il fondamento degli dèi lunari e di quelli che presiedono alla fertilità animale o vegetale. Questa *sephirah* rappresenta il "Piano astrale" la cui valenza passiva lo collega alla Luna. Esso riflette le Energie Superiori, allo stesso modo in cui la Luna riflette la luce del Sole. La Luce astrale è formata da un fluido, o un medium, di materia impalpabile onnipresente che permea ogni cosa: una sostanza estremamente rarefatta, che costituisce il modello sul quale è costruito il mondo fisico. È l'infinito, immutabile flusso e riflusso delle forze, che in tal modo

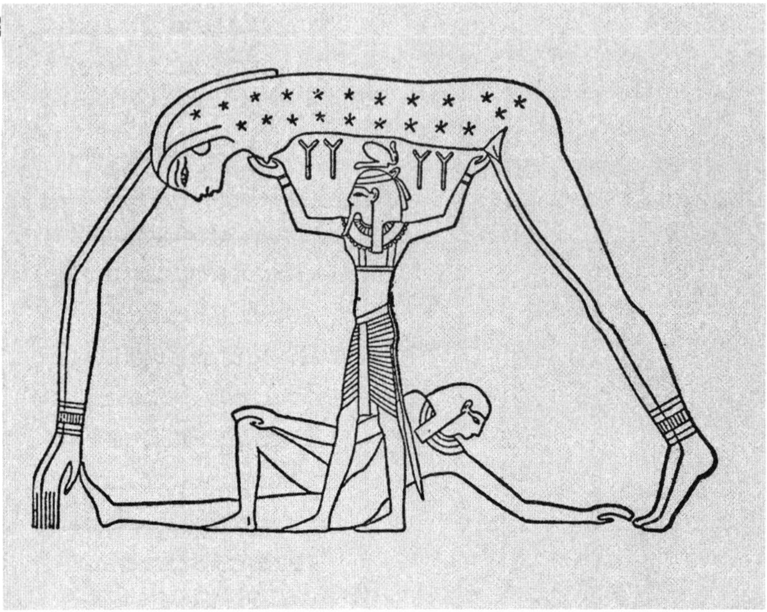

La dea lunare egizia Nut (o Nuit) in un'antichissima rappresentazione del mito della Creazione

Questo è *Yesod*, inalterabile elemento delle Forze astrali, potere riproduttivo universale in Natura. Tutto farà ritorno inevitabilmente al fondamento dal quale è venuto. Ogni essenza, ogni seme, ogni energia vi sono raccolti e attraverso esso si estrinseca qualunque potenzialità esistente (dal *Libro dello Zohar*).

Il dio egizio corrispondente a *Yesod* è Shu, dio dello Spazio, raffigurato mentre sorregge Nut (dea lunare egizia), Regina del Cielo, posta sopra il corpo di Seb, la Terra. Il suo equivalente indiano è Ganesha, il dio Elefante che infrange ogni ostacolo e sostiene l'Universo reggendosi in piedi su una tartaruga. La nona *sephirah* è riconducibile a Diana, dea della Luce, che nei templi romani raffigurava la Luna.

Il senso riposto racchiuso in *Yesod* è quello del mutamento nella stabilità. Oltre a ciò, Yesod, come Luce astrale, è assimilabile anche all'*Anima Mundi* (l'Anima del Mondo), che in qualche modo è in analogia con la "teoria dell'inconscio collettivo" formulata da Jung.

Secondo un antico simbolismo, *Yesod* incarna i tre aspetti femminili associati ad alcune divinità lunari. La prima è Artemide (o Selene), giovane dea vergine, cacciatrice, casta, innocente e pura (la Luna all'inizio del suo ciclo). Questa è seguita dalla Luna piena, che rappresenta la feconda e fertile Madre, in piena produzione, che gioisce della sua funzione fondamentalmente generativa, simboleggiata da Afrodite. È la donna fertile, amata e amante, nel fiore degli anni.
Segue la Luna nel suo declino (Luna calante), Ecate, la donna dopo la menopausa, che non ha più soddisfazione ora che gli anni della fecondità sono passati. Simile a una strega, la vecchia rugosa senza famiglia, temuta e odiata per il suo modo di parlare, crudo e mascolinizzato, nell'antichità era sospettata di arti magiche ed emarginata.

10 - Malkuth

Dopo avere analizzato la sfera lunare legata a *Yesod*, affronteremo la decima e ultima *sephirah* il cui nome è *Malkuth*, che significa il Regno. Il dio egizio corrispondente a questa sephirah è Seb, raffigurato con la testa di un coccodrillo, a sottolineare la sua appartenenza all'elemento Terra, simboleggiato anche dalla materia grezza, sostanza propria di questa divinità. A *Malkuth* sono associate anche Psiche, la Nephthys inferiore e l'Iside nubile, tutte divinità che rispecchiano le diverse valenze connesse con tale *sephirah*.
Alcuni simboli paragonano *Malkuth* a una porta: la Porta della Morte, chiamata anche Porta delle Lacrime o Porta della Figlia dei Potenti. Un'altra denominazione a essa ascritta è quella di Vergine del Mondo, e alcuni documenti relativi alla scienza alchemica la descrivono come la prima materia della Grande Opera. Il nome divino attribuitole è *Adonai ha-Aretz* (Signore della Terra).

Azzurro, il colore della magica "doppia Luna"

Un secolo fa, precisamente nel 1883 e nel 1884, fu osservata in Europa per alcuni minuti una splendida e suggestiva Luna Azzurra. Questa particolare colorazione, a quanto pare, venne causata dalla polvere presente nell'atmosfera terrestre dopo l'esplosione del vulcano Krakatoa. Ma esiste anche un altro fenomeno, disgiunto da quello appena citato, che ora analizzeremo. In effetti, la tradizionale Luna Blu non si chiama così per la sua tonalità, ma perché è la seconda Luna piena visibile in uno stesso mese. Si tratta di una peculiarità del calendario lunare interpretata dalla tradizione agricola americana, che a tale fenomeno ha dato il nome di *Blue Moon*. A questo meraviglioso evento naturale fu dedicata anche la celebre canzone di Richard Rodgers e Lorenz Hart, che portava il nome, appunto, di *Blue Moon* e che riscosse un grande successo in tutto il mondo.
L'ultima Luna Azzurra, o doppia Luna, si è verificata il 29 luglio del 2004. L'evento in questione si ripete ogni tre o quattro anni e nel 1999, addirittura, vi sono state ben due *Blue Moon*, a gennaio e a marzo. Nel 2018 si verificherà nuovamente lo strano fenomeno negli stessi mesi. La prossima Luna Azzurra, invece, è prevista nel giugno del 2007. La sua origine, come spiegato, nasce dai calendari agricoli, che da sempre raccolgono le antiche tradizioni. In questo caso sembra che si siano ispirati all'antica cultura degli Indiani d'America, i quali, come altri popoli, fin dai tempi più remoti hanno dato alla Luna nomi diversi, a seconda del periodo o delle fasi.
La Luna piena di agosto, per esempio, per gli Indiani era la Luna Rossa, a causa dell'afa (ma anche per motivi di culto), mentre quella di novembre era detta la Luna del Castoro, e, infine, la Luna di gennaio era denominata

Luna del Lupo e annunciava che, dalle montagne, stavano per giungere branchi di lupi. Gli Indiani, del resto, possedevano una cultura antichissima che prescriveva di vivere in armonia con la natura e ne interpretava le varie manifestazioni. Ufficialmente tutto ebbe inizio negli anni Trenta, quando l'editore di un almanacco per agricoltori, allo scopo di evidenziare due pleniluni nel medesimo mese, decise di farlo colorando una delle due Lune con un colore azzurro. Almeno così si racconta. Nel 1937, uno di questi calendari agricoli, il *Maine Farmers' Almanac*, spiegava che ogni stagione ha tre Lune piene, ma sette volte ogni diciannove anni ve ne sono tredici (c'è una stagione quindi con quattro Lune piene). Il simbolismo celato in questa duplicità, o per meglio dire in tale quadruplicità, è di estremo interesse e spiega esotericamente perché la Luna Azzurra viene considerata, da tempo immemore, dotata di particolari virtù.

✳ Il simbolismo del numero due

Abbiamo visto che in una particolare data la Luna piena appare due volte nello stesso mese, e tale fatto assume connotazioni ermetiche rilevanti, che pongono l'accento sulla duplice valenza delle cose: la natura visibile e quella invisibile, il corpo e l'anima, il conscio e il subconscio, il corpo fisico e quello eterico (o doppio astrale), la luce e l'ombra, la notte e il giorno e così via. La forza di questa Luna viene potenziata grazie alla sua doppia espressione, che allude sia alle cose manifeste (essoteriche) sia a quelle segrete e nascoste (esoteriche). Non a caso il numero due racchiude in sé molteplici significati.

Questo numero è il primo dei numeri pari e, al contrario dell'uno, che è maschile, il due è di natura femminile. Mentre l'uno è positivo, il due è negativo, e se il primo è connesso al bene e alle energie attive, il due è legato a ciò che è ricettivo e a volte malvagio. L'ambivalenza del due è ravvisabile nei suoi duplici aspetti che tradizionalmente sono associati alla femminilità: morbidezza, dolcezza, modestia, docilità, subordinazione; ma anche malizia, astuzia, crudeltà, infedeltà, doppiezza. Non stupirà, quindi, sapere che esso viene posto in analogia con il diavolo, dato che il signore delle tenebre è rappresentato a livello iconografico con due corna,

per questo tutti gli oggetti biforcuti, o a due punte, rivestono analogo significato. Oltre a ciò, non dobbiamo dimenticare che il due è il primo numero che spezza l'unità, cioè l'Uno o Dio. Il due rappresenta l'eco, il riflesso, il conflitto e la contrapposizione. Segna anche la stasi momentanea delle forze in equilibrio e corrisponde al passaggio del tempo, raffigurato allegoricamente da una linea che è dotata di un inizio e una fine, ovvero di una direzione da percorrere. Il numero due simboleggia il primo nucleo di materia, la natura in opposizione al creatore e, in base all'immagine relativa alla luminosità, viene associato alla Luna (luce riflessa), in opposizione al Sole (luce propria). Essendo legato all'"ombra", il numero due appartiene al lato tenebroso del dualismo fondamentale dell'Essere (configurato dal mito dei Gemelli). Esso è riconducibile pure al legame che unisce il mortale all'immortale, il mutevole e l'immutabile.
Nel contesto relativo al simbolismo mistico, il due è posto in relazione con la "Mandorla Sacra", la forma nata dall'intersezione di due cerchi (rappresentanti il Cielo e la Terra). Si tratta del punto focale dell'inversione simbolica, il crogiuolo della vita nel quale si connettono i due poli opposti del bene e del male, dell'esistenza e della morte. A tale riguardo il due è assimilabile alla *Magna Mater*, la Grande Madre, o Mandorla entro la quale venivano raffigurati i santi e gli illuminati.
Tra le altre cose, il due è il simbolo dell'utero femminile. La duplicità presente nella Luna Azzurra è riconducibile al "Rebis alchemico", l'androgino (raffigurazione allegorica del Giano bifronte), che, riunificando le forze primigenie maschili e femminili, origina l'Essere Unico, l'Adam Kadmon, il primo uomo.
Blu Moon è la Luna dal potere energetico in grado di rigenerare e fortificare, come testimonia un'antica tradizione pagana, legata alla cosiddetta magia naturale connessa con la Natura e le sue Leggi segrete. Le streghe danno molta importanza a questa Luna, e anche ad altre, come vedremo.

* Riti magici: Esbat, le cerimonie lunari delle streghe

Gli Esbat, antiche feste associate alla Luna nel corso delle sue diverse fasi, erano cerimonie dedicate all'astro notturno che si mostrava e cresceva nel

Cielo e che veniva accolto dalle sue seguaci, in questo caso dalle streghe, come una sorta di risveglio e di rinnovamento interiore profondo. Si trattava, insomma, di una grande festa sancita all'insegna dell'energia che ogni mese si rinnovava e durante la quale le streghe assorbivano la sua forza. La Luna era madre e sorella e le introduceva nel mondo magico facendo varcare loro la soglia dell'iniziazione alle antiche Arti. L'amore e la devozione verso la Regina della Notte si abbinava alla realizzazione dei desideri e all'accrescimento dell'energia e del potere delle streghe, affinché la capacità di produrre incantesimi risultasse sempre più efficace e potente.

Esbat della Luna Blu

In questo periodo lunare, che comprende due pleniluni, le streghe festeggiavano l'evento con canti e danze volte a esprimere amore e gratitudine all'astro notturno, formulando nel contempo pensieri positivi e di appartenenza alla corrente lunare. Come un bambino che succhia il latte della madre, le streghe si nutrivano di questa duplice energia, liberando la parte nascosta normalmente inibita, accendendo candele color argento (metallo lunare) e bruciando un incenso adatto; in questo caso, come insegna l'antica scienza magica, un composto a base di canfora, ireos e ninfea. Oppure, per sfruttare al meglio queste energie, un incenso purissimo (incenso in grani o lacrime d'incenso).
Seguiva un banchetto serale costituito da alcuni biscotti a forma di Luna e da una coppa di latte o acqua, nella quale si rifletteva la tenue luce lunare. Era costume fare un bagno utilizzando anche l'acqua esposta in precedenza ai raggi della Luna Azzurra. Attraverso la visualizzazione si creavano, poi, immagini attinenti al rito in corso.

Esbat della Luna dell'Ipo

La Luna piena di gennaio era chiamata la Luna dell'Ipo e veniva festeggiata dalle streghe indossando una veste di colore rosso scuro, accendendo candele della medesima tonalità e bruciando un incenso a base di anice, lavanda e rosmarino. La sera consumavano un pasto a base di biscotti zuccherini, accompagnati da succo di mele. Oltre a ciò, si cuocevano al forno mele cosparse di cannella. Con questo rito i rapporti familiari venivano rafforzati e l'amore rinsaldato.

Esbat della Luna Immacolata

Questa Luna piena è la Luna di febbraio e per le streghe racchiudeva particolari significati legati alla parte fanciullesca e al suo mantenimento. Conservare il cuore di un fanciullo era indispensabile, inoltre alludeva anche al risveglio che si stava preparando in vista della primavera. La veste indossata nel corso della cerimonia era bianca e il rito prevedeva pure lo svolgersi di balli e canti gioiosi. La candela da accendere aveva lo stesso colore della veste e venivano anche bruciate foglie di salvia.
Dopo cena si consumava cioccolata e latte, e nelle case venivano posti fiori bianchi. Si rivolgevano quindi alla Luna Immacolata chiedendo di migliorare la loro esistenza. In alcuni casi la richiesta era vergata su carta e composta in rima. Alla fine, la preghiera scritta veniva affidata a un corso di acqua corrente, per ottenere la realizzazione dei desideri.

Esbat della Luna della Semina

La Luna della Semina è relativa al plenilunio di marzo ed era legata all'imminente ritorno della primavera. La Terra presto si sarebbe risvegliata e, allo stesso modo, le streghe si sarebbero ridestate dopo il lungo e simbolico sonno invernale. Secondo loro questo era il periodo della semina spirituale che, metaforicamente, alludeva al dissodamento dell'anima, che in tal modo veniva preparata per il raccolto.
La cerimonia prevedeva l'utilizzo di una veste e di una candela di colore verde, mentre l'incenso da bruciare era lo stesso usato per la Luna dell'Ipo: anice, lavanda, rosmarino. Durante il banchetto si mangiava pane con semi di sesamo e si beveva latte. Nelle case venivano collocati vasi contenenti le prime piante fiorite di primavera e venivano "benedetti" i semi delle piante che successivamente erano posti nel terreno. Questi semi, che le streghe avrebbero utilizzato per i futuri sortilegi, venivano accompagnati dal nome magico (quindi segreto) della strega e da questa formula: "Vi benedico elementi della Terra, alla terra andrete e piante rigogliose mi

darete affinché io possa nel bene lavorare e incanti realizzare". La Luna della Semina racchiudeva in sé energie feconde per i semi che venivano sotterrati.

Esbat della Luna della Lepre

La Luna in questione è quella di aprile e per le streghe rappresentava il ritorno alla luce, il cui Sole permetteva di coltivare e concimare l'orto dell'anima. La veste, usata nella cerimonia relativa alla Luna piena di aprile, era di colore rosa come la candela, mentre l'incenso usato era sempre quello composto da anice, lavanda e rosmarino. I biscotti questa volta erano a base di limone e la bevanda era costituita da una spremuta di agrumi. In questo periodo le streghe lasciavano in un angolo del loro giardino un vaso completamente incolto, per dare modo alle fate di coltivarlo e di conferirgli speciali virtù. A tale scopo esse richiamavano le fate con canti e recitavano una sorta di preghiera sui semi da piantare, volta ad attribuire a questi ultimi le qualità che in loro erano carenti: "Seme che semina virtù, fai che germogli in me una qualità in più".

Esbat della Luna della Coppia

La Luna della Coppia veniva considerata dalle streghe molto potente, capace di esaudire qualunque preghiera. In tale occasione la veste era di un colore sgargiante, la candela dorata o argentata e l'incenso da bruciare a base di gelsomino. Si svolgeva durante la Luna piena di maggio, era legata alla prosperità e venivano officiati riti e incantesimi volti ad acquisire denaro e beni materiali.

Esbat della Luna del Miele

La Luna piena di giugno è la Luna della trasmutazione, e per le streghe era connessa con una metamorfosi simile a quella subita dal bruco allo scopo di divenire una splendida farfalla. La veste utilizzata per festeggiare questo periodo era di colore ambrato, simile al miele, mentre la candela da accendere era di colore giallo o arancio, e l'incenso da bruciare quello puro utilizzato anche per festeggiare la Luna Blu. I biscotti, a base di limone, venivano accompagnati, in questa ricorrenza, da tè al limone dolcificato con il miele. Nel corso dei festeggiamenti si praticava l'arte divinatoria e gli incantesimi volti a procurare prosperità e benessere.

Esbat della Luna delle Erbe

La Luna piena di luglio per le streghe segnava un potenziamento delle facoltà magiche. In questo periodo gli incantesimi risultavano potenti e veloci e le pratiche divinatorie maggiormente chiare e veritiere. La veste rituale era di colore arancio, come la candela da accendere durante il rito. L'incenso, invece, era composto da lavanda, salvia e rosmarino. Questo era il tempo ideale per mangiare biscotti a base di erbe, bere tisane e "benedire" le erbe che dovevano essere utilizzate in futuro.

Esbat della Luna del Grano

La Luna piena di agosto era riconducibile al raccolto materiale e spirituale, e la veste da indossare nel corso del rito era di colore marrone (colore della terra), o giallo oro; lo stesso dicasi per la candela. L'incenso da bruciare era a base di patchouli. La tavola andava decorata con spighe di grano (simbolo di abbondanza), ed era usanza mangiare biscotti di grano e bere birra. Inoltre, si potevano portare semi agli uccellini e bruciare, assieme all'incenso, bigliettini di ringraziamento con sopra scritto il nome di persone amate scomparse, che avevano avuto un ruolo importante nella vita delle streghe.

Esbat della Luna della Vendemmia

La Luna piena di settembre rappresentava per le streghe un momento speciale da dedicare alla meditazione, alla ricerca della completezza spirituale, all'introspezione e al silenzio interiore. La Luna della Vendemmia, inoltre, era ricca di allegorie, e soprattutto l'uva era il simbolo dell'iniziazione, mentre la vendemmia, il riposo nelle botti e la trasformazione in vino alludevano al percorso spirituale da compiere, alla trasmutazione dell'essere che da profano diveniva iniziato ai Misteri. La veste usata dalle streghe era di color lavanda, il medesimo colore delle candele, e l'incenso da bruciare era a base di artemisia. Si consumava in tale occasione pane di frumento e si beveva succo di uva.

Esbat della Luna Rossa

La Luna Rossa simboleggiava il sangue degli animali uccisi per il nutrimento degli esseri umani. Per questo motivo, le streghe officiavano una cerimonia di ringraziamento in onore degli animali e delle piante che servivano al loro sostentamento. In questa occasione indossavano una veste rossa, accendevano una candela di uguale colore e bruciavano incenso a base di cannella e noce moscata. Sulla tavola venivano poste zucche, mele e foglie autunnali. Si mangiavano biscotti allo zenzero e si degustava vino rosso. Era consuetudine bruciare scorze di limone a scopo protettivo e preparare, nel contempo, sacchettini bianchi all'interno dei quali venivano collocati alcuni semi di mela. Trascorso un anno, i semi erano nuovamente donati alla Terra.

Esbat della Luna della Neve

La Luna della Neve annunciava l'inizio dei mesi bui, inoltre, essendo la Luna piena di novembre legata ai morti, il rito era officiato in loro memoria. La natura in questo periodo cade nel lungo letargo invernale, e allo stesso modo le streghe entravano in una fase di stasi, volta a recuperare le energie perdute e a ricaricarsi per affrontare il nuovo anno: un ciclo si concludeva e un altro si approssimava. Era il momento giusto per portare a termine tutto ciò che era stato lasciato in sospeso. La veste utilizzata per il rito era di colore nero o blu scuro, mentre la candela andava scelta di un color porpora intenso. Anche in questo caso veniva bruciato il solito incenso a base di anice, lavanda e rosmarino.

Esbat della Luna della Quercia

La Luna della Quercia, o Luna piena di dicembre, raffigurava l'unione con il Tutto, l'appartenenza e la fusione dell'essere umano con il grande organismo universale, il macrocosmo. Anche la natura fa parte di questo organismo e, come essa a ogni stagione si rinnova, allo stesso modo le streghe dovevano seguire un percorso di rinnovamento. Questa Luna è quella più vicina al solstizio invernale e, secondo le streghe, era apportatrice di una nuova luce.

Nel corso del rito si indossava una veste gialla e in seguito si decorava la casa con simboli solari. Inoltre, si poneva una candela (gialla o bianca) in una bugia a forma di spirale decorata con un ramo di agrifoglio, e si recitava la seguente formula finalizzata ad allontanare le cose negative del vecchio anno: "Io vi libero, non avete più potere, io vi libero la mia vita cambia, io vi libero voi restate un ricordo, brucia la cera e io vi scordo". Una volta consumata, la candela veniva gettata via e l'agrifoglio bruciato nel camino. In seguito, si spargevano le sue ceneri al vento. Da quel momento, a quanto pare, la vita subiva un nuovo inizio.

Questa tradizione magica può far sorridere, soprattutto se paragonata alle antiche iniziazioni sacerdotali, che prevedevano complessi rituali di affiliazione e che erano basati su una sapienza millenaria costituita dallo studio della matematica, dell'astronomia, dell'astrologia, della geometria, dell'alchimia, della magia e della *Cabala*.

Nonostante questo, gli Esbat sono la testimonianza del rapporto che da sempre lega l'uomo con la natura e le sue forze, con la Luna e con gli altri corpi celesti. Si tratta di un patrimonio, frutto di remote esperienze, tramandatosi di generazione in generazione e giunto fino a noi dai confini del tempo. Ancora oggi questi riti, all'apparenza estremamente semplici, vengono officiati dalle moderne streghe.

Sono riti positivi, come si è visto, niente di oscuro insomma. Comunque, li abbiamo inseriti nel testo a scopo divulgativo, visto che sono legati sia alla Luna Azzurra sia agli altri pleniluni e non certo per incitare il lettore a metterli in pratica.

Tali cerimonie, a dispetto della loro facile modalità di esecuzione, nascondono alcune insidie, come del resto tutte quelle pratiche che si servono dell'inconscio per risvegliare il potenziale energetico sopito nell'uomo, al fine di innescare i processi di trasformazione. Il capitolo dedicato alla magica Luna Blu si conclude qui e il modo migliore per chiuderlo, a nostro avviso, è quello di intonare le prime note della mitica Blue Moon, che comincia così: "Blue Moon you saw me standig alone", cioè "Luna triste mi hai visto in piedi da solo".

Il culto, i riti e i Misteri di Iside

Tra le divinità collegate con gli influssi lunari e con le valenze archetipe femminili, tipiche di questo astro, la più importante è senza dubbio la dea Iside. Possiamo dire a riguardo che, mentre le altre dee assumevano valenze mitologiche e simboliche, Iside, al contrario, era al centro di pratiche cultuali non solo teoriche o religiose, ma che si collocavano all'interno di una ritualità prevalentemente pratica, volta a concretare certi fenomeni e cambiamenti in seno alla cerchia iniziatica a essa riconducibile. Non a caso due sono le correnti magiche rilevanti, quella osiridea, connessa con il dio Osiride (Magia Solare) e quella isidea, legata alla dea Iside (Magia Lunare). In questa sede analizzeremo quegli elementi da noi ritenuti indispensabili ai fini del tema trattato nel testo, evitando nel contempo di addentrarci eccessivamente in un ambito che potrebbe risultare poco chiaro al lettore. Nonostante la nostra conoscenza rispetto ai suddetti argomenti, riteniamo giusto offrire un quadro completo, ma sfrondato da quelle valenze ermetiche che presuppongono, da parte del lettore, una cultura specifica in questo campo, che non tutti possiedono. In ogni caso, il tema in questione sarà affrontato in modo globale, senza nulla omettere circa le diverse corrispondenze che animano l'archetipo isideo. In questo modo, siamo certi che il presente capitolo sarà fruibile dalla maggioranza dei neofiti.

✻ Iside nel trascorrere del tempo

Come abbiamo visto, il culto connesso con questa divinità è assai rilevante, ciò spiega come sia potuto giungere ai nostri giorni e praticato all'interno di alcune scuole di stampo iniziatico. Le diverse trasformazioni assunte nei secoli dal cerimoniale isideo, pur avendo velato, attraverso un linguaggio simbolico, l'autentico corpus sapienziale, hanno in ogni caso mantenuto integro il sistema rituale originario.

L'immagine della dea lunare, grazie alla sua versatilità e adattabilità, è stata inglobata in differenti contesti religiosi, misterici e sapienziali. In particolare, Iside è stata sovrapposta all'interno di alcuni miti, incarnando identità diverse e assumendo, di volta in volta, la personalità e il ruolo di numerose divinità, basti pensare alla dea greca Demetra, dea del Grano, riconducibile anche alla Cerere attica. Infatti Iside, come Cerere, veniva raffigurata con spighe di grano che sormontavano il disco lunare.

Oltre a ciò, Iside era chiamata la Nera come Demetra (il nero era il colore della fertilità), e tale caratteristica spiega il proliferare in Europa delle celebri Madonne Nere, che non a caso erano tutte dotate di virtù curative.

La Regina della Notte era denominata anche dea Uccello (le erano sacri l'avvoltoio, l'anatra e la rondine), dea Serpente, come la Grande Madre della Preistoria europea, dea-Vacca, quale Signora della Luna e sposa di Osiride-Toro, e ancora, dea del Mare e della Navigazione (funzione ereditata in epoca cristiana da Maria).

Iside è stata, ed è tuttora, una figura di rilievo in ambiti magici e alchemici, fatto testimoniato anche da alcuni documenti ermetici risalenti ai primi secoli d.C., tra questi il *Kore Kosmou* (Fanciulla del Cosmo) e lo scritto alchemico, *Iside la Profetessa a suo figlio Horo*, nei quali viene effigiata come la detentrice della Sapienza. Ulteriori elementi, volti a confermare la persistenza di Iside nell'immaginario religioso legato alla cultura europea, e dei quali si è già accennato, sono quelli associati al sovrapporsi di aspetti cultuali mariani su precedenti peculiarità isidee, e non solo per quanto concerne le Madonne Nere. In tale contesto ciò che colpisce maggiormente è la raffigurazione egizia di Iside, che appare seduta in trono intenta ad allattare il figlio Horus, che prefigura a livello iconografico la Vergine con Gesù. Le ali tese che appaiono in questa raffigurazione, con le quali Iside copre e protegge Osiride e i defunti, ricordano in maniera impressionante il modello dei grandi manti con i quali molte "Madonne" coprono e proteggono i santi e i fedeli.

Non bisogna dimenticare, in ogni caso, che nella concezione egizia originaria, la Luna racchiudeva in sé valenze prettamente maschili, che con il tempo assunsero contorni di tipo androgino. La natura lunare, insomma, era connessa con Osiride, fratello ma anche compagno della dea Iside.

✻ Il mito di Iside e Osiride

Le parole che ci accingiamo a presentare sono tratte da un antico papiro conservato a Berlino, nel quale Iside si rivolge allo sposo (e fratello) Osiride, e testimoniano l'identificazione di queste due divinità con Sirio (Sothis in lingua egizia) e Orione, nonché il profondo legame che li unisce:

> "Ecco, io tua sorella ti amo più di tutto quanto in Terra e tu non ami un'altra come ami tua sorella, certo non ami un'altra come ami tua sorella! [...] Procede da te il forte Orione nel Cielo vespertino, quando i giorni vanno a riposo uno dopo l'altro! Chè sono io, all'approssimarsi del periodo di Sothis, che veglio su di lui".

Vediamo ora la leggenda relativa al mito di Iside e Osiride, così come è stata riportata anche dal noto storico e moralista greco Plutarco di Cheronea (50-120 circa d.C.). Tale leggenda narra che Osiride fu prima ucciso e, in seguito, smembrato in quattordici pezzi da suo fratello Seth, che li gettò nei sette bracci del Nilo (il fiume sacro).
Iside, disperata, andò alla ricerca di quei pezzi allo scopo di ricomporre il corpo dell'amato. Dopo lunghe perlustrazioni, riuscì a trovarne solo tredici, perché la quattordicesima parte, costituita dal fallo, era stata ingoiata dai pesci.
Horus, il figlio nato dall'unione di Iside e Osiride, vendicherà in seguito la morte del padre il quale, divenuto ormai il sovrano dell'Oltretomba, ha acquisito valenze di ordine infero. Questo spiega il motivo per cui i Faraoni si identificavano con Horus, in vita, e con Osiride una volta che avevano varcato la soglia dell'aldilà, trasformandosi in una stella, la stella di Orione. Osiride, comunque, mantiene intatte le sue peculiarità di ordine solare e con il tempo diverrà anche signore della Terra e dell'Acqua.
Nell'antico Egitto il mito di Osiride faceva parte del tessuto magico-

sacerdotale e alludeva alla rinascita occulta. Osiride, venerato già in età predinastica nella città di Zed, sita nel delta del Nilo, attraverso le diverse manifestazioni a lui attribuite, era considerato incarnazione della Luna, del Sole, del Nilo e della Terra stessa. Egli diviene anche signore dell'Oltretomba, come già accennato, poiché la Terra rappresentava lo spazio intermedio, l'utero primigenio in cui l'anima penetra durante la discesa agli inferi, un chiaro riferimento a una delle prove iniziatiche. Osiride muore per poi rinascere, come il Sole tramonta e sorge, dal buio ritorna alla luce. L'episodio legato allo smembramento collega Osiride a Dioniso, il dio greco che, secondo il mito, fu fatto a pezzi dai Titani, i tenebrosi figli della Madre Terra. È interessante notare che l'animale sacro a Dioniso era il toro, simbolicamente connesso alla Luna per via delle corna. Queste, infatti, ricordano la falce lunare.

Analizzando lo smembramento, da un punto di vista ermetico e simbolico, potremo notare interessanti analogie con il ciclo lunare. Il corpo di Osiride venne diviso in quattordici parti (numero dei giorni di un emiciclo lunare. Il ciclo dura, infatti, ventotto giorni). Le parti del corpo del dio furono gettate nei sette bracci del Nilo (numero ritmico delle fasi lunari). Infine, le diverse parti furono tutte recuperate tranne una, la quattordicesima, quindi solo tredici vennero rinvenute (il tredici è il numero di volte in cui, nel corso dell'anno, la Luna effettua il suo giro completo).

Tornando a Iside, il suo intervento volto a ricostituire il corpo di Osiride allude alla funzione della dea, che in questo modo assume le valenze simboliche legate alla Natura, che organizza e determina, sotto forma di potenza primigenia, il ciclo stagionale. In sostanza, come sottolineava anche Plutarco, Iside personifica l'essenza della materia che porta in sé i semi della vita e assume l'identità della "casa cosmica delle concezioni", il principio generatore che dissemina elementi germinali in ogni parte della Terra. Per questa ragione le vesti rituali legate ai culti isiaci erano di un colore misto, a significare la connessione di Iside con la materia che si evolve in tutte le forme, e a tutte le forme si adatta: giorno e notte, fuoco e acqua, luce e oscurità, vita e morte, principio e vita.

La Regina della Notte era configurata anche come la Signora dell'Ank, chiave della vita e dei meccanismi rigenerativi che sono alla base della sua perpetuazione (la Luna declina e poi rinasce, in maniera perpetua). Per tale motivo i sapienti egizi indicavano Iside con il geroglifico che effigiava il simbolo del potere sacro, il trono su cui essa era assisa e con il quale Iside si identificava totalmente, che compariva, in dimensioni ridotte, anche sulla sfera posta tra le corna della dea.

Il trono, in poche parole, sprigionava energia, saggezza, salute fisica e interiore, ma soprattutto un misterioso potere fecondante. Questo era il segreto che i Faraoni custodivano, un mistero connesso con l'energia che penetrava in loro attraverso l'influsso isiaco ogni qualvolta sedevano sul trono. Il trono, in questo senso, diveniva per loro una sorta di matrice occulta, che simboleggiava il ventre della Madre Celeste, e da cui i Faraoni traevano nutrimento attraverso l'intervento e l'identificazione con la dea lunare. Prove a sostegno di questa ipotesi ci provengono non solo dai rituali misterici-alchemici, connessi con l'iniziazione legata all'ordine sacerdotale isiaco egizio, ma anche dalle pitture rinvenute in alcune tombe reali, e nella complessa simbologia celata nella statuaria (sculture e steli) dell'antico Egitto. Il successo crescente del culto di Iside originò una sua vasta diffusione e, intorno al 43 a.C., i Triumviri, Antonio Lepido e Ottaviano, lo introdussero a Roma facendo edificare, nei pressi di Campo Marzio, uno splendido tempio dedicato alla dea lunare egizia. La figura più autorevole in tale ambito era quella del grande iniziato Lucio Apuleio, introdotto ai misteri di Iside, una forma di culto ellenizzata che si ispirava ai poteri rivitalizzanti della dea. Apuleio indicava Iside come la fonte originaria e l'archetipo di tutte le dee, sottolineando il fatto che nella dea lunare egizia si concentravano tutti i possibili aspetti della femminilità: quello oscuro, connesso con la morte e la guerra, quello legato alla luminosità e all'amore e, infine, quello associato alla maternità, alla magia e alle virtù terapeutiche. L'iniziazione ai misteri di Iset (Iside in egizio), era soprattutto un atto magico, che permetteva ai fedeli di divenire Mysti, (iniziati), e di intraprendere un percorso interiore che li conduceva alla comunione divina e, di conseguenza, alla conoscenza della Verità Sapienziale. La promessa di fedeltà, enunciata dai neofiti nei confronti della dea, era riassumibile in questo motto: "Una quae es omnia", ovvero "Tu l'una che sei tutto in uno". Il nome di Iside compariva frequentemente anche nelle *defixiones* (tavolette di argilla utilizzate per compiere incantesimi, sortilegi e scongiuri in nome della dea), che si trovavano spesso persino all'interno dei sarcofagi. L'aspetto magico che circondava Iside è ben espresso nella celebre Metternichstele, un documento antichissimo rinvenuto nel 1828 durante la costruzione di una cisterna, in un monastero francescano di Alessandria d'Egitto. In seguito, la preziosa stele fu donata da Muhammad Alì Pasha al principe Metternich, da qui il nome con la quale è conosciuta. Il reperto risale all'incirca al 378 a.C. ed è stato scolpito e inciso con le immagini di molti dèi appartenenti all'antico Egitto. Tra questi sono ravvisabili Oro, o Arpocrate, che sta in piedi su due coccodrilli; Oro-Ra, dalla testa di falco, che porta il disco del Sole e l'ureus, che si erge sopra un serpente attorcigliato; Osiride, sotto forma di falco e Iside, anch'essa in piedi su un serpente attorcigliato. Queste figure sono accompagnate da formule magiche, nomi magici e allusioni mitologiche, confermando così il simbolismo esoterico e magico in esse celato. Nel testo relativo alla Metternichstele sono ben espresse le valenze magiche attribuite a Iside, specialmente nelle seguenti parole che, secondo la tradizione, sono state pronunciate da Iside in persona:

> "Vieni, Tefen, appari sulla Terra, vai via di lì, non avvicinarti! Vieni veleno di Befen, appari sulla Terra. Io sono Iside, la Dea, la signora delle parole magiche, che compie atti di magia, le parole della cui voce sono incantesimi. Obbeditemi tutti voi rettili che pungete e cadete a capofitto! O veleno di (Mestet e) Mestef, non salire su! O veleno di Petet e Thetet non avvicinarti! O Matet cadi a testa in giù!"

Questo scongiuro, recitato dalla dea stessa, fu pronunciato dalla Divina Signora allo scopo di salvare un fanciullo punto da uno scorpione nero, almeno così narra la leggenda. Come accennato fu Lucio Apuleio a far conoscere, con le sue opere, i misteri isidei, senza tradire, ovviamente, il segreto iniziatico che lo legava alla cerchia isiaca.

✻ Lucio Apuleio, l'iniziato ai Misteri

Lucio Apuleio visse nel II secolo d.C., durante il regno di Antonino Pio e di Marco Aurelio. Si dice, anzi lui stesso affermava nel suo notissimo *Metamorphoseon*, o l'*Asinus Aureus* (*Le Metamorfosi* o l'*Asino d'Oro*), di essere nato a Madaura, nell'odierna Algeria. Era dunque di origine africana. Egli raggiunse fama, onori e gloria già in vita; basti pensare che i dignitari di Cartagine eressero una statua in suo onore, mentre un'altra gli fu dedicata dai privati cittadini della medesima città, e alcune ancora furono edificate in altre parti del mondo antico per rendere omaggio alla sua eloquenza. Sommo Sacerdote e uomo di vaste conoscenze, così fu definito dal poeta Cristodoro: "E Apuleio che l'ausonia sirena educò quale iniziato della segreta sapienza, contemplando venerava i misteri ineffabili della sapiente musa latina". È importante chiarire a proposito dell'*Asino d'Oro*, che i fatti narrati, di là della semplice allegoria, celano episodi autentici relativi ai misteri di Iside, la cui cerimonia di iniziazione viene descritta nell'XI Libro. Iside l'egiziana, la dea che Apuleio adorava, la dea lunare che rappresentava l'incarnazione dell'eterno divenire, si fondeva con altre divinità: Duna, Cerere, Venere, Diana, Proserpina, tutte dee che raffiguravano l'Iside d'Egitto. L'invocazione che presentiamo è stata descritta dal grande Apuleio nell'opera appena citata. Essa è rilevante perché fa conoscere da vicino alcuni aspetti connessi con l'iniziazione isiaca, che altrimenti non sarebbe stato possibile ricostruire.

✳ Invocazione a Iside

"Ma non avevo ancora chiuso completamente gli occhi, ed ecco di mezzo al mare una divina figura emergere, levando un volto degno di essere adorato dagli dèi medesimi. Mi parve poi che poco alla volta, tutta la persona, come una luminosa statua, si rizzasse dinanzi a me, scuotendo da sé l'onda marina. Io cercherò di descrivere anche a voi il suo mirabile aspetto, purché la povertà dell'umana favella me ne dia la possibilità e la divinità medesima mi offra il dono di una facile e abbondante eloquenza. In primo luogo una massa di capelli folti e lunghi, leggermente riccioluti, si allargava ovunque sulla nuca divina e fluiva giù con molle grazia. Una corona intessuta di molti e svariati fiori le stringeva il capo alla sommità; proprio nel mezzo, sovra la fronte, emetteva una chiara luce un disco dalla superficie piana che somigliava a uno specchio, o che anzi voleva imitare la Luna. Sui lati, a destra e a sinistra, si drizzavano due vipere con le loro spire e, dalla parte superiore, spighe sacre a Cerere si protendevano ad attirare gli sguardi. La sua tunica multicolore, intessuta di bisso sottile, pareva ora bianca come il brillar della luce, ora gialla come il fiore dello zafferano, ora fiammeggiante come il fulgor delle

> rose; ma, soprattutto, confondeva il mio sguardo un mantello nero come l'ebano, che splendeva d'una sua lucentezza tenebrosa. Esso correva tutto intorno al corpo, rimontava da sotto il fianco destro fin su la spalla sinistra, sino a formarvi un nodo, poi pendeva in basso in pieghe molteplici sino all'orlo inferiore, e con molta grazia si raccoglieva in onde con i suoi fiocchi e le sue frange. Sparse sull'orlo ricamato e nell'ampia superficie del mantello rifulgevano delle stelle; e in mezzo a esse una Luna piena effondeva una luce di fiamma. Inoltre, lungo tutto il giro in cui si snodava quel magnifico mantello correva, quasi una catena senza interruzione, una ghirlanda di fiori e di frutta. In quanto poi agli attributi della dea, essi erano assai diversi. Infatti, ella recava nella mano destra un sistro di bronzo; la sua sottile lamina incurvata a mo' d'un balteo, era in mezzo trapunta da alcune verghette che emettevano un suono argentino, allorché la dea vibrava tre volte il suo braccio. Dalla sinistra, invece, pendeva una lucerna d'oro e sul manico, in evidenza, sporgeva un aspide che drizzava il capo in alto e gonfiava il collo per il largo. Ella calzava i suoi piedi divini con sandali intrecciati di foglie di palma, che è l'ornamento dei vittoriosi. In questo maestoso aspetto m'apparve, la dea olezzante di profumi dell'Arabia felice".

Dietro il velo delle apparenze e l'aspetto poetico espresso da Apuleio, si nascondono molteplici simbolismi magici, ermetici e alchemici che Iside incorpora a livello misterico. Non è nostro compito, pur comprendendone il senso riposto, disvelarle al lettore. Possiamo solo dire che l'alchimia isidea nel suo insieme è, tra le altre cose, intimamente collegata alle fasi lunari, mediante le quali si perviene alla completa unione degli opposti, femmineo e mascolino, che sono alla base del culto lunare isiaco. Il culto a Iside contava parecchi adepti e a Roma si officiava un rito pubblico, che conteneva comunque valenze segrete, al quale partecipavano anche i cittadini romani. In tale occasione si festeggiava il *Navigum* di Iside, una solenne processione, che si concludeva con la consacrazione di un simulacro della Barca di Iside. La barca in travertino che si trova sopra la fontana sita in Piazza del Celio, a Roma, testimonia l'antica usanza.

❋ La processione di Iside nell'antica Roma

È di nuovo Apuleio a descrivere la sacra cerimonia. Lo scrittore ci fa sapere che alla processione partecipava una folla immensa. Il corteo era composto

da cittadini appartenenti a tutti i ceti, compresi schiavi e liberti (schiavi a cui era stato fatto dono della libertà). Qualcuno dei presenti indossava il costume da gladiatore, altri, al fine di onorare la dea, sfoggiavano i loro abiti più sfarzosi ed eleganti, composti da tessuti ricchi e preziosi, come la seta utilizzata per confezionare le tuniche. Tuttavia, vi era anche chi vestiva in maniera volutamente trascurata, proprio per rendere nota la condizione di povertà nella quale versava.
Alcune fanciulle dalle candide vesti recavano seco cestini di fiori odorosi, che in seguito gettavano lungo la strada con gesti ampi, simili a quelli compiuti dai seminatori di grano nei campi. Uomini e donne sfilavano tenendo tra le mani fiaccole e candele accese, in segno di devozione nei confronti della Regina del Firmamento. Il suono armonioso dei flauti si diffondeva nell'aria, mentre gli iniziati ai misteri di Iside, i Mysti, precedevano il corteo.
Questi antichi sacerdoti-iniziati avevano il cranio rasato alla stregua dei monaci buddisti, le sacerdotesse, invece, indossavano tuniche trasparenti di velo bianco, che conferivano loro un fascino sensuale. Avanzavano lentamente, facendo tintinnare i sistri metallici, d'argento e d'oro. Il sistro era uno strumento musicale usato dagli Egizi nel culto di Iside, era composto da verghette mobili, generalmente di metallo, incastrate in una lamina (anch'essa di metallo), che, se agitate, producevano un suono stridulo e acuto. I capelli profumatissimi delle sacerdotesse ondeggiavano, spargendo nell'aria l'aroma delle essenze e dei profumi penetranti.
.A un certo punto, sei uomini, dalle movenze solenni e ieratiche, sfilavano in fila indiana, avvolti in tuniche di lino bianco, mostrando ai presenti i segni della potenza divina. Il primo, il più giovane, teneva tra le mani una lucerna che aveva la forma di una piccola barca, al centro della quale brillava una vivida fiamma; il secondo portava un minuscolo altare (*ausilium*), che simbolicamente rappresentava la potenza ausiliatrice della dea egizia; il terzo mostrava, invece, una palma guarnita d'oro e un caduceo (simbolo delle correnti astrali e degli opposti maschile e femminile); seguiva il quarto, che muoveva il suo braccio sinistro e contemporaneamente apriva e chiudeva la mano simboleggiando in tal modo la giustizia, che doveva essere lenta e riflessiva, lontana da qualunque impulso istintuale e dallo spirito di vendetta; gli ultimi due, infine, recavano rispettivamente

un setaccio d'oro con un ramoscello d'alloro e un'anfora colma di acqua, simbolo di purificazione. Oltre ai sei personaggi che abbiamo descritto, ve ne erano altri che portavano alcuni oggetti particolari: uno di questi era composto da una cesta di metallo lucente in cui si trovavano gli strumenti per il culto, l'altro, una teca in cui era racchiuso lo spirito della religione e i suoi sacri misteri, che solo uno sparuto gruppo di eletti aveva la possibilità di conoscere.

Apuleio offre del manufatto una minuziosa rappresentazione, affermando che esso era simile a un'urna d'oro rotonda, cesellata con splendide immagini, frutto della più alta espressione artistica dell'antico Egitto. Sul manico, di discrete dimensioni, era avvolto un serpente legato alla religione isiaca ed elemento attivo delle forze fluidiche-astrali. Il resto del gruppo portava miniature di barche di pregevole fattura: si trattava di offerte votive che alludevano al viaggio intrapreso da Iside, che solcò i mari allo scopo di ritrovare Osiride.

Una volta giunti nel luogo della sacra celebrazione (al Celio), il grande sacerdote pronunciava le formule di rito presso una barca di dimensioni più grandi rispetto alle altre, al cui interno erano custodite misteriose scritte in lingua egiziana vergate su papiri. La cerimonia del *Navigum*, che aveva scopi propiziatori per chi si apprestava a navigare, giungeva al culmine. I marinai, che tra la folla erano numerosi, chiedevano protezione alla dea contro i pericoli costituiti dalle tempeste, mentre i militari richiedevano il suo aiuto per sgominare i terribili pirati che infestavano i mari.

Questo il senso di tale rituale, che in realtà celava anche valenze di ordine esoterico molto profonde, correlate con l'oscuro mare astrale che gli iniziati si accingevano a esplorare. Infatti, solo padroneggiando le correnti della luce astrale, era possibile per loro acquisire potere sulle maree magnetiche, e dominare così il grande "Serpente terrigeno" o temibile "Guardiano della Soglia", ravvisabile pure sotto le spoglie simboliche dell'Ouroboros, il serpente che si morde la coda.

L'Ouroboros è il simbolo della manifestazione e del riassorbimento ciclico, che culmina nell'unione sessuale con se stesso, immagine di autofecondazione permanente o partenogenesi, come indica la coda infilata in bocca. Si tratta della perpetua trasmutazione della morte in vita, come accade anche alla Luna che muore e rinasce perennemente.

✻ Magia segreta dei Fedeli d'Amore. I Misteri lunari dell'Isidiana alchimica

Da quanto sinora esposto, dunque, si evince come i culti isiaci racchiudano il germe di altrettante connotazioni misteriche, confluenti mediante le diverse fasi lunari – legate strettamente alle operazioni alchimiche – in ambiti difformi, per esempio, quello legato alla "Donna della Mente" che rinveniamo tra i "Poeti d'Amore". La cerchia poetica dei Fedeli d'Amore, il cui maggiore protagonista fu Guido Cavalcanti (1250-1300), oltre le valenze più ermetiche di matrice iniziatica esprimeva una concezione legata all'amore ideale quale veicolo di crescita e di ricerca interiore. Amore quale mezzo elettivo che consente di trascendere le contingenze terrigene insite nella materia che simbolicamente si raccorda alla Terra. L'amore spontaneo, quello che nasce dal cuore, senza l'apporto di sovrastrutture che ne alterino il nucleo, è alla base di ogni incontro con le anime affini. Essere partecipi del Tutto vuol dire amare senza quelle restrizioni o corazze che tengono lontane le vibrazioni universali emanate da ciascuna forma vitale. Nell'onda d'amore si sostanzia la percezione dell'essere, del tessuto spirituale che presiede alla costruzione di un universo. I Fedeli d'Amore sono stati i promulgatori di una visione romantica-amorosa quasi trascendente.

Tra gli appartenenti a tale movimento poetico troviamo il giovane Dante Alighieri, che in tale contesto rinvenne le radici di un sentimento puro e lontano da qualsivoglia contaminazione di ordine materiale. Da questa esperienza poetica prenderanno vita opere come la *Vita nuova*, in cui il Sommo Poeta descrive il profondo coinvolgimento del cuore con le vibrazioni della natura femminea (lunare) intesa in senso elevato:

> "Tutti li miei pensier parlan d'Amore; e hanno in lor sì grande varietate, ch'altro mi fa voler sua potestate, altro folle ragiona il suo valore, altro sperando m'apporta dolzore, altro pianger mi fa spesse fiate; e sol s'accordano in cherer pietate, tremando di paura che è nel core".

Dante afferma che tutti i suoi pensieri sono dominati dall'Amore e sono diversi fra loro. In questa sublimazione delle emozioni si intravede il segno di una coscienza dell'amore, intesa come memoria del sentimento

equiparabile all'interiorità più intima e non solo a una semplice funzione della mente. Una sorta di sensi interni connessi all'anima sensitiva legata alla vita corporale, laboratorio iniziale della conoscenza. In tale contesto, la memoria diviene una delle prerogative dell'anima razionale, immortale, che attraverso l'esperienza sensoriale e ai dati acquisiti giunge all'elaborazione finale dell'autentica conoscenza, in cui il ricordo del Divino e dell'invisibile sono filtrati dall'immagine ideale dell'archetipo femminile. Il *corpus* ermetico isideo, connesso con l'amante invisibile o fanciulla lunare, fu ereditato e trasformato in seguito dalla cerchia iniziatica dei Fedeli d'Amore (che ebbero rapporti storici con i Templari). Il celebre Stil Novo (o Stilnovismo), che appare ai molti un semplice gioco poetico, racchiudeva in realtà concetti alchimici di alto livello e di profonda natura iniziatica. Attraverso tale linguaggio i Fedeli d'Amore trasmettevano segreti intelligibili solo dagli autentici iniziati che erano in possesso della chiave interpretativa. L'amore, esaltato nel contesto di queste prose, non aveva nulla a che vedere con l'amore profano. Un esempio in tale direzione ci viene offerto dal sommo iniziato Dante Alighieri e dalla sua Beatrice – controparte simbolica-isidea – di cui si parla nella Vita Nuova.
I pensieri mistici e iniziatici dei Fedeli d'Amore si esternavano per mezzo di una forma d'arte espressiva non fine a se stessa, i cui versi servivano da filtro per un tessuto simbolico il cui senso riposto convergeva con i Misteri antichi, il culto alchimico-isideo associato con il femminino-lunare e i riti segreti dei Templari (basati anche sull'utilizzo dell'immaginazione attiva). Lo stesso facevano gli ermetisti i quali, per scoraggiare il profano, mediante scritti allegorici alludevano ai metalli e alle operazioni alchimiche, volendo significare in realtà ben altra cosa. Tornando ai Cantori d'Amore, è importante comprendere che la donna invisibile, immagine sublime della Sapienza Santa o della Gnosi, incarnava un principio di illuminazione e di conoscenza trascendente. La donna iniziatica o gloriosa donna della mente così veniva descritta da Dante: "Fu chiamata da molti Beatrice, li quali non sapevano che sì chiamare". Guido Cavalcanti, uno dei capi dell'organizzazione segreta, probabilmente il principale esponente, in questo modo si esprime circa l'esperienza ermetica-alchimica della donna iniziatica:

"Veder mi par dalle sue labbra uscire una sì bella donna, che la mente – comprender non la può; che 'nmatinente – ne nasce un'altra di bellezza nuova – da la qual par ch'una stella si muova – e dice: la salute tua è apparita".

Secondo Cavalcanti, Cino da Pistoia e lo stesso Dante, il fenomeno si palesava: "Per la virtù che li dava la mia immaginazione". I tre Fedeli d'Amore si riferivano all'opera evocativa (immaginazione-attiva), nel cui ambito, Amore – inteso come divinità e principio sacro-femmineo – prende dominio sull'anima del suo fedele. Il concetto immaginativo nominato dagli iniziati d'Amore non va assolutamente confuso con la fantasia, che è uno stato passivo. Ancora Dante, parlando dell'esperienza iniziatica che nasce dall'incontro con la donna magica, apportatrice di salute (spirituale, ovviamente), scriveva:

"Qual soffrisse di starla a vedere diverrà nobil cosa, o si morria: e quando trova alcun che degno sia di veder lei, quei prova sua virtude; ché gli avvien ciò che dona salute".

Cavalcanti dal canto suo fornisce altri particolari su tale visione, o per meglio dire sul tipo di conoscenza ermetica che scaturisce da tale immagine archetipa:

"Una passione nuova – tal ch'io rimasi di paura pieno; – ch'a tutte le mie virtù fu posto un freno – subitamente, sì ch'io caddi in terra – per una luce che nel cor percosse: – e se 'l libro non erra, – lo spirito maggior tremò sì forte, – che parea ben che morte – per lui in questo mondo fosse giunta".

Alighieri prosegue aggiungendo in diversi termini nuovi elementi relativi al raggiungimento di tale folgorazione:

"Mi parea vedere una persona dormire nuda, salvo che ivolta mi parea in un drappo sanguigno leggermente; la quale io riguardando... conobbi che era la donna della salute, la quale mi aveva il giorno innanzi degnato di salutare".

Quali erano le tecniche specifiche che venivano utilizzate per il conseguimento di tale scopo non possiamo rivelarlo, rientrando questo procedimento nei misteri iniziatici. Comunque, l'attivazione attraverso l'amore di questa donna, vista nuda e dormiente, ovvero latente, rientra in quel genere di pratiche legate a quella che i testi ermetici definiscono la nostra

Eva occulta, il vero volto dell'Iside nascosta e segreta. In questo modo, l'atto emotivo – traumatico, o puro atto intellettuale, concreta la rinascita nella mente di tale principio di cui parla il *Corpus Hermeticum*. Cecco d'Ascoli, altro personaggio straordinario iniziato ai misteri d'amore, scriveva a proposito dell'Eva occulta:

> "Io son al terzo cielo trasformato – in questa donna, che io non so chi fui. – Per cui sento ognora più beato. – Di lei prese forma il mio intelletto, – mostrandomi salute gli occhi suoi, – mirando la virtù nel suo cospetto. – Dunque io son Ella: e se da me si sgombra – allor di morte sentiraggio l'ombra".

La riunificazione con la controparte lunare, causa della morte simbolica, dà vita alla rinascita iniziatica raffigurata da una donna che tiene tra le mani una rosa. Alla fine di questo percorso non esistono più un uomo e una donna separati, ma solo una figura androginica, al di sopra della quale il dio Amore, stringendo lui stesso tra le mani delle rose, spicca il volo su un cavallo bianco. La figura androginica, inoltre, è contraddistinta da un motto: "Amore ci hai di due facta una cosa, con suprema virtù per maritaggio". Il senso è palese e si riferisce alla crisi iniziatica che ferisce, atterra, uccide prima del congiungimento con la donna magica, che si materializza per la suprema virtù del matrimonio alchimico. Matrimonio che conduce all'androgine – rappresentato nelle illustrazioni come il Rebis ermetico, attribuito a livello iconografico a Basilio Valentino – condizione che trascinerà, mediante Amore, l'iniziato verso l'alto. Una sorta di volo o rapimento, che colloca verso una direzione trascendente l'esperienza iniziatica. Ciò che sorprende maggiormente nell'ambito della dottrina dei Fedeli d'Amore è la valenza numerica riscontrabile nelle opere di Dante; tra queste la *Vita Nuova*, che contempla il numero tre con i suoi multipli. Riferimenti importanti concernenti l'androginia li rinveniamo persino nei celebri *Vangeli Apocrifi*, scoperti a Nag Hammadi (Egitto) attorno al 1945. In base ad alcune mie ricerche e a uno studio durato diversi anni, ecco quanto si rileva analizzando il Vangelo Apocrifo di Tommaso, in cui è possibile scorgere un riferimento al concetto di monade:

> "Gesù disse: 'Allorché di due farete uno, allorché farete la parte interna come l'esterna, la parte esterna come l'interna e la parte superiore come

> l'inferiore, allorché del maschio e della femmina farete un unico essere sicché non vi sia più né maschio né femmina, allorché farete occhi in luogo di un occhio, una mano in luogo di una mano, un piede in luogo di un piede e un'immagine in luogo di un'immagine, allora entrerete nel Regno'".

Così si compie la sacra unione con la Dea: l'alchimia totale.

✳ Canoni numerici e valori simbolici degli iniziati d'Amore

Nella *Vita Nuova* specialmente, rinveniamo la prima potenza o quadrato del tre, il nove (numero iniziatico legato anche alla Luna), che assume notevole risalto. Quando Dante incontra Beatrice ella ha 9 anni; è all'ora nona che avviene il saluto tra i due; alla stessa ora si manifestano anche le visioni più significative narrate dal sommo Vate. "Il nome della mia donna" dice Dante, "non soffre di stare in altro numero se non nel nove". Il numero in questione appare nuovamente nel corso di una malattia dolorosa che colpisce Dante il quale a riguardo dice: "Lo numero tre è la radice del nove, però che, senza numero altro alcuno, per sé medesimo (ossia moltiplicato per sé stesso) fa nove". Per quanto concerne il tre quale simbolo della Trinità, Dante lo definisce: "Lo fattore per sé medesimo de li miracoli". E termina dicendo:

> "Questa donna [la Beatrice invisibile] fue accompagnata da questo numero del nove, a dare ad intendere che ella era uno nove, cioè uno miracolo, la cui radice, cioè del miracolo, è solamente la mirabile Trinidade".

Dietro l'apparente complessità di tali concetti si cela l'identità del tre, che si configura come numero dello Yang. L'uno feconda il due e da tale unione scaturisce il tre. Nell'antico Egitto il tre era il numero della folgore, della forza vitale e dell'ente – vita invisibile, chiuso dentro il corpo del Kha (il doppio eterico). Allo Yang è stato associato anche il nove e l'ottantuno. Il nove racchiude valenze magiche essendo la prima potenza del tre. L'ottantuno rappresenta magicamente la potenza perfetta del tre. Dante nella sua opera il *Convivio* (IV,24), lo descrive come il numero di un'età perfetta e compiuta; la stessa età, aggiunge Dante, in cui muore

Platone e in cui sarebbe morto il Cristo se non fosse stato ucciso. Non a caso Alighieri fa morire Beatrice il giorno 9 del mese di giugno dell'81 del XIII secolo quando: "Lo perfetto numero nove era compiuto".

❋ Dante Mago. Simboli iniziatici nella *Divina Commedia*

La logica arcana che sottende alla manifestazione visibile di ogni autentico evento occulto, parto invisibile della materia celata, si concreta a mezzo di leggi che fanno capo all'Antica Sapienza dei Padri, scienza altissima che si perde nella notte dei tempi. Tale *corpus* è confluito a diversi livelli nelle varie epoche, tramandato attraverso gli Adepti del patto secreto. Atto magico-alchimico che secerne l'energia attiva del Fuoco rigeneratore. Numerosi iniziati hanno propagato come fiamma ardente la Magia del segreto incanto e tra loro anche il sommo Vate, che apparteneva all'Ordine iniziatico dei Fedeli d'Amore, il grande Dante Alighieri, come abbiamo visto, vero mago, incantatore e adepto, versato in tutte le branche del sapere ermetico operativo. Non poteva essere diversamente, visto che Dante eleggerà quale guida simbolica nel viaggio verso gli Inferi il poeta Virgilio, a sua volta mago e taumaturgo, autore dell'*Eneide*, opera dai contorni esoterici, delle *Bucoliche* e delle *Georgiche*. A riguardo è interessante sapere che la tomba di Virgilio – collocata nel parco virgiliano, alle pendici di Posillipo, dove sono visibili i resti della villa del poeta iniziato ai Misteri – ricorda nella forma e nella struttura un nuraghe sardo. Il motivo che sottende a questa scelta architettonica rimane avvolto nelle nebbie di un passato secretato. Il mausoleo funebre sorge sulla sinistra, in prossimità della colossale Criypta Neapolitana. Si tratta di un'immensa galleria, che secondo il mito e i racconti legati alla tradizione popolare fu scavata in una sola notte dallo stesso Virgilio. Nella realtà venne edificata dal popolo dei Cimmeri (vicino ai Liguri). I Cimmeri flegrei, secondo Plinio, dimoravano fra i laghi Lucrino e Averno. Esistono delle correlazioni anche tra i Cimmeri e la Sibilla Cimmeria (o Cumana) operante, come riportato da Nevio nel suo *Bellum Punicum*, nella città di Cuma (Cimmeria = Kimmeria = Kime = Cuma). La galleria è stata al centro di culti iniziatici celati e con ogni probabilità veniva usata nel corso delle cerimonie dedicate alla discesa negli Inferi, correlata alla morte iniziatica e alla penetrazione ctonia internamente all'Utero primordiale (materia lunare). Virgilio, la cui famiglia aveva origini druidiche, si dice fosse esperto nella magia delle piante (Magia verde) oltre ad essere un valente erborista. Una leggenda – che forse non è tale – narra di un libro di potere, un testo magico che Virgilio rinvenne nella grotta del centauro Chirone, situata sul Monte Barbaro. Il Vate, a quanto pare, si servì delle sue pagine per compiere prodigi e incantamenti. Esiste tuttavia una dottrina sapienziale che Alighieri ben conosceva e che ancora oggi è scarsamente nota, in cui rinveniamo elementi di notevole spessore, che affondano le loro radici in quella sapienza millenaria che faceva capo ai Cavalieri Gerosolimitani (Templari). Altri elementi di notevole spessore confermano l'ipotesi appena espressa. È noto, infatti, il collegamento fra i Templari e il gruppo iniziatico dei Fedeli d'Amore, che in Firenze si scambiavano poesie dal gergo quasi criptato, inaccessibile al volgo. Tra i massimi esponenti, come spiegato, troviamo Guido Cavalcanti (maestro, iniziato e uno dei maggiori capi del circolo poetico), Dino Frescobaldi, Lapo Gianni, Cecco d'Ascoli, il sommo Dante Alighieri e altri ancora. La dottrina dei poeti-iniziati, come già detto, verteva verso la ricerca di uno stato ideale, volto a originare la genesi della Donna Salvifica, Madonna Intelligenza e Fede Santa, una chiara allusione al Femminino Sacro e al conseguimento di una riunificazione con l'elemento femmineo. Quanto sinora esposto dimostra che anche in Italia erano sorte delle correnti di pensiero analoghe, in qualche maniera, all'insegnamento esternato dal templarismo. Soffermandoci, invece, sul simbolo del Bafometto, l'idolo attribuito alla sapienza templare, noteremo che in esso è trasposto un aspetto importante connesso con l'androginia alchimica. Questa era presente in una certa misura nelle pratiche segrete e interne dei Templari e, in maniera abbastanza concreta, nella cerchia dei Fedeli d'Amore. Il celebre Stil Novo ne promulgava mediante versi ermetico-iniziatici la componente più profonda. La Donna Invisibile o Luna, immagine sublime e sublimata della Sapienza Santa o della Gnosi, incarnava un principio di illuminazione e di conoscenza trascendente protesa alle arche sapienziali. Come una rugiada sottile, la Donna Salvifica irrorava le menti e l'essere primigenio. Un processo misterioso, che ancora oggi solo pochi sapienti custodiscono.

✻ Rugiada. Simbolo delle energie fecondanti

Il simbolismo della rugiada appena espresso è generalmente simile a quello della pioggia (elemento femmineo), ma la sua influenza è di natura più sottile. Incarnazione della benedizione celeste, essa è essenzialmente grazia vivificante. L'acqua che scaturisce dal cuore, come scriveva Callisto II Xanthopoulos, riempie l'uomo interiore della rugiada divina. È rugiada celeste, simbolo di redenzione e rivivificazione che ritroviamo nell'Ermetismo e anche nella *Cabala* giudaica, in cui essa emana dall'Albero della Vita (o Albero della Conoscenza). Esiste, inoltre, un Albero della rugiada dolce sul monte K'unlun, centro del mondo cinese. Plinio la chiamava la Sorella del Cielo, la Saliva degli astri. Nei libri sacri dell'India è il simbolo della Parola divina. Il *Cantico di Mosè* (Deuteronomio, 32) inizia con l'evocazione:

> "Che la mia dottrina scenda come la pioggia e la mia parola cada come la rugiada, come gli acquazzoni sull'erba verdeggiante, come i rovesci sul prato! Infatti io invoco il nome di Javhè; magnificate il vostro Dio".

Simbolo di rigenerazione, la rugiada racchiude un potere vitalizzante, come si evince da questi versi attribuiti al profeta Isaia: "Svegliatevi e sussultate di gioia, abitanti della polvere, poiché la rugiada è rugiada vivificante e la Terra restituirà il giorno alle ombre" (Isaia, 26, 19). La rugiada celeste degli Ebrei ridà vita alle ossa disseccate, mentre la rugiada lunare cinese rischiara la vista e consente di raggiungere l'immortalità. Nei miti cinesi, gli immortali dell'isola Ho-Chou, come riportato dal saggio Lie-tzu, si nutrono di aria e di rugiada. Secondo un altro racconto simbolico, la rugiada viene presa dalla Luna con l'aiuto di una grande conchiglia (*ta chuè*), simboleggiante la vulva. Si racconta anche che l'imperatore Wu, degli Han, era solito bere la rugiada in una coppa di giada, allo scopo di consumarla mescolata con polvere di giada. Le allusioni al sesso femminile e alla fusione con la controparte del femminino è palese. In Cina la rugiada è legata all'influenza regale Yang (pur possedendo valenze femminee) contrariamente all'influsso Ying della pioggia. Lau Tzù affermava che la caduta della rugiada dolce amorosa rappresenta l'unione del cielo con la Terra. Presso i Greci la rugiada era legata ai miti della fecondità, ai Misteri di Dioniso, il dio che incarnava la rugiada fecondante del cielo. Negli antichi documenti di Ras Shamra, la dea Astarte veniva messa in relazione con il mare e con la rugiada fecondante analogamente ad Afrodite. Tutte queste divinità erano apportatrici d'amore e questo rafforza il concetto legato alla Donna Invisibile, dispensatrice di conoscenza e alle valenze lunari che l'accompagnano. L'importanza esternata dalla rugiada nell'ambito degli innumerevoli riti e preparati magici, deriva dal fatto che essa risolve l'opposizione delle acque in alto e in basso (acque terrestri e acque celesti). È l'acqua pura e preziosa il liquido primordiale per eccellenza, un condensato di forze generatrici del principio umido. Il popolo dei Fon del Dahomey chiamano la rugiada Acqua Madre, mentre l'elemento acqua divinizzato nel pantheon vudu si manifesta sottoforma di gocce di rugiada conservate in una zucca (Maug). Nella mitologia dei Bambara le acque primigenie apparvero sulla Terra in forma di rugiada: il Ragno, demiurgo degli Ashanti, dopo avere creato il Sole, la Luna e le stelle regolò il giorno e la notte e creò la rugiada. Questo elemento va posto in relazione con la vegetazione e la fecondità. Lo stesso vale presso gli Indiani dell'America del Nord, dove la Grande Aquila della Rugiada vivifica nuovamente la Terra resa arida e sterile dagli spiriti nefasti.

✳ Simboli ermetici nella *Divina Commedia*

È scritto, nelle prose rivelate (velate nuovamente) della Commedia Divina (titolo originario): "O voi che avete gl'intelletti sani, mirate la dottrina che s'asconde sotto il velame delli versi strani". Con queste parole Dante vuole indicare con perfetta armonia e sonorità poetiche-ermetiche, che nella sua opera è custodito un insegnamento dottrinale velato, visibile solo a chi è in grado di cogliere il significato profondo e iniziatico che lì si nasconde. Nel contesto sapienziale che riveste questo capolavoro sono contenuti concetti che si prestano a diverse interpretazioni, più elementi intercambiabili che interagiscono con il Tutto che rappresenta le fondamenta simboliche del testo arcano. Abbiamo già spiegato brevemente di come la discesa infera sia riconducibile alle antiche iniziazioni misteriche, le quali ponevano al centro del loro iter operativo la penetrazione delle cavità sotterranee allo scopo di attuare la morte simbolica dell'iniziando che in seguito tornava alla luce, mondato dalle scorie della materia saturniana, la materia fisica e pesante. Questa trasmutazione è in connessione con la Fase al Nero o Nigredo alchimica, putrefazione, appunto, delle scorie e delle concrezioni saturniane. Analogamente il viaggio di Dante nelle regioni infernali assume questa connotazione di ordine iniziatico.

L'intera struttura portante dello splendido lavoro dantesco, dunque, è a tutti gli effetti un cammino iniziatico che si snoda alla stregua di un viaggio. Non dobbiamo dimenticare, inoltre, le assonanze ermetiche derivanti dalla simbolica di un ordine iniziatico importante quale il Toson d'Oro, un organismo occulto che accoglieva in sé il simbolismo cavalleresco-ermetico. All'epoca di Dante, in ogni caso, la conoscenza ermetica era rappresentata quasi certamente dall'Ordine del Tempio. Possiamo aggiungere la presenza di una dottrinaria di matrice araba, che lo stesso Alighieri non ignorava. Se analizziamo con attenzione i tre regni trascendenti che compongono la narrazione dantesca, noteremo elementi che si riallacciano alle prove iniziatiche. Da questo punto di vista l'Inferno configura il mondo profano, il Purgatorio, le prove iniziatiche e, infine, il Cielo (Paradiso), il luogo degli eletti, i Perfetti, coloro che hanno riunificato interiormente Amore e Intelligenza.

Nella *Divina Commedia* sono inseriti anche riferimenti di ordine massonico. I Serafini, o Ronda Celeste (Principi Celesti), incarnano simbolicamente i gradi massonici della Massoneria Scozzese. Non casualmente, il capitolo o assemblea di questa loggia prende il nome di Terzo Cielo. L'esoterista francese Renè Guènon in merito a tale questione così si esprimeva nell'Esoterismo di Dante:

> "... Ritorniamo tuttavia alle concordanze massoniche di cui abbiamo visto solo una parte, poiché vi sono parecchi gradi dello scozzesismo che sono in perfetta analogia con i nove Cieli percorsi da Dante con Beatrice".

Non meno importante il significato alchimico che permea le fondamenta dell'immane opera letteraria-ermetica. Basti pensare al periodo in cui inizia il viaggio di Dante: la Settimana Santa, ovvero in concomitanza con l'Equinozio di Primavera (momento di grande importanza per le iniziazioni).

Molto sinteticamente diremo che esistono delle connessioni numeriche in questo senso, che riportano alla precessione degli equinozi e al semi-periodo che ne determina la durata. Principio e fine di tale data corrispondono a livello geroglifico a una semisfera o globo, vale a dire il simbolo alchimico del Regno Minerale, sormontato da una croce. È, in sostanza, il Globo del Mondo che ritroviamo nella Quarta Lama dei Tarocchi, l'Imperatore, il Principe di questo Mondo, colui che regna sul concreto, su ciò che è corporeizzato.
La stabilità dell'Imperatore deriva dal suo trono cubico sul quale è assiso. Si tratta della Pietra Cubica o Pietra Filosofale degli alchimisti. Il viaggio di Dante si compie secondo l'asse spirituale del mondo. Solo da quel punto, infatti, è possibile considerare tutte le cose in maniera permanente, avendo sottratto la propria essenza a qualsivoglia mutamento, addivenendo in tal modo a una veduta totale del Tutto.
Scriveva Cecco d'Ascoli in una sua celebre prosa dalle valenze simboliche: "La Grande Opera è compiuta".

* Firenze arcana. Il Bafometto e i Templari nella città di Dante Alighieri

Il mistero, quello che intriga l'animo e si snoda silente nelle pieghe del passato, racchiude memorie che l'oblio ha confinato nell'ombra di un tempo dimenticato da chi non insegue il sacro.
Nella nostra Italia questo senso di segretezza sembra palesarsi subitaneo, inaspettato, quasi scaturente da quel nulla che in realtà contiene tutto. Dopo questa premessa non stupirà apprendere che il celebre Ordine dei Cavalieri Templari, i Monaci Guerrieri, ha lasciato tracce indelebili in città come Perugia dove, a livello architettonico-simbolico, è possibile rinvenire elementi significativi connessi con questa realtà iniziatica nella Chiesa della precettoria di San Bevignate, edificata nella seconda metà del Duecento.
Anche in Toscana sono presenti raffigurazioni che rimandano ai cavalieri gerosolimitani, soprattutto a Firenze, nei quartieri monumentali di Palazzo della Signoria, al cui interno era conservato un magnifico

affresco che ritrae l'idolo barbuto, il Bafometto dei Templari.
Questa figura arcana, emblema dell'Ordine, attualmente collocata in una delle sale di Palazzo Vecchio (staccato dalla parete dell'allora carcere delle Stinche), descrive attraverso messaggi secretati, e altrettante simbologie, il sacrificio e la distruzione dell'Ordine dei Cavalieri del Tempio.
L'idolo androgino, il Bafometto, il cui nome potrebbe derivare dalla deformazione provenzale collegata alla parola araba Mohamet, secondo i cultori di scienze ermetiche alluderebbe alla Grande Opera Alchimica. In base ad un'altra versione, invece, il genio barbuto connesso al templarismo indicherebbe l'alchimista che realizza la sua Opera trasmutativa ottenendo la scissione del composto primario.
Di qui l'aspetto sgradevole e spaventoso del Bafometto, il quale in Alchimia configura la materia allo stato grezzo, o stato fermentativo che precede la creazione dell'essenza suprema.
Il tema del dipinto, che erroneamente si pensava rappresentasse la cacciata del Duca d'Atene da Firenze, in realtà, come da noi già accennato, è intimamente correlato alla fine dell'Ordine dei Templari.

✳ L'affresco Templare di Palazzo Vecchio

Osservando il dipinto custodito a Palazzo Vecchio, in Firenze, o più propriamente quanto resta di quest'ultimo, si nota che la sua forma è circolare e il suo diametro è di circa tre metri. Al centro della composizione è raffigurato il Palagio o Palazzo della Signoria, come appariva nei primi decenni del Trecento. A sinistra è visibile una figura femminile seduta su un trono, coperto da un tappeto composto da minutissimi disegni geometrici. La fanciulla è ritratta nell'atto di consegnare i gonfaloni inastati di Firenze, del Popolo e del Comune. Il tappeto viene mantenuto sollevato da due angeli sospesi in aria. A ricevere le insegne vi sono tre cavalieri che indossano le cotte d'armi, tutte decorate dai medesimi simboli e sulle quali spicca la croce templare. Il trio è inginocchiato in posizione di rispetto, con un ginocchio alzato posto in avanti e l'altro piegato all'indietro, a contatto con il pavimento.

Sulla destra è situato un uomo con la barba e i baffi, avvolto in un abito elegante tipico di quel tempo e il capo incappucciato. Nella scena pittorica è ripreso mentre si sta allontanando preoccupato, tenendo tra le braccia con estrema cautela un essere mostruoso. Egli volge la testa all'indietro per guardare un Angelo dall'aspetto particolare, con il volto estremamente realistico il quale, con aria minacciosa, sta planando verso di lui. L'Angelo sorregge verticalmente con il braccio sinistro una sottile colonnina di marmo e con la destra uno staffile. Sullo sfondo è sito un grandioso trono gotico a marmi policromi, vuoto. Per terra, in primo piano, una spada spezzata, una lancia e una bilancia, anche queste spezzate. Infine, altri elementi dal notevole contenuto simbolico quali un libro chiuso e uno scudo deformato.

La scena che si presenta dinanzi agli occhi di chi ammira l'opera è costellata di simboli e messaggi criptici, e ciò appare quantomeno misterioso e in qualche modo indica la vera tematica raffigurata. Non si tratta dunque, come accennato, dell'argomento originario – la cacciata di Gualtieri di Brienne, Duca di Atene – ma, come vedremo, di qualcosa che esprime un valore storico e simbolico notevolmente significativo. Secondo lo studioso Giulio Lensi Orlandi, la composizione era circondata da una fascia in cui erano rappresentati i dodici segni dello Zodiaco. Oggi di questi resta solamente il segno del Leone, del resto anche alcune iscrizioni sono scomparse con il dissolversi della materia cromatica. La donna seduta (matrice lunare) aveva il vestito di una tonalità differente e le insegne che appaiono sulle cotte dei Cavalieri non sono quelle del Duca d'Atene. L'affresco simboleggia la distruzione dell'Ordine dei Templari, venerato con ammirazione da Dante e dai Fedeli d'Amore, come confermato anche da Lensi Orlandi. L'opera allude alle condanne degli ultimi Cavalieri fiorentini rinchiusi nelle Stinche, dei quali la storia ha omesso l'esistenza. La questione è delicata e comprova che a Firenze era attivo un gruppo di Templari italiani.

La figura del *gentilòmo* che si allontana, quello con il cappuccio, per intenderci, configura a livello simbolico l'Ordine del Tempio che si ritira nella sede di Montsalvat, luogo invisibile e inaccessibile. Il trono gotico è vuoto perché ormai incustodito. Esso allude al seggio trionfale della Tradizione Templare e al Gran Maestro Jacques de Molay. Il Palagio della

Signoria, che spicca al centro del quadro, è puramente simbolico e non è riconducibile allo Stato Fiorentino, bensì alla civiltà umana fortificata allo scopo di difendersi dalle minacce e dai sovvertimenti. Simboleggia in pratica la Montagna, la Rocca, il Tempio. Si tratta, sempre in chiave simbolica, del Centro Supremo al quale sono stati attribuiti nomi diversi e velati di mistero: Tule, Luz, Salem, Agartah di cui i Templari furono i coraggiosi ed eroici custodi.

Per quanto riguarda gli oggetti sparsi sul pavimento (spade spezzate, scudo contorto etc.), essi indicano i segni del comando e della giustizia rivestiti di occulti significati di ordine esoterico. E poi c'è il Bafometto, l'essere androgino, chiamato popolarmente dai fiorentini meno eruditi *Maginat*, l'immagine, quasi a voler sottolineare la sua identità di Demone e Genio che conferiva ricchezza e sapienza al Tempio.

La tragedia dei Templari ha lasciato altre prove documentali, per esempio il Lungarno sul Tempio che si trova sulla destra dell'Arno, testimone silente che riporta alla mente i rapporti intimi e ancora avvolti nel mistero intercorsi tra Firenze, il Papa e il Re di Francia. La denominazione toponomastica rievoca molto probabilmente l'antica sede di Templari fiorentini sull'Arno, fuori porta, dove potevano attraccare le piccole imbarcazioni che risalivano il fiume.

✻ Bafometto. Il volto segreto del potere

Il Bafometto (*Bafomet* o *Baphomet*) è l'arcano più misterioso ed emblematico che rinveniamo nella storia dei Templari e del loro *iter* d'iniziazione: ha la testa e le zampe di un capro, seni e braccia di donna, una torcia ardente tra le sue corna (d'ariete o di caprone). Questo idolo, apparentemente mostruoso, deriva dal mitico Becco di Mendes e dal grande dio Pan, l'androgino degli Gnostici. Analogamente alla sfinge greca, riunisce in sé i quattro elementi associati di consueto al Diavolo, o per meglio dire al suo principio animico. Le sue gambe nere sono riconducibili all'elemento Terra e di conseguenza agli Gnomi, Spiriti della profondità senza luce del periodo medievale ed anche agli Annumaki, temuti dai Caldei. I fianchi ricoperti di scaglie verdi alludono invece alle Ondine, Spiriti elementali legati all'elemento Acqua. Le ali azzurre sono riconducibili alle Silfidi o Spiriti dell'Aria, mentre la sua testa rossa simboleggia i Geni dell'elemento Fuoco, le Salamandre. Il Bafometto è in modo speculare riconducibile al Rebis alchimico che similarmente racchiude valenze androgine. Questo stato interno è lo specchio di un processo che unifica l'energia virile alla sensibilità femminea (lunare): il Rebis, appunto. Questa parola, per certi versi misteriosa, deriva da *res bina*, che significa la cosa doppia, l'unione degli opposti. Tale sostanza, al tempo stesso maschio e femmina, è un Mercurio animato dal suo Zolfo e di conseguenza trasmutato in Azoto o Quintessenza degli Elementi. Il simbolo che raffigura la Quintessenza è la Stella fiammeggiante, in grado di ricevere il duplice irraggiamento del Sole (maschio) e della Luna (femmina). La sua luce quindi possiede una natura bisessuale, androginica, ermafroditica (da Hermes = maschio e Afrodite = femmina). Nel celebre scritto alchimico di frate Basilio Valentino, il *Trattato sull'Azoto*, editato tra il 1659 e il 1660, successivo alle *Dodici Chiavi della Filosofia*, appare la figura del Rebis alchimico in veste di trionfatore vittorioso, che ha dominato il Drago della vita elementare e di conseguenza il Quaternario degli Elementi. Una delle due teste del Rebis cade sotto l'egida del Sole (ragione), l'altra, invece, è governata dalla Luna (immaginazione). Fra queste, però, si insinua la Stella di Mercurio (intelligenza, comprensione, gnosi). Marte e Venere (ferro e rame, metalli duri) esercitano la loro influenza sul lato destro (attività). Quello sinistro (passività), al contrario, riceve l'influsso di Giove e di Saturno (stagno e piombo, metalli molli e malleabili). Marte (energia, movimento, azione) viceversa è in relazione diretta con il braccio destro. La mano sinistra del Rebis stringe un mazzuolo con il quale scaglia un colpo mediante un atto deliberato, servendosi dello scalpello che tiene nella mano sinistra. Il braccio sinistro, che ha il compito di tenere fermo lo scalpello, è legato a Giove (coscienza, rispetto di sé). In un'altra versione iconografica, quella più frequente, egli tiene nella mano sinistra una Squadra (equità, sentimento, moralità) e nella destra un Compasso (verità, ragione, intellettualità). I Cavalieri del Tempio, così come i Fedeli d'Amore, potevano conquistare l'androginia e la realizzazione del Rebis solamente dopo avere dominato le attrazioni elementari. Tutto ciò che rappresenta la materia pesante ed è celato nell'iniziato – materia bruta, istinti inferiori, basse emozioni – deve essere domato (non estinto), prima che gli sia consentito di potere attrarre il Fuoco del Cielo allo scopo di incorporarselo. Si tratta, in sostanza, di sormontare l'animalità per conferire all'Uomo propriamente detto, il pieno possesso di sé. Il Pentagramma che appare nel sigillo del Rebis, la Stella fiammeggiante, è per l'appunto l'emblema dell'iniziato svincolato da tutto quanto gli impedisce di essere unicamente e pienamente Uomo. Cala il silenzio secolare sul segreto dei segreti, sui Templari fiorentini e quelli di Francia, sui Fedeli d'Amore e sui riti occultati, sulla Luna-Iside-Madre celata e sui suoi influssi. Tuttavia, la torcia luminosa del Sapere arde imperitura, la fiamma rilucente posta tra le corna lunari del Bafometto sprigiona tuttora una luce feconda e l'idolo misterico da Firenze fa capolino malizioso, certo che il Sapere, quello autentico, non sarà mai dimenticato, ma verrà tramandato nei secoli dei secoli, oltre i confini dell'umano. La Grande Opera è compiuta. Terminiamo con i versi immortali del grande poeta fiorentino: "L'Amor che move il Sole e l'altre stelle".

Conclusioni

La nostra lunga esplorazione, che ci ha condotti sulla Luna, nel cuore stesso del nostro satellite, termina qui. Abbiamo scandagliato i luoghi più inaccessibili di Selene, le sue antiche leggende, i suoi strani e forse probabili influssi e la sua storia.
Simili ad anatomisti, abbiamo sezionato ogni più piccola porzione di questo meraviglioso astro notturno, ponendo a nudo la sua intima essenza, svelando al lettore i suoi segreti, quelli più reconditi. Abbiamo detto proprio tutto, in maniera tale da soddisfare la curiosità di ciascuno, come non era mai stato fatto prima d'ora. Tuttavia, non siamo riusciti a carpire alla Luna quella magica atmosfera, quel lieve incantamento che ci imprigiona il cuore. In definitiva, il mistero legato alla Luna rimane integro, così come resta intatto il suo fascino arcano che da ere remotissime cattura lo sguardo degli uomini. E così, l'eterea Signora, Ecate, Iside, Proserpina, Venere e tutte le altre dee che in lei confluiscono, custodisce gelosamente l'antico mistero fatto di luce e di ombre, di dolci armonie e oscure malie.
Eppure, quando nel Cielo trapunto di stelle essa ci guarda ora sorniona, ora sensuale e ora tetra, noi rimaniamo stregati e sconfitti, in preda a uno strano innamoramento che ci conduce nei lidi del sogno, oltre le barriere del tempo, ai confini del possibile, al di là di tutte le realtà, viaggiatori della fantasia nel regno silente della dea suprema, la Luna.

Bibliografia

AA.VV., *Enciclopedia delle Scienze*, De Agostini, Novara 1983

AA.VV., *Tarocchi. Le carte del destino*, Edizioni Le Tarot, Faenza

Alighieri Dante, *La Divina Commedia*, European Book, Milano 1995

Astrologia, *i dodici segni dello Zodiaco*, Fratelli Fabbri Editori, Milano 1974

Bianucci P., *La Luna: tradizione, scienza, futuro*, Giunti Barbera Editore, Firenze 1988

Brugnoli A., *Tutta colpa della Luna*, Edizioni Red, Novara 2003

Butler W. E., *L'Apprendista Mago*, Hermes Edizioni, Roma 1983

Creuzer Friedrich, *Simbolica e mitologia*, traduzione di G. Moretti, Editori Riuniti, Roma 2004

Cunningham Scott, *Enciclopedia delle pietre magiche*, Mursia, Milano 1997

Ferretti Walter, *La Luna, Origine, culto, miti, credenze, influssi*, Gli Speciali di Orione, 2003

Fresa Alfonso, *La Luna*, Hoepli, Milano 1933

Gauquelin Michel, *Il dossier delle influenze cosmiche*, Edizioni Astrolabio, Ubaldini Editore, Roma 1974

Il Vangelo di Gesù, Associazione Mimep, Pessano 1963

Lévi Eliphas, *Il Rituale Magico del "Sanctum Regnum"*, Edizioni Atanòr, Roma 1989

Lieber Arnold, *Effetto Luna*, Sugarco, Milano 1978

Lucio Apuleio, *La Magia*, RCS Rizzoli Libri, Milano 1990

Lucio Apuleio, *Le Metamorfosi o L'asino d'oro*, RCS Rizzoli Libri, Milano 1994

Mayorca Stefano, *Medium e Medianità*, De Vecchi Editore, Milano 2004

Mayorca Stefano, *La silenziosa danza della forca di pietra*, articolo tratto dal n. 379 de "Il Giornale dei Misteri", Corrado Tedeschi Editore, Firenze 1999

Mayorca Stefano, *Oltre i confini del Tempo: il meraviglioso meccanismo di Antikythera*, articolo tratto dal n. 331 de "Il Giornale dei Misteri", Edizioni I Libri del Casato, Siena 2003

Monte F., *Astrologia occulta*, Edizioni Mediterranee, Roma 1979

Morelli A., *Dei e miti*, Fratelli Melita Editori, 1994

Nitschelm C., Ehm C., Schleiss M., *Piccola Enciclopedia della Luna*, Rizzoli, 1999

Paungeer J., Poppe T., *Il dizionario della Luna*, Tea Edizioni, Milano 2000

Piantanida Donato, *Magia dei Tarocchi*, Edizioni Mediterranee, Roma 1978

Regardie Israel, *Il Giardino dei Melograni*, Edizioni Mediterranee, Roma 1990

Regardie Israel, *Teoria e pratica della Magia*, Edizioni Mediterranee, Roma 1983

Rendhell F., *Trattato di Alta Magia*, Hermes Edizioni, Roma 1988

Rossi Piervittorio, *Carmina Burana*, Bompiani, Milano 2002

Scholem, G., La Kabbale et sa symbolique, Paris 1968

Servadio Emilio, *Passi sulla via iniziatica*, Edizioni Mediterranee, Roma 1988

Tosonotti Andronico P., *I Tarocchi*, Xenia Edizioni, Milano 1994

Viaggio nel mistero, Selezione Reader's Digest, Milano 1984

Wallis Budge E. A., *Magia egizia*, Newton Compton Editori, Roma 1985

Wirth Oswald, *Il simbolismo ermetico*, Edizioni Mediterranee, Roma 1978

Wirth Oswald, *Tarocchi*, Edizioni Mediterranee, Roma 1990

Zanoni S., *Meteoropatie e influenze lunari*, Edizioni Libreria Cortina, Verona s.d.

Indice